陕西师范大学教育学院一流学科建设专项经费资助
陕西省田家炳基金会项目成果

高效课堂的反思与走向

龙宝新　沈宏军　著

陕西师范大学出版总社

图书代号　ZZ17N1039

图书在版编目(CIP)数据

高效课堂的反思与走向 / 龙宝新，沈宏军著. —西安：
陕西师范大学出版总社有限公司，2017.8
　ISBN 978-7-5613-9461-8

　Ⅰ. ①高… 　Ⅱ. ①龙… ②沈… 　Ⅲ. ①课堂教学—
教学研究　Ⅳ. ①G424.21

中国版本图书馆 CIP 数据核字(2017)第 196071 号

高效课堂的反思与走向
GAOXIAO KETANG DE FANSI YU ZOUXIANG

龙宝新　沈宏军　著

责任编辑 /	古　洁　李彦荣	
责任校对 /	肖　晨	
封面设计 /	安　梁	
出版发行 /	陕西师范大学出版总社	
	(西安市长安南路 199 号　邮编 710062)	
网　　址 /	http://www.snupg.com	
经　　销 /	新华书店	
印　　刷 /	兴平市博闻印务有限公司	
开　　本 /	787mm×1092mm　1/16	
印　　张 /	16.5	
字　　数 /	256 千	
版　　次 /	2017 年 8 月第 1 版	
印　　次 /	2017 年 8 月第 1 次印刷	
书　　号 /	ISBN 978-7-5613-9461-8	
定　　价 /	38.00 元	

读者购书、书店添货如发现印刷装订问题，请与本社高教出版分社联系调换。
电　话:(029)85303622(传真)　85307826

课改，就是一列火车

（代序）

　　如果说21世纪是知识经济异军突起的世纪，是创新人才独领风骚的世纪，那么，我们可以毫不犹豫地说：这个世纪也是属于教育的世纪，属于课改的世纪。人才成长的温床在教育，创新人才的原发地在课堂，卓越人才的绝大多数非凡品质皆在课程天地中被筹划、被播种、被孕育！课程是教育的根底与心脏，教育潜能的释放、高端人才的成长、国家创新战略的起航都离不开"始于课程、经由课程、达于课程"的课改行程。教育改革正是通过各层次、各领域、各形态的课程课堂变革来集聚课改的能量，彰显改革的意义，具化改革的设计，抵达改革的彼岸。改进课程是改革教育的坚实行动，课程改革是教育"深改"的终端链环，课改的推进与突破无疑是撑起我国教改伟业的"拱心石"！追寻课改的真魂，坚挺课改的意志，握好课改的航舵，舞动全国教改的"大船"，正是当代中国教育改革应对"教育世纪"来临的战略性抉择。

　　首先，课改的动力源自学生，学生自能是课改的内驱力与生命力。

　　乏力的课改是忽略学生潜能、"自能"与可能的变革，是没有揣摩学生、尊重学生、利用学生、鼓舞学生的变革。课改的使命是燃烧学生的自能，让学生在学习中成为自己、成长自己、成功自己！要孕育一场真正的课改，谁也离不开学习者衷心的参与、认可与支持，谁也离不开学生课改热情这一发动机，课改终将是一场学生自觉、自主、自动、自导、自治的教育行动，学生的关注度、参与度与热情度就是课改的深度！课改的命根在学生学习内能的开掘，生本资源的开发，学生求知的渴望，重树自我的期待……

　　课改是一根火柴头，其宿命是要点燃学生的学习热情；课改是一个发动机，其天职是引爆学生投身课堂的激情。课改的实质是点燃，是发动，是让课堂成为学生燃烧激情、放纵个性、创生知识、独宠学习的创客空间。学习热情是课改源源不断的原动力，是课改活力与生命力的总源头。课程因学生而生，课改因学习而强，一切课改的直接使命是满足学生学习活动完善、学习方式创造、学习效能提升的要求，反之，目无学生、学生受冷的课改注定难逃败落的命运。课程服务于学习，学生的认可、学习的热情始终是课改顺利推开的基石。课改的引擎需要一股强大精神动能来驱动，这一"动能"就是学生的学习动力。没有学生浓浓的学习热情，永远点不亮课改的火把，燃不起课改的熊熊烈焰，唤不醒学校中的大批课改"冬眠者"！

学生的学习需求既催生了课改，决定了课改重点，又从幕后牵引着课改，让课改大船续航前行。与其说是教育专家在引领着课改，倒不如说是学生转变学习方式的内在要求在驱策着改革，相比而言，专家只不过是学生学习要求的转述者、代言者而已。一次成功的课改一定是善于倾听学生心声的改革，一定是从学生澎湃的学习需要中汲取灵感的改革。那些屏蔽学习者改革要求的课改，不善于赢得学习者青睐的课改，注定是一场有基因缺陷的课改。课改红利来自它对学生学习要求的自觉适应，来自它对学生深层学习需要的发现与诱导，课改的生命力必须借力学习者的学习力、成长力，善于驾驭、利用、发展这一力量是课改实践者的大智慧。无论是在杜郎口初中，还是在洋思中学，千方百计地利用各种手段，如问题、展示、评价等来激发学生学习的内力已成为他们课改的秘诀。这一事实表明：呵护、激励学生的学习积极性是当代课改的"头条原理"。

其次，课改的方案来自教师，教师是课改图景的描绘者与行动者。

无助的课改总是小视教师实力派的变革，是驱逐教师、克制讲授、尘封讲台的变革，是在"以学定教""顺学而教"名义下封杀教师、排挤导学、踩踏师道的变革。课改的基点是学生高昂的学习热情、积极的身心投入，课改的落点是学生学习的成功与成就，课改的关节点却是训练有素、专业精良的教师专业团队，他们才是课改事业的擎天柱。课改的设计师是教师，课改的行动者是教师，课改的坚守者还是教师！没有一批信守课改信仰、满怀课改情怀、执着课改大业、坚守课改战场的好教师，课改就没了希望，没了思路，没了行动，没了主心骨，排挤教师就是把整个课改事业釜底抽薪！

课改的优劣不在于"师本"还是"生本"，而在于是否让师生狂奔的创意、智慧与能量都在课堂中找到了用武之地、抛锚之点，是否让所有教学活动的开展都围绕学生"三维"学习目标的达成而旋转，是否让促进学生核心素养发展成为统领整个课堂宇宙的一面旗帜。"师本""生本"都只是标签差异，都只是迈向课改目标的路线差异。真正的课改从不会倡导教师在课堂上全身退隐，倡导学生在课堂上做"无线风筝"，因为师生双主体能动性的发挥、汇流与内爆才是课改的心路所向。

如果说课改是一场静悄悄的革命，一场没有硝烟的战斗，那么，这场战斗的疆场正是课堂，唯有课堂才是生发教学效果、决定改革成败的枢纽站点。课堂在房子中存在，在时间中展开，但却超越了物理意义上的时空概念。课堂的神圣在于教师的在场，教师好似位列课堂中央的一尊神灵，他才是为课改赋魂的关键人物。教师手中真正掌握着课改的号令，决定着教改事业的命运。在教室中，教师能唤醒学习者对人间真知的渴望，对幸福人生的执着，教给他们撬动宇宙的本领、承领事业的才艺……一句话，教师是扭转学生人生乾坤的人，是定位学生人生坐标的人，是创造学生人生高度的人。教师，就是教室中的一尊大神，他赋予教室以育人成人、助人成才的特异功能，学习者在教室中发生的一切转变无不导源于"教师"这一成人学伴的加入与同行。

当然，课堂离不开教师，并非要求教师要在课堂上多说话、多安排、多露面，而是要在课堂上发挥真正的主导力、向心力与引爆力。在生本教学受宠的新时代，教师完全可以借助自己星星点点的点拨、藏身生群的参与、无声无形的主导对整个课堂产生"四两拨千斤"的撬动效应。当今教育时代，不排斥"师本"课堂，不抵制讲授，不削弱教师权威，都是为了给学生在课堂中的存在、现身、自由提供一种舆论，创造一个条件，而真正帮助学生在课堂上实现自由、自主、自治的人还是教师。一句话，课改中教师可以"全身退隐"但不可"全心而退"，课改不是要打造教师"空心课堂"而是要创建教师"实心课堂"，用教师的"课改心"重塑课堂的空间与面貌。

正是如此，课改的恢宏蓝图需要教师在课堂上一笔一笔来描绘，需要教师在课堂上一步一步去践行。没有教师的同步转变与精心修炼，课改只会落得画饼充饥、缘木求鱼的残局，最终以"竹篮打水一场空"来收场。教师，是托起课改苍穹的巨臂，教师缺场、培训缺位、专业缺查的课改终将把整个改革带向不归之路。

最后，课改的真魂是智慧与创造，创生是课改永葆青春的魂灵。

失魂的课改总是因循套路、没有变数、固步自封的变革，课改失败的主因是模式固化、模式营销、模式崇拜。一切课改政策文件都只是课改的引子、序曲，真正谱写改革神曲的人是普普通通的课改实践者，是秉承课改创意、课改创举、课改创新的"课改人"。在当前，《基础教育课程纲要》《国家课程标准》的颁布仅仅开了一个头，中国课改到底何去何从，实践者说了算，实践创意才是课改的领头羊。

真正成功的课改没有范本可以参考，没有现成经验可供拷贝，改革者必须学会在课改蓝图的导引下自己去走路。当前，林林总总的教学模式次第涌现，杜郎口的"336模式"、昌乐二中的"271模式"、衡水中学的"三转五让模式"等尤其吸引实践者的眼球，好似他们已经找到了普适的课改秘诀与真经。其实不然，他们仅仅找到了自己课改的起点与模式，毕竟每个学校都需要量身定做专属自己的一套"课改衣装"。没有模式，课改无从起步、无形存身、无路可走；依赖模式，课改会迷失自己、瓦解学科、深陷教条。模式不是没用、没效，而是任何教学模式都有特定的生效场景与生命周期——模式用久了会"生锈"，模式用多了会变成"紧身衣"，模式用滥了会成为学科特色的"杀手锏"。形形色色的模式崇拜、模式营销只会批量生产平庸的课改繁荣假象，只会批量生产出扎堆的课改懒汉，却难以创造出有真效的改革，难以让教师领悟到课改的真经，一味迷恋模式的人必将葬送课改的锦绣前程，把课改推入庸俗化、套路化、机械化的陷阱。

"模式引进门，修行靠个人"。调适模式、超越模式、创建模式是课改实践者的课改正道；模式永远只是改革者的一根拐杖，真正开辟课改蹊径的始终是改革者自己因地制宜的实践创造。改革是一种智慧，改革都是对既定蓝图的变通，因地制宜、因时而异的再造，课改只有在个性化、合身化、情景化的模式转生中才能做出一双专属自己、最合脚的课改之"鞋"；改革是一种创造，因为改革是在无路处开路前行，改革者必须是课改新领域的拓荒者、先行者、立新者；改革是一种探险，改革需要的是勇气与眼光，敢为人先的勇气与高屋建瓴的眼光是课改在多元创造中迈向高端的实践基元，课改历来宠幸的是善于思考、善于变通、善于远视的首创者。

课改，就好似一列无轨的火车，是学生的学习自能驱动着它的引擎，是教师的专业实践构筑着它的厢体，是改革者的智慧和创造书写着它的轨迹，推动着它驶向远方！在课改的火车上，学生、家长、社会都是乘客，如何为他们带来一段快乐而又充实的旅程，如何让每一位乘客都品尝到课改的硕果与滋味，无疑是时代托付给每一位"课改人"的重任！

陕西师范大学　龙宝新

宝鸡市教育局　沈宏军

2017 年 2 月

目　录

第一章　高效课堂的理论梳理

21世纪初期至今,高效课堂改革在中华大地经历了一段蓬勃发展时期,课改的足迹遍布神州大地。有人说,这是一次让师生备受"折腾"的课堂改革;有人说,这是一次值得人记忆的课堂改革;更有人说,这是一次真正触动传统课堂文化的课堂改革……无论怎么说,毕竟这次课堂改革还是在中国当代教学史册上发生过,在中国课改轨迹上留下了一长串印迹。反思高效课堂改革,把握其理念精髓,矫正其观念发育之不足,导航其健康发展,是客观审视这段中国课改行程的科学态度。

第一节　高效课堂的理论架构

每一次教学改革行动都必须承担改革的后果与责任,都必须严正地对待实践者的质疑与责难,都必须给相关改革利益主体交上一份满意的答卷。在这一意义上看,改革行动的路线图不是掌握在改革行动者的头脑中,而是掌握在教学实践形势与场景中,掌控在改革主体身处其中的利益格局与现实使命中。任何改革行动尽管无法回到改革的原点上去,但基于原点的改革蓝图却是事关改革成败的关键元素。寻求改革的行动原点与思想原点,理清课改的理论框架,勾画改革的蓝图与愿景,是顺利展开高效课堂改革实践的前提。一句话,勾画改革蓝图、建构理论框架是改革者掌控改革线路,提高改革成功概率的入手点。目前,作为一次基层发起、自下而上的全国性课改行动——高效课堂改革的最大短板无疑是先天理论思维发育滞后。理清这场课改的整改理念、目标思路、廓清整个课改的理论框架自然是当务之急。我们希望在反思国内高效课堂改革的路径与经验的基础上,立足最先进的课改理念与最科学的课改文化,尝试理清当代我国高效课堂改革的大致理论架构。

一、"瘦身 + 生本":高效课堂的整改理念

改革需要理念的导航,理念是改革蓝图的母体,先进的课改理念是确保高效课堂改革成功的坚实支柱。相对于高效课堂改革实践而言,我们更看重的是课堂结构与内涵的改革,因为这是高效课堂改革理念的"心脏"。每种课改行动都是"牵一发而动全身"的整体性变革,它需要的支持性理念总是多层次、多领域、多维度的,其中,整体性改革理念是当代高效课堂改革蓝图的总设计师与统领者,而微观课堂实践改革只是这一理念的具体化与行动化而已。

(一)整改理念生成背景的回溯

高效课堂改革的最高统帅者是整体性改革理念,即指导性改革理念,这些理念的生命力就植根于当代课改的"大气候"中。这种"大气候"既是课改的生发源,又是课改的营养者。当代高效课堂改革发生的重要实践背景是"教条主义""形式主义"倾向的课改做法抬头。这一点在中小学的公开课中表现得尤为突出。在形形色色教育科学理论的指令下,一线课堂教学出现了严重的"教育理念超载"现象,教育教学理念俨然成了一线教育实践者的最高统帅,教学方案的设计过度强调教育理论指导,关注教育教学环节设计的"理论依据",由此导致了一种怪异"课堂景观"的出现:在一线课堂教学中出现了大量的烦琐环节与"装饰性环节",如让学生表演教学内容,开展装模作样的现场讨论,华丽的教学情境创设等等,[①]教学设计的简洁风格丧失殆尽,大量有效教学活动被"挤出"课堂,衍生出了学生课业负担过重的社会问题。教师研修的主要形式——观课评课实践,成了低劣课改的重灾区——各种各样的公开课,如观摩课、示范课、试验课等成了"教育理论超载课":教师上的许多课花花哨哨,看似完美无瑕但实际上却中看不中用,有效成分锐减,教学"水分"增加,烦琐教学环节、冗余教学花样、垃圾教学活动充斥课堂,许多赛教课陷入了摆花架子、哗众取宠、华而不实的怪圈[②]……在此情势下,现代中小学课堂改革对教学效率、教学效果的追求被抛在脑后,课堂教学的品质、品位日渐下降。抓住核心知识、关键环节,倡导"课堂瘦身、节能减耗"的新理念就成为当代高效课堂改革行动的首选理念。

---

① 王先云.语文教学中的形式主义[J].中学语文教与学,2001(3).
② 龙宝新.基于核心知识收放策略的高效教学样态[J].教育发展研究,2012(6).

（二）当代高效课堂改革的整改理念

要清除课堂教学中的垃圾，减轻课堂教学的累赘，教师必须严格坚守"少教多学、学生为本"的课改理念，这是因为：当代课堂患上臃肿症候的根源就在于教师的"讲解""教授"活动明显过度了，过度的讲述、过度的授课是导致课堂教学超重、教学无用功剧增的主因，相对而言，学生的学习权利被剥夺，学习时间被压缩，学习过程被减缩，学习环节被削弱，主动学习的兴趣被抑制，大量课内学习任务向课外转移，学生课业量居高不下，进而导致了有效课堂教学时间减少，授课效率每况愈下的教学危机。"课堂瘦身、节能减耗"与"学生为本、少教多学"是两个相辅相成的教改理念：不压缩讲授、节约教学时间成本，学生的"生本"立场无法体现，学生"多学"的目标就难以实现，"减教授""加学习""弱化教学"与"强化学习"是高效课堂改革的双翼，二者共同服务于学生"学习效能最优"这一终端改革目标。正是如此，"一切为了学生，一切为了学习"是高效课堂改革的原点理念，"课堂瘦身、节能减耗、学生为本、少教多学"是当代高效课堂实践的整体改革理念，当代高效课堂改革的基本精神就是："以学定教、以学促教、先学后教、不学不教，坚持教与学的统一，坚持教为学服务"。①

二、"新课堂"：高效课堂改革的目标与蓝图

整体课改理念是当代我国高效课堂改革的宏观地图，具体到现实改革境遇中，它就体现为本次课改的具体蓝图与目标点——鼎力创建微观的"新课堂"。新课堂并非高效课堂改革的"梦境"，而是投射在所有课改实践环节与行动上的"实景"。简而言之，高效课堂改革的抓手是课堂，能体现"课堂瘦身、节能减耗、学生为本、少教多学"这一理念的课堂形象是一种有别于传统课堂的"新课堂"，创建"新课堂"已成为当代高效课堂探索的核心任务。

（一）"新课堂"的三种版本

"新课堂"与传统课堂的最大区别在于：不过分关注一节课是否符合教育学、心理学的"理论要求"，不在乎课堂形式是否完美无瑕、吸引听众；更在意的是这节课能否满足学生学习的需要，促使学生的学习充分、顺利、高速地在课堂上发生。应该说，教育学、心理学的"原理"是有一定科学性的，但并非每一条教育学、心理学"原理"都是实践者遵循的对象，相反，如果教师过于遵循"原理"、忽视课堂实情，他可能会宠坏"原理"，最终被种种"原理"

---

① 李志贵.根植校本文化孕育高效课堂［J］.人民教育,2012（22）.

所束缚,反而在课堂改革中伸不开手脚。简而言之,任何教育教学原理都是实践者选择的对象,当教师按照这条原理行动能够达到教学目标时,收获"多、快、好、省"①的教学效果时,他可以选择这条原理;否则,他有权利选用能够达到同一目的的其他道理原理来行动,甚至还可以忽视这条教育学、心理学"原理"的存在,基于自己的实践经验与教育理智合乎情理地开创课堂行动的新轨道、新道理。利用能够达成"效果优、效率高"的课改目标的教育教学原理来开展课堂改革,让教师、让课堂从烦琐、超重的"原理顾虑"中解脱出来,轻装上任、康庄前行——这就是"新课堂"的创建行动。我们认为:"新课堂"的根本特征是"简约""绿色"与"生本",简约课堂、绿色课堂、生本课堂是"新课堂"的三种典型形态与版本。

1. 简约课堂

所谓简约课堂,就是主干清晰、结构简单、风格简约、环节简化的课堂,保留教学重点、删除冗余教学环节、教学风格简朴、教学语言精简、突出教学主线是迈向简约课堂的课改行动。课堂的主线是核心知识,主框架是核心知识导图,主线路是学生学习的发生、发展过程,主题目是学生遭遇的核心学习问题。围绕主体、主线、主题、主干、主目标、主环节来优化课堂结构,删减教学活动是简约课堂改革的宗旨。这一改革行动的直接目标是:把课堂瘦身到这一境地,即"让常人一看即可看出教学的主要问题与主要思路",甚至整个课堂的结构可以清晰地可以用"简图"表示出来。

2. 绿色课堂

所谓绿色课堂,就是能够确保教学垃圾最少化、学生学习动力持续化、体现"节能、减耗、环保、循环"理念的生态课堂。绿色课堂构建的最终意图在于构筑课堂教学持续增效的正循环,努力实现课堂教学的激发潜能、节能减排、永续高效的目标。绿色课堂创建的主要思路:其一是增加课堂学习活动的挑战性与情趣性,激发学生学习的正能量,不断给学生以欣赏与鼓励,实现"想学—会学—学会"之间的良性循环;其二是让学生与知识尽可能直接会面,让学生在"嚼生"(即消化新知识、体验探索过程)中自主学习,获得学习能力,体验教学成功感,补充学习内能,增加有效学习,减少"教学垃圾",让课堂"轻负担""高品质"地运转。

---

① 李如密. 有效课堂教学策略[OL]. http://www.docin.com/p–319172915.html,2009–5–15.

3. 生本课堂

所谓生本课堂,就是以学生为课堂主体,以学习为课堂主题,凸显学生作为"学习主体"的地位,坚持学生作为"主要课程资源"的理念,回归教学活动的"学习本色",尽可能压缩讲授活动的内容、比重、环节,将教师对课堂教学的主导功能内隐化,努力创建一种低重心式课堂。实现"少教多学""扬学抑教"是创建生本课堂的基本思路。"学生学习的敌人在于依赖,教师教学的最大悲哀在于包办",①让师生在课堂教学中的地位与功能回归理性、回归本位是生本课堂创建的直接目标。简而言之,生本课堂的具体内容是:在课堂教学中努力体现学生的学习主体地位,尽可能实现下述教学改革蓝图,即学习问题学生自己找、学习过程学生自己组织、学习目标学生自己定、学习方法学生自己研究、学习评价学生自己进行、学习纪律学生自己控制,让学生在自主学习、自主管理、自我评价中将教学目标落实到学生自身、落实到学生心上,努力实现学生学习活动的自主化、自助化、自律化与自控化。

(二)高效课堂改革目标的厘清

在微观"新课堂"创建中,高效课堂改革要达到的具体目标是层次化的,即整体课改目标、课改直接目标与课改终端目标。三类目标有序衔接,从不同层次表达了高效课堂改革的理想与期待,规划了新课堂的未来蓝图,构成了崭新的高效课堂改革目标系统。

1. 课改整体目标

在整体改革目标上,高效课堂改革要在六个方面超越常规,实现课堂结构与进程的根本转变。这六个方面分别是:教学形式、教学方向、教学结构、教学动力、教学辅助、教学结果。在教学形式上,新课堂必须突出主线,严格按照核心知识的逻辑线路设计教学环节,努力构建教学主线清晰的课堂形态;在教学方向上,新课堂要求在教学活动一开始就要直击靶心、对准教学目标,减少不必要的教学冗余环节,降低教学成本能耗;在教学结构上,新课堂要求突出一个"精"字,即注重教学内容上的"精简"、教学节奏上的"精炼"、教学方式上的"精教"、教学亮点上的"精妙",努力打造高效课堂改革的"精品";在教学动力上,新课堂坚信"谁唤醒了学生发展的内在动力,谁就在实施真正的教育"②的理念,倍加关注学生的学习,着力提高学生对学习活

---

① 李炳亭,刘堂江. 高效课堂九大"教学范式"[N].中国教师报,2010-4-14,第 B02 版.

② 张志勇. 回到教育的原点看"高效课堂"———基于省庄二中课堂教学改革的思考[J].当代教育科学,2010(16).

动的兴趣,增加学生在课堂上的兴奋点与高潮点,善于借助欣赏、鼓励、参与挑战、体验成功等教学活动来引导学生端正学习目的,净化学习态度,坚定学习信心,及时增强学生学习的正能量,促使他们保持强劲的学习势头与动力;在教学辅助环节,新课堂坚持"向40分钟要质量,教学任务尽量不向课外转嫁"的原则,努力创建精简、有力、低负(甚至"零负担")的作业系统,归还学生课外生活时间,归还他们一个健康、幸福的童年、少年;在教学结果上,新课堂崇尚"效果与效率、成绩与成本"兼顾教学效能观,努力实现教学质量优、师生教学付出少、教学时间与课外时间平衡的高效课堂追求,不拿师生的健康开玩笑,不打疲劳战,不搞"双面"改革(即表面一套,背后一套,说的与做的相差悬殊的课堂改革),坚守不随意增加师生"课改负担"的课改底线。"考察课堂是否高效要关注三个维度:一是高的目标达成度,二是优化的达成路径,三是积极的学习愿望。"①

因之,当代高效课堂改革的六大核心目标是:教学主线清晰、教学直击靶心、教学活动"五精"(精简、精炼、精教、精妙、精品)、学习动力持久、作业精简轻负、教学效能明显等。

2. 课改直接目标

在课改直接目标上,新课堂创建要直接达成两个方面的改革目标,以行动化、具体化、感性化地体现课堂改革整体目标。

首先,从课改实质角度来看,高效课堂改革行动要实现"八字目标",即"人人、当堂、课课、达标"。这是课改的直接操作性目标,让每个学生在每一节课上当堂达到精确化的教学目标是新课堂的保底要求。"当堂达标"是不增加学生课外学习负担的要求,是压缩松散课堂结构、过滤教学垃圾的硬性指标。没有当堂达标的要求,高效课堂改革就难以实现低耗高效的目标,也就难以从根本上落实精简教学环节、精化教学进程、提高教学效能、课业零负担、节约教学时间与精力成本的高效课堂改革要求;"人人、课课达标"是对新课堂创建的量化指标,让每一个学生学懂本节课的教学内容,在"三维目标"上人人收获,是最清晰的教学任务表达形式,是对教学效率的最充分表达。显然,只要每个学生在每节课上都达到了课堂教学目标,教学的效能就能够实现最优化。在新课堂中,教师必须树立稳扎稳打、步步为营的课堂改革思路,这就是:遵循"环环清"—"堂堂清"—"课课清"—"个个清"的课

---

① 迟学为.高效课堂教学模式构建的文化思考与行动策略[J].课程·教材·教法,2012(5).

改梯次。其中,"环环清"是指每个教学环节都要落实教学任务,确保学生全部掌握,不在任一环节上掉队;"堂堂清"是指每一节课的教学内容都要人人过关,每个知识点、能力点、素质点过关,让每一个课时都在不增加作业负担的前提下完成预定教学任务;"课课清"是指教师的每一篇课文、每一个单元都要全面、及时、准确地完成教学任务,独立完成单元检测,达成各项单元教学目标;"个个清"要求教师积极推进个性化教学理念,力争在每一个教学环节、每一课时、每一课程的教学上让每一个学生完成既定教学任务,达到最低教学标准,杜绝后进生的增加,为后续课堂教学活动的"减负"计划打下基础。

其次,从课堂形式改革角度来看,教师要在新课堂创建中实现教学形式的根本转变,这就是"五字"课改目标,即"活、火、快、变、动"。既重视实质性课改效能的实现,又重视课堂形式的变革是完整高效课堂改革的意蕴。在课堂形式改革层面,新课堂创建要努力达成五个具体目标,即教师的教法灵"活"、课堂的学习气氛"火"热、教学的节奏明"快"、教学组织上富于多"变",努力让学生在课堂上"动"起来,即"身动""心动""灵动"。应该说,教师教法灵活才能吸引学习者的注意力与眼球,真正的学习活动才能发生,教学效果才会出现;学习气氛火热、火爆是课堂教学激起了学生的参与热情与探索兴趣的反映,因此,也是新课堂是否促成了深度学习发生,强化了教学效能的直接标志;教师的教学节奏明快是教学时间运用高效的另一标志,是高效课堂的简单明了的直接要求;教学组织是提高教学效能的物质保证,创建个性化的教学组织,实现集体教学与个别教学之间的机变配合,确保每一个学生在课堂上发生有效学习,是新课堂改革的另一形式化指标;学生在课堂上的活动表现是学生在进行着学习,身心在进行着思考的标志,是高效课堂改革的感性指标。上述五大形式要素是高效课堂改革中教师的"肉眼"可以直接感知的,是高效课堂实质的外化与物化,将之和实质性目标结合起来就可完整地把握新课堂改革的目标及其落实程度。

3. 课改终端目标

从课堂改革的最终结果来看,构筑"三优"课堂是新课堂创建的终端目标。所谓"三优"课堂,即教学效果"优"、教学结构"优"与教学组织"优"。[①]

首先是教学效果"优"。这是高效课堂改革的基础性目标,是提升课堂教学效率的前提,是新课堂的根本质量标准。"关注全人教育的课堂是高效

---

① 龙宝新. 聚焦核心知识的高效课堂教学实验设计[J]. 当代教师教育,2012(3).

课堂"。① 教学效果优劣的全面判断依据是教学目标,是新课改倡导的"三维"目标。教学活动在"三维目标"上全面达成,让学生获得知识技能(借助学习结果实现)、获得学习方法能力(借助学习过程实现)的同时感悟到学习的意义感(借助学习价值、目的的体悟来实现),是衡量高效课堂改革成败的三把尺子。三个子目标相互配合、共同达成,构建完整意义上的立体学习形态,是高效课堂改革的"高效"实质。

其次是教学结构"优"。这是高效课堂改革的深层目标,是高效课堂内涵建设的重要内容。课堂改革的效能不仅要看其终端的效果,还要看课堂的内部构造。在高效课堂中,优质课的含义是:它能否搭建起学生自主学习、独立学习的"知识桥""知识梯",新课堂是借助学习问题单的辅助来实现的;能否按照学生学习线路设计教学,让学生成为课堂的主人,让学习成为教学的主题,让"学会、会学、想学"成为学生在课堂学习中的全面收获;能否让"知识、思维、精神"成为课堂改革的"蛋白质、葡萄糖与氨基酸",努力增加课堂改革的高营养品;能否抓住教学结构的三大要素——知识点教学的梯度、密度、深度来全面统筹课堂教学,等等。这些都是高效课堂结构优化的对象与内容。

最后是教学组织"优"。这是高效课堂改革的形式目标,是高效课堂制度建设的立足点。在新课堂中,学生个体、小组、班级是组织建设的三大基本元素,让学生个人、学习小组与教师在课堂上实现科学匹配、灵活组织,形成"有中心、有协作、有秩序"的学习型组织,为知识、技能、情意在课堂中的穿行、共享、互通搭建平台,构筑师生深度参与、多向合作的学习共同体,是新课堂组织建设的重要任务。

三、高效课堂改革的基本思路

在新课堂创建中,要达到各层次的教学目标,教师需要引入一些全新的课堂高效思路、行动策略、实践路径,确保课堂教学改革预期目标的实现。我们认为:一般课堂教学也追求教学效果,追求教学效率,但在达到这一目标中所选择的套路常常是教学方法搭配、教学手段选择、完善教学设计、改进教学环节、改变练习方式等。在高效课堂改革中,改革者应重点从"教学关系重构"角度引入以下全新的课堂教学改革思路:

---

① 张志勇.回到教育的原点看"高效课堂"———基于省庄二中课堂教学改革的思考[J].当代教育科学,2010(16).

(一)多学少教:实现学习活动量最大化

没有学习,就没有教学效能;没有大量的学习,就没有高效的教学;没有科学的学习活动,就没有最优化的教学效能。换个角度看,学生的学习活动量越大,教学效能就越高;学生的学习活动品质越高,学习的深度、精细度越高,教学效能自然就越高。这是课堂改革的秘诀所在。无疑,任何学习活动发生的标志是:学生在课堂中发生着信息的吞吐活动,学生的思维机器在高速运转,学生的训练活动在实质性地推进,学生的精神活动在不断升华,学生的学习热情在持续地增长。"课堂是学生表现的地方,不是老师表演的地方。"①基于这一认识,我们认为:学习的"学习量"等于学生学习中发生的信息量、思维量、训练量、精神正能量的总和,这一总量数越大,教师的教学效能就越高。因此,压缩教师在课堂教学中的讲授占用时间,为学生学习留足时间与空间,不断增加学生在课堂教学中的信息量、思维量、训练量、正能量,是实现学生学习活动量最大化的出路,是实现课堂教学高效化的第一选择。在高效课堂改革中,学生的学习形式是多样化的,如引领式学习、互助式学习与自由式学习等,②充分利用多样化的学习形式,促使学生在课堂中学习总量的最大化是课堂改革走向高效的内在要求。

(二)扬学抑教:实现学习(潜)力发挥最大化

在新课堂创建中,实践者始终要坚持一条信念:学生的学习力、学习潜能是无限的,是相对于成人、教师而言的最大优势,依靠、释放、夯实这股潜力是教师教学持续走向高效的坚实基础。青少年学习者具有较大的可塑性与发展空间,思维的灵敏度、思想的开放度、认识的自由度是其在学习中的最大优势,高效课堂改革的目的是引导、促进、强化学生的学习潜力,确保课堂教学效能的抬升走在一条"挖潜"的路子上来。在高效课堂改革中,教师应该始终"视学生为'金矿',在教学的全过程都要注意不断挖掘学生学习的潜能,从而使学生不断发展,不断成长"。③ 在课改中,改革者要将激扬学习者的个性、发扬学习者的学习创造力、遵循学习者的自主学习热情放在重要位置上来,将相信学生、依靠学生、成就学生的学习视为教学改革的根本理

---

① 朱卫民等.造高效课堂探索黄冈模式[N].黄冈日报,2011−11−06,004 版.

② 刘金玉.试论"先学后教当堂训练"教学模式的本质特征[J].江苏教育研究,2011(11A).

③ 刘金玉.试论"先学后教当堂训练"教学模式的本质特征[J].江苏教育研究,2011(11A).

念,努力减弱"教"与"讲"的色彩,让教师的讲授成为激起学生学习热情,激发学生学习活动的诱因与铺垫,为学生的学习铺路搭桥、敞开大道、甘为人梯。在课堂教学中,不随意给学生呈现问题结论,尽可能用学生学习中自生的问题来挑战学生的智慧潜能,让学生自己在探究、合作、慎思中逼近问题的答案,努力将课堂教学、知识学习与挑战学生潜能的目标结合起来,以问题的"生成—探究—解决"为线路来安排教学活动,是促使学习者学习潜力自由释放的现实选择。

(三)共学互教:实现每个学生学习效能最大化

课堂效能是每个学习者课堂学习效能的叠加与总和,因此,高效教学不仅仅是指整个课堂教学效能的高效,还指每个学生课堂学习效能的最大化。"效益是效果、效率及公平性的统一",[①]让每个学生在高效课堂中收获成功是高效课堂改革的价值诉求之一。"一花独放不是春,万紫千红春满园。"在每节课上实现全体学生全员学习,同学之间共学互教,达成满园丰收的教学效果,教学的"高效"目标才可能最终实现。教学效果的形成具有多源性,正如昌乐二中所言,学生获得的知识中"20%是不用讲学生能自学会的,70%是通过讨论才能学会的,10%是同学之间在课堂上展示、互相回答问题,经过老师的强调、点拨,反复训练才学会的。"[②]因此,自学、互学、教学都是学生知识获取的主源与道路。在这一意义上,我们认为:教学迈向高效的第四条道路是组内互教、学生互学、共学互促,努力实现全体学生的学习活动都高效的理想目标。学习者之间互学的基本形式是群学、对学,是基于学习共同体的小组学习,小组组织构架对高效课堂而言意义重大。理想的学习组织是以小组为单位的学习型组织建设。在学生集体与学生个体之间找到最佳的结合点,克服集体学习与独立学习各自的弊端,集合、共享、强化二者各自的优点,推动教学组织建设的科学化。简而言之,学生的最佳学习效果往往在他们将自己置于"导学者"的位置时出现,学生之间交互学习、交以为师、互作导生,是实现深度学习、加大教学密度、增加教学频次的现实对策。

(四)先学后教:实现学习活动的问题化

学始于疑,而非教,问题是学之端,学会、会学、乐学、创学是学之果。这是高效课堂改革的元定理,是新课堂创建的基本法则。有了预先的尝试学习,才会有真正的学习问题;有了学习问题,才有了讲授的靶子;有了直击靶

---

① 张明.高效课堂实施障碍与改进策略[J].中国教育学刊,2011(11).

② 李炳亭,边淑清.高效课堂九大"教学范式"[M].济南:山东文艺出版社,2011:78.

心的教学,课堂才能简明高效。这是高效课堂改革的良性减负之路,是高效课堂改革的关键理念。相对而言,传统课堂主打的是"教",是教师如何尽情地去表演课堂、讲清内容,而非基于学生学习的需要与目的来展开。这种课堂始终是"描述"式的,它重在向学习者平铺直叙地述说一个事实或道理,其结果,学生始终是"洗耳恭听者"。

新课堂创建实践要颠覆这一教学线路,呼吁把课堂的起点安放在"学"上,其具体做法是:让学生在预备性学习中"生出"学习问题,利用问题来唤醒学生的学习欲望,挑战学生的学习潜能,实现课堂教学基于问题的主线整合。先学后教,放手让学生去学习,让学生在遇到问题"拦路虎"时再求诸教师,以此隐形地抬高教师在课堂中的身价与地位。这是一种欲擒故纵、有的放矢的教学策略。在学习问题的媒介、关联与统摄下,教师真正成了课堂教学的幕后主持人,而学生也在与问题"共舞"中提高了课堂中有效学习的比重,找到了参与课堂的舞台。先学后教的意义正系于此。在洋思中学,教师开发出了多样化的"先学后教"形式,如大"先学后教当堂训练"、小"先学后教当堂训练"、引领式"先学后教"、互助式"先学后教"与自由式"先学后教"等,[①]这些形式非常值得借鉴参考。

(五)善学精教:实现教师点拨效力最大化

高效课堂的重心是"学",但其主要发力点却是"教",是精准到位的"点拨",因为教师的教能够达到学生学习,包括自学、群学、研学等所难以达到的教学效能。"高效课堂,关键在教师,核心是生本,评价是保障"。[②] 教改的焦点是"教",即教什么、如何教、为何如此教,相对而言,学习是学生自己的事情,是学生的意愿与权利,教师不能强迫他们去学习,而只能激励、诱导、引导他们去学习。换个角度看,不同课堂之间效能的主要差异源自"教"而非"学",因为学生学习的水平、方式、起点对所有课堂而言几乎是差别不大的常量。让这些"常量"衍生出非凡的教学效果与学习成绩是教师的神器与特异功能,学生课堂学习状态、水平、质量、效能都只是测查教师教学水平的一个参照点而已。

因此,高效课堂在压缩"教"的时间、空间、比重的同时还要不断提升"讲授"的品质,力求让教师的课堂点拨效能最优化、最大化,以求给学生学习产

---

① 刘金玉.试论"先学后教当堂训练"教学模式的本质特征[J].江苏教育研究,2011(11A).

② 朱卫民等.造高效课堂探索黄冈模式[N].黄冈日报,2011 - 11 - 06,第4版.

生最佳的辅助功能。要达到这一目标,教师需要从两个方面来考虑:其一,把讲授插入到学生"心坎"上去,即讲授那些学生在学习中现实遭遇到的真实问题,讲授那些学生百思不得其解的焦点问题,讲授那些学生最渴望得到点拨的难点问题,这样,教与学的期待之间就可能实现百分百的契合,确保时刻"抓住学生",学生对教师讲授内容的吸收率自然会提高,点拨自然会变得有力;其二,教师要"点到为止",给学生留有回旋、自由、努力的余地,不要一句话把问题点得过于透彻,要留半句给学生,否则,这种点拨反而不利于实现学生的充分发展,妨碍学生获得更多收获。无疑,问题的结论"从学生口中说出"与"从教师口中说出"所产生的教学反响差异迥然,学生口中说出结论还会收获激励学生学习信心与成就感的"额外收获"。变讲授为点拨,变教导为诱导,都需要教师引导学生善学,告诫自己精教,努力创建"借力学生学习"的教学形态。

教师的点拨是"金玉"之言,怎能轻易张开"金口"!在没有形成合适的问题情境、学生没有充分(学习)预热与问题没有高度聚焦的情况下,教师决不可轻易开始教学正题的讲授,因为在此状态下,学生没有产生探究知识、拥抱知识的热情,由此导致讲授越多,生成的教学"垃圾"越多的恶性循环。在新课堂创建实践中,教师一定要清楚:什么该讲,什么不该讲,在教师的讲授任务与学生的学习任务之间划清界限;什么时候该讲,什么时候该旁观、等待,为学生聚集学习能量与学习热情创造条件。学生一看即懂的问题不讲,学生没有问题的地方不讲,学生能够自立完成的学习内容不讲,学生不可能学懂的问题不讲,无关主次的学习内容不讲;要讲就讲全体学生的问题"重合区"、教学内容的"核心区"、学生期待教师辅助学习的问题"兴奋区"。在"讲"与"不讲"、"学"与"讲"之间考验着教师的教育哲学与课堂智慧,抬升着教师的教学艺术与专业水准。

第二节　高效课堂技术化的路径

先进的理念与有力的技术完美结合是缔造现代课堂典范形态的两大支撑点,是课堂教学改革持续推进的"力臂"。高效课堂亦是如此!随着高效课堂改革的持续深入,一系列全新的课堂理念与技术手段都在其中找到了实验场与检验所,成为酝酿新一轮教育教学改革的生发点。目前,翻转课堂、慕课课程、云课程、教学微视频等纷纷面世并进入高效课堂改革实践,一系列新型高效课堂形态次第涌现,如重庆聚奎中学的"三四五六"模式、美国高地村小学的"星巴克式教室"等①。乍看起来,似乎国内外高效课堂形态相差甚远,其实,其背后意图万变不离其宗,即都在寻求一种先进教学理念与教学技术的结合方式,只是其所秉持的"教学理念"与"技术"内容内涵略有差异而已。可以说,寻求一条高效课堂理念与现代技术文化之间的更为完美的结合方式是当代高效课堂改革的内在线索之一。

一、高效课堂与技术文化间的内在关联

对技术的理解不同,立场不同,自然会导致技术在课堂教学中的体现方式不同,随之创造出来的课堂技术形态也就不同。继科学诞生以来,技术迅速占据了人类生活的主画面,甚至大有僭越人文文化之势。那么,什么是"技术"? 在古代,技术是指"所有与自然(nature)相区别的人类活动",即"工艺、技能";马克思认为,技术是"人类最基本的感性活动形式和文化形式",是"确证人的本质的最直接、最容易感知的方式",具有丰富的"人文内涵";②当代学者认为,技术具有四种内涵,即"一是技术是工具或手段,二是技术是方法或者是关于方法的知识,三是技术是人类活动(过程)或人类行为,四是技术是技能、方法、手段、工具和知识的某种组合或总和"。③ 总之,技术是一种文化,它是涉及价值观念、知识思维与方法手段的复杂有机体。在技术文化中,价值观引领着技术的运用方向,知识思维代表着技术的主观创造力,技术方法手段代表着技术的物质实现媒介。工欲善其事必先利其器。技术是"形而上"的思想与"形而下"的工具组成的有机体,高效课堂的理念在技术的各个层面上都能找到自己的结合点。

(一)高效课堂与技术手段、技术流程间的相通性

高效课堂是"有效教学"探究的延伸与升级,是更为本土化的一种现代中国课改理念,致力于提高课堂教学的"三效",即效率、效果与效益是高效课堂最内核的理念。为了实现"三效"提升目标,高效课堂改革还引入了一些更为具体的教学理念,如自主导学、"先学后教""少教多学""以学定教""课堂瘦身""师退生进""四学"(即学会、会学、想学、创学)并重等,它们成为筑就我国中小学高效课堂实践形态的理念之"根"。然而,在我国,"理论在天上飞,实践在地上爬"的现状国人皆知,与技术手段之间的"失联"无疑

---

① 王红,赵蔚,孙立会,刘红. 翻转课堂教学模型的设计[J]. 现代教育技术,2013(8).
② 于春玲等. 马克思技术本质观的文化哲学视阈[J]. 东北大学学报(社会科学版) 2009(6).
③ 杨开城,王斌. 从技术的本质看教育技术的本质[J]. 中国电化教育,2007(9).

是我国课堂教学改革的最大短板与深层危机。在这种形势下,许多课改实践者正是从此找到了炒热课堂教学改革的契机,一系列崭新的课堂技术手段迅速涌现,如李炳亭的高效课堂"三件宝",即"活页夹""双色笔"与"纠错本",及其倡导的"五步三查"教学流程,成为学生课堂学习效能倍增的有效技术手段。再如中央教育科学研究院的韩立福教授,他为实现上述高效课堂理念提供的技术手段是"先学后导—问题评价"这一教学流程。还有,目前全国多地学校采取的"一案三单",即"学案"及三个评价单—"问题导读单""问题生成单""问题训练单"等。不止如此,在高效课堂改革中,许多中小学普遍采用了导学案、讲学稿等,它们成了高效课堂理念的有形化载体。这些助学工具与教学流程设计无疑就是一种技术手段,它们的发明为高效课堂理念的"软着陆"提供了物质依托。上述技术化的尝试与实践无疑是我国当代高效课堂改革"火"起来的助推器,是其之所以能够超越历史上的多数传统课改并独占鳌头的有力武器。当代高效课堂与技术手段、技术流程之间存在着相互依存、相互需要的关系:在高效课堂理念的串联下,课堂教学的增效工具与模式流程彰显出了巨大的实践功能;在技术手段的辅助下,高效课堂理念顺势释放了理念变革实践的强大潜能。高效课堂理念与上述"案单笔本""问题导学"等技术的联姻预示着未来我国课堂教学变革的进路与航向。

(二)高效课堂与技术思维间的相通性

高效课堂既是一门艺术,又是一门技术。作为艺术,它体现在高效课堂的实施过程充满了变数与生成机遇,对教师而言,这是一个临场发挥、即兴展开与机智应变的过程,教师的个体风格、教学境遇与实践经验随时影响着其整个授课过程;作为技术,它体现在高效课堂实施过程中仍有规律、套路、技术可循这一层面上,简言之,那些优秀教师、课改先行者的课堂创造、先进经验随时都可以会以模式、格式的形式被固化下来,成为诸多地区、教师重点推广的对象。高效课堂的技术性思维正是在这一意义上说的,它就是优秀课改理念与经验的放大器。法国著名技术哲学家 J. 埃吕尔(Jacques Ellul)指出,技术就是"在一切人类活动领域中通过理性得到的,具有绝对有效性的方法的整体"。将那些不可控、多变性的课堂艺术、教学策略与课改经验提炼成为相对稳定的课堂技术,使那些无形、难言的教学机智转换成为课堂改革的有形经验与行动图式,正是高效课堂技术性思维的体现。所谓技术性思维,就是在一切技术化的做法、现象背后隐藏的稳定思维方式、定型操作套路,其核心特征是可控性、工艺化、确定性与可迁移性。技术思维在高效课堂智慧、理念、经验、做法的推广中产生了重要作用,它是这些先进课改智慧、理念、经验实现跨地区、跨学校、跨教师,甚至跨文化、跨国界迁移的一座桥梁。如果说当前我国高效课堂形态的主要代表是杜郎口中学与洋思中学,那么,它们所倡导的高效课堂模式,即"336模式"与"先学后教模式"就成为国内诸多学校学习借鉴的直接对象;如果说国外高效课堂形态的主要代表是翻转课堂——可汗学院模式,那么,这一模式以其清晰的操作思路赢得了全世界中小学的关注,成为这一高效课堂理念国际化传播的直接依托。在当前,我国在推进高效课堂中已经产生了形形色色的"数字化模式",如昌乐二中的"271模式"、兖州一中的"三步六段模式"、李炳亭的"五步三查模式"等。这些"模式"是高效课堂技术思维的直接体现,其内在遵循的是一种基于心理学的"学习流程思维",即"预习(导学)—展示—反馈",它甚至成为各校高效课堂改革中隐性遵循的操作公式。更进一步讲,国内高效课堂内在遵循的技术思维实际上就是"先学后导""以学定教",国外以可汗学院模式为代表的高效课堂实践遵循的技术思维则是"师生异位""教学对调"。借助这些技术性思维来控制高效课堂实践的流程正是当代高效课堂实践最隐秘的"技术要领"。①

(三)高效课堂对信息技术的内在需求

无疑,高效课堂与技术文化之间的直接对接点是它与信息技术之间的对接,信息技术是高效课堂技术化的焦点。目前,大量信息技术手段,如Wikis、Blogs、云计算、网络等技术工具鱼贯而入,彻底改变了高效课堂的面貌与场景。在信息技术手段的支持下,微视频在课堂中普遍应用,慕课课程向全球迈进,远程网络教学变得司空见惯,信息技术支撑下的高效课堂更引人注目,基于导学案、问题单等的"第一代高效课堂"则显得大失光彩。翻转课堂作为"第二代高效课堂"的典型代表,很快受到了中小学教师的热捧。正是如此,有学者指出,"杜郎口模式不能算作翻转课堂,只能算是一种课前导学模式,因为它缺少了微视频和支撑环境两个要素;可汗学院模式虽然引发了'翻转'的全球风暴,但也不能算是真正意义上的翻转课堂,只能算是一种视频支持下的在线学习模式。"②作为高效课堂的一种新形态,翻转课堂大致由三个环节构成,即问题引导环节、观看视频环节和问题解决环节;其独特之处就在于引入了教学微视频,以此实现了"知识内化后移""增加知识练

---

①　龙宝新.高效课堂的理念与行动[M].西安:陕西师范大学出版社,2014:2.
②　赵兴龙.翻转课堂中知识内化过程及教学模式设计[J].现代远程教育研究,2014(2).

习次数""善于利用社区讨论""重视家庭学习功能"、"构建自主学习环境"等目的,教学效率自然大幅度增加。有学者认为,"教学论中有课堂教学'铁三角'(即课程、教学、教材)之称,常有人主张当代课堂教学要素须加上信息技术,因它是当代教学中不可缺少的工具"。[①] 这一灼见不无道理,翻转课堂给出了一个很好的佐证,师生习得相应的信息技术知识与技能就显得尤为必要。应该说,正是在微视频技术的辅助下,高效课堂才可能实现教学流程、师生关系"异位""互换"的功能,翻转课堂不愧为高效课堂技术化的一种课改里程碑。

二、高效课堂理念技术化的模型与环节

由上可见,高效课堂走向技术化是一个立体过程,是技术文化与课改理念间的全面融合过程。从技术手段到技术思维,再到技术操作、技术工艺,高效课堂需要技术思想与实践的多维度跟进与辅助。在高效课堂改革中,中小学教师只有站在技术文化整体视野下,改革的路径才会更宽广,改革的思想才会更深邃,改革的目标才会更科学。

(一)高效课堂理念的技术化模型探讨

在高效课堂实践中,先进理念是优秀教育实践与教育研究者的专利,它具有强大的实践变革力与爆发力,借助技术思想与手段来呈现这一力量是高效课堂技术化的内在目标与现实使命。我们认为:高效课堂技术化的实质是先进课改理念的技术化应用过程,是整个技术文化辅助课堂教学效能提升的过程,一切有效的技术思维、技术手段、技术工艺都可以用于高效课堂改革实践。在此,我们将高效课堂技术化的理论模型图示如下:

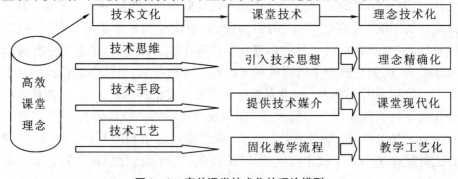

图1-1　高效课堂技术化的理论模型

---

① 叶澜.课堂教学过程再认识:功夫重在论外[J].课程·教材·教法,2013(5).

上图表明:高效课堂理念技术化过程的实质是这种理念借助于技术文化,即技术思维、技术手段、技术操作实现技术化的过程。在这一过程中,引入技术思想、提供技术支持、固化教学流程是高效课堂理念分别与技术文化的"三要素",即技术思维、技术手段、技术操作工艺对应结合,力促课堂教学实现理念精确化、课堂现代化与教学工艺化的过程。在整个高效课堂理念技术化的过程中,课改理念始终处于导航、引领、指南地位,而各种各样的技术思想、技术手段、技术工艺则是将这些教学理念"实在化"的物质依托。借助上述形形色色的"课堂技术",高效课堂理念就在实践层面成为有声有色、有板有眼、有形有物的课堂实践形态。

(二)高效课堂理念技术化的"三部曲"

在高效课堂理念技术化过程中,有三个环节尤为关键,即引入技术思想,实现课改理念的精确化、教学活动的可控化,让灵活多变的课改理念在教师的教学观念中找到稳定支撑点;借助形形色色的技术手段,重塑课堂学习环境,改变学生的学习方式,实现课堂现代化转变;借助流程化的技术操作,把新理念下形成的课堂教学过程模式化、流程化,形成相对稳定的课堂教学结构与流程。

1. 理念精确化:寻求课堂教学思想的固着点

所谓理念,就是在人脑中形成的各种各样的观念与想法,是人基于自己的经验系统、价值立场、主观意识去认识外界事物、现象的结果。理念的最大特点是无形性、可变性、涌现性,影响人的理念形成的因素具有多样性,每一种因素的变化都可能随时会波及人的理念系统,高效课堂理念亦是如此。在没有走进实践,走向教师,走进课堂之前,这些理念始终处在变异之中。在当前,高效课堂理念可谓林林总总,如前所言的"少教多学"理念、"学导生本"理念、"基于核心知识的减肥瘦身"理念,等等,它们都看似是一种诱人的课改理念,但在正式进入实践、课堂之前,我们难以洞悉这些课改理念的"真容"与"模样",许多学者对这些理念的理解与看法也会千变万化,甚至带上自己个性化的认识与体验。因此,直接用一种高效课堂理念去变革课堂教学自然会催生出形态迥异的实践形态,我们也无法判断哪种形态是该理念的正版形态,也无法判断哪种形态最具合理性。在这一意义上,我们认为:用技术化思维将当代高效课堂理念技术化,是确保这一理念在实践化中产出高质量教学实践形态的保证。简言之,技术思维的根本特征是可控性、确定性与有形性。高效课堂技术化的首要含义就是借助技术思想把高效课堂中的先进理念确定下来,使之成为大多数教师优化课堂实践的行动指南与指导思想。在这一层面,课堂技术化的具体内容是:与具体课改主体,如学校、教师、学生等相结合,阐明这些高效课堂理念在实践境遇中的确切含义,去除理念本身的模糊性;按照一定优选程序,对这一理念的具体内涵进行辨认、细化、确定;对拟技术化的高效课堂理念的科学性进行评估,对科学理念与非科学理念进行分流处置,防止鱼目混珠现象出现,等等。例如,基于"少教多学"的理念,我们可以将之细化为:教师、学生角色地位的确立,即教师成为学生学习的辅助者,学生成为课堂的主人与学习的主体;把教学内容区分为"教的内容"与"学的内容",细化师生在教学活动中的任务分工;促进学习方式的多样化,扩大自学、群学、合学在教学中的比重,压缩教师的教授在课堂教学中的比例;把教学的极端思想,如"在课堂上教师几乎完全不干预学生学习现象"认定为"非少教多学理念",等等。通过这些技术化处置,高效课堂理念的具体内涵会逐步清晰化、固定化,对它的误读与歧义随之减少,那些模棱两可、任意随意的课改理念成分不断减少,课堂教学改革随之有了更为明确的理念支持。借此,高效课堂理念对教师课堂教学实践的直接控制力会不断增加。

2. 课堂现代化:寻求课堂教学活动的技术支撑

高效课堂理念的清晰化、精确化只是课堂技术化的第一步,如何借助一些技术媒体与物质手段来将之付诸实践,转化成为见物见人、有形有声的物质化形态则是这一技术化进程中的中间环节。这就需要现代化课堂手段的支撑。其实,能够有效服务于高效课堂现代化的媒体手段很多,大致有信息传媒类技术手段与教学操作类教学用品两类。前一种大家比较熟悉,如现代声像设备、多媒体手段、云技术媒体等,它们大多是科技含量较高的科技手段,而后一种则主要是形形色色的教具与学具,例如,教师自制或教学仪器工厂生产的用于课堂展示、观摩、操作的飞机模型、识字教具、演示教具等,以及学生学习中使用到的大量学具,如李炳亭所言的"学习三宝"[①],等等,此类教学辅助工具的发明创意大多来自民间,是师生或社会根据师生教学意图而创制的一类教学媒体手段。显然,这些技术手段向课堂教学活动的融入能够迅速提高教师课堂教学的效能,将想当然的"高效预期"转化为客观现实。课堂教学的现代化实际上包括两种内涵:其一是课堂理念的现代化,其二是课堂手段的现代化;前者的实现需要高效课堂理念的研发与创造,后者的实现则需要上述技术手段的支持。在当前,大批现代信息媒体在

① 李炳亭.高效课堂的"艺术"和"技术"[J].中小学管理,2010(1).

高效课堂实践中的运用无疑引发了课堂改革的"第二次革命",其典型代表正是微视频课程、慕课课程、视频公开课、视频资源共享课等的大面积开发。这些课程形态实际上是课程内容与现代信息技术媒体结合后的产物,它们在许多中小学中已经得到广泛应用,为一切先进课改理念的实践化转变提供了强大物质载体。例如,在课程微视频的辅助下,学生的自主、合作与探究学习很容易展开,教学作为"自助餐"的新潮教学理念变为可能,"把'教室'变'学室',把'教材'变'学材',把'教案'变'学案',把'教学目标'变'学习目标',把'讲堂'变'学堂'"①的课改蓝图完全可能实现;在云技术的辅助下,大量视频课程资源可以被置于"云端",置于"空中教室",我们与个性化的理想学习形态的距离愈来愈近;借助精品视频资源课程的开发,全国乃至世界范围内的优质教师资源与课程资源可能进入寻常百姓家,优质教学理念完全有可能实现。正是如此,也只有在与现代技术手段联手中,高效课堂改革才可能创造出更为辉煌的课改成就,谱写出更为辉煌的课改篇章。应该说,高效课堂信息化是高效课堂理念与高科技媒体技术间的联手,而且是一次强强联手,是现代社会两大领域——教育领域与技术领域之间的一次高端合作,它必然给人类社会的未来发展产生深远影响。

3. 教学工艺化:寻求课堂教学的技术路径

教学技术化仅有理念与技术手段支持并不一定导致高效的课堂教学。如若这些手段没有被组织到合适的教学环节与教学流程中去,教师要想实现课改理念与技术手段的完美结合,实现"高效"的预期同样会显得力不从心。技术的含义不只是"手段"与"思维",更是一种流程,一种操作,它能够为人们提供一条通向理想行动结果的最优化、最科学的精品线路。这就是技术作为一种"工艺"的实质。因此,高效课堂技术化的最后一个关口就是在课改理念的指引下将相关技术手段科学地组织进教学的工艺流程中去。高效课堂的技术化工艺表现就是形形色色的教学模式,就是国内目前流行的"数字化模式",例如前文所提到的那些模式。简言之,国内流行的大量课堂教学模式,如陕西横水一中的"135"生本式高效课堂、兖州一中"循环大课堂教学模式"、江苏灌南新知学校的"自学·交流模式"、河南郑州102中学"网络环境下的自主课堂"、安徽铜都双语学校"五环大课堂模式",等等,这些模式不仅有更为具体的教学环节设计,甚至每步还有精确、细化了的时间控制要求,如杜郎口中学"10 + 35"的课时时间分配规定、兖州一中"35 + 10"

---

① 李炳亭,刘堂江. 高效课堂九大"教学范式"[N]. 中国教师报,2010 – 4 – 14,B02 版.

的课时时间分配要求、昌乐二中的"271"教学时间分配方案,等等。尽管如此,它们只是借助了"技术流程"的表达形式,而非完整意义上的课堂技术,这些模式都只是教师的授课经验与学习心理学理念之间的一种混合物而已,仅仅是课堂教学"部分技术化"的体现而已。完整技术意义上的高效课堂模式的经典代表是翻转课堂,即将现代信息技术、高效课堂理念与教学环节流程合而为一,实现了课堂教学过程的完全技术化。在翻转课堂中,教师借助一系列的技术要素,如微视频课程、网络社区、在线练习、远程师生互动等,构筑了全新的强调知识"吸收内化"的学习流程,即"问题引导—观看视频—问题解决"。借助这一流程,高效课堂不仅具备了更为完整、清晰的教学形态,而且还对课堂教学的每一步具体操作进行了详细设计。进言之,翻转课堂中,教师采取的是基于现代信息技术与现代教学理念的"教学技术工艺",而前述我国"第一代高效课堂"采取的模式只是一些与教学实践经验密切关联的"经验模式"而已。当代我国高效课堂模式的表现多样性、提出随意性,模式提出者主要是教学实践群体,没有模式的科学性,缺乏严格论证,正是这些模式充其量只能是"模式""形式"而不能上升为"技术工艺流程"的证据。所以,技术含量是"模式"与"工艺"之间的根本差异,高效课堂技术化的最终目标是要为广大教师提供一套一定时期内最科学、最先进、久经考验、可广泛应用的教学工艺流程。尽管这套教学工艺流程最终还是要被社会、教师、学生推翻,但在一定历史阶段,这一高效的教学工艺流程一定经得住历史的考验与验证。

三、高效课堂改革:寻求艺术与技术间的平衡点

显然,高效课堂的技术化路径并非一味推行"技术至上主义""技术本位主义"或"技术崇拜论",进言之,它并不是"高效课堂艺术"的反义词或对立面,而是希求在艺术化的前提下尽可能将高效课堂的灵魂与精髓付诸实践,将之具体化为一系列落地有声、感官可见、实施有力的有效课堂形态。高效课堂是一门艺术,艺术的灵魂是创造性、应变性、情境性、机智性与个体性,不可复制、不可重现、难以验证是课堂技术的根本特征。然而,正是在课堂艺术的这些"特性"背后潜藏着高效课堂实践的危机:没有规则规律可循,没有科学定型,没有形式稳定性,人云亦云,教学活动"能见度"、标准化水平低,教学活动可控性、推广性差,无法实现跨主体、跨学科、跨时空的广泛迁移。高效课堂的艺术只停留在部分优秀教师、优秀课堂、优秀工作经验之中,其实效性与影响力极为有限。正是如此,有学者指出:"课堂教学既是科

学又是艺术,这就要求教师在面对教学艺术时,能够暂时悬置教学科学,避免因为教学科学的理性与抽象性而伤害教学艺术的创造性;但是教学艺术并不意味着自己可以为所欲为,当教学艺术自身达到极致的境界时,从教学艺术活动中形成的意识,又会回归到教学科学之中,从而让教学科学变得扎实与深刻"。[①] 在技术与艺术之间寻求一种平衡,努力实现高效课堂的理念与实践在技术条件中的完美结合与整合匹配,是当代高效课堂改革的重要思路。在这一平衡中,我们认为:最重要的是要实现三大平衡,即有形模式与无形变革间的平衡、理念创新与技术间的平衡及学习环境与教学控制间的平衡。

(一)在有形模式与无形变革间寻求平衡

高效课堂技术追求的是有形的手段、程序与模式,追求的是可见的课堂理念物化形态,在这一意义上,没有眼见为实的技术手段、技术工艺、技术载体,高效课堂技术难以存在。"技术是指人类为了某种目的或者满足某种需要而人为规定的物质、能量或信息的稳定的变换方式及其对象化的结果。"[②] 有形的技术载体既是高效课堂技术的优势,也是其难以回避的缺陷。一方面,定型的技术操作、技术载体使高效课堂理念获得了坚实的物质支撑,让一种课堂构想付诸实践,为"好理念"走向实践铺平了道路,以致普通教师只要稍加学习培训即可掌握这些技术流程与操作要领,并且达到理想的课堂效能。翻转课堂正是如此。一旦教师掌握了这些操作要领,学会了开发使用某些视频课例,高效课堂的效能预期即可轻松达成。其实,"通过不断地简化和去情境化……形成一种具有普适性的教学理论或者教学模式"[③]是课堂技术化的基本原理。另一方面,课堂技术的最大特点是"固化"了某些教学环节流程,如固定的课例、固定的模式、固定的手段等,进而抑制了教师在课堂教学中的变通性与灵活性,教师的教学创造力、变革力发挥空间受到了一些束缚,反而不利于某些偶发、非预期教学事件的应对与处置。因此,在有形模式与无形变革之间寻求平衡是高效课堂面向技术化的变革中必须关注的一组辩证关系,是实现教师课堂自由的理念保证。

(二)在理念创新与技术配合间寻求平衡

在高效课堂技术化进程中,我们应该清楚地看到,好理念、先进理念是高效课堂技术化的前提,是确保课堂改革顺畅推进的支撑点;离开了这些理

---

① 周彬.课堂现象学论纲[J].教育研究,2012(5).

② 杨开城,王斌.从技术的本质看教育技术的本质[J].中国电化教育,2007(9).

③ 周彬.课堂现象学论纲[J].教育研究,2012(5).

念的有力支持,高效课堂改革很可能陷入"根基浅薄"的危机。高效课堂的种种技术化形态必须清楚自己的底细与短板,努力在技术化实践中不断反思所依托的课改理念的缺陷与误区,努力在二者之间形成一种交互促进、动态平衡的反哺关系。应该说,只要有一种好理念,就可能催生出一系列的先进课堂技术,技术思维、手段、工艺只是实现这些理念的"仆人"而已。但换个角度看,没有好技术、徒有好理念,便无法在教学实践中体现、发挥其潜能,这种课改理念始终处在萌芽状态,其价值效力始终处在蛰伏状态,此时,技术配合显得尤为关键,它随之成为好理念转化过程中的重要媒介。基于这一思考,理念创新与技术配合在高效课堂实践中同等重要,实践者只有坚持课堂技术开发与课改理念创新平衡推进的理念,高效课堂改革才可能创造另一个新高潮。

(三)在学习环境与教学控制间寻求平衡

"教意味着让人去学"。① 当代高效课堂改革的经验表明:学生的学习具有不可替代性,在课堂教学中教师、技术手段、教学模式配合并用等的首要目的是创建一种有利于学生学习发生的自主学习环境。在这一意义上,我们认为:课堂技术手段运用的核心目的之一是尽可能创造一种学生愿意自主学习、能够自主学习的氛围与程式,促进学生学习过程的自由化、自觉化与自主化。一方面,在技术化进程中,教师要善于利用各种声像设备、网上交互渠道、丰富课程资源等来自觉营造一种促进学生自主学习的环境,充分发挥技术手段的优势与功能。例如:让学生提前学习微视频课程,以此催生学习问题,引发他们参与课堂研讨的需要;让学生参与虚拟社区讨论,引导家长参与,利用好其他社会教育者,以此来搭建学生自主学习的平台,创造学习自主化的条件,等等。另一方面,一旦学生的自主学习热情被激发,教学活动很可能出现千帆竞发的局面,学生的学习随时可能走入误区或死胡同。此时,教师的教学控制,如点拨、引导、鼓励、强化等显得尤为重要。例如,在虚拟社区讨论中,教师以专家身份或教师深入介入学生讨论,引控讨论的主题就显得非常重要;在翻转课堂中的课堂讨论环节,教师如若不善于监控各种发言苗头、引导话题生成方向、掌控讨论兴奋点,课堂讨论很可能成为许许多多的闲聊,"教学"的本意难以体现,走向"高效"很可能成为一种幻想。所以,在高效课堂技术化中,自主学习环境创设与自觉进行教学控制同样重要。

---

① 张华.对话教学:涵义与价值[J].全球教育展望,2008(6).

第三节　高效课堂理念的科学性探因

21世纪初,借着新课改的东风,一批新闻媒体与课改爱好者通力合作,掀起了一场席卷全国、轰轰烈烈的高效课堂改革风暴,一度成了国内教改战线上一道靓丽的课改风景。目前,尽管不同学者、教师、家长对其褒贬不一,但有一点是肯定的:课改已经触及保守教育文化的根基,已经点燃了全国大多数教育工作者的课改热情,已经向中国课堂教学领域注入了一种鲜活的元素与精神。课改没有回头路,课改面临的一切误解、难题、缺陷、阻力只有诉诸持续的课改行动来破解。我们相信,只要一种课改没有犯下根本的方向性错误,民众都应该给予其学术的宽容与完善的机会。真正的课改是一次破旧立新的尝试与摸索,都是创造与问题、成功与失败并在的混合体,遭遇困境、质疑、批评是自然现象,课改的命运与潜力最终取决于课改工作者自身的应变智慧与调适能力。因此,如何全面深入地开展理论自省与系统重建工作,才是当代高效课堂改革者最需要关注的问题。

一、高效课堂理念的"高明"在何处

高效课堂改革不仅是追求高效益的改革,即效果与效率兼求的改革,更是一场高明的课改实践,其"高明"之处需要揣摩,需要发掘。辩证地讲,效果、效率、效益只是高效课堂改革追求的实践目标,实现这些目标所采取的理念资源深藏于课改实践的幕后,高效课堂改革"实践效应"的形成就根源于、得益于其内隐的"高明"课改理念。正如叶澜教授所言,真正的课改都是"一个不断处理教育理论与教育实践关系的过程,是一个不断实现着理论与实践的交互创生和相互滋养的过程"。[①] 没有实践创造的"课改"只是借用"课改"的名义行"非课改"之实,其骨子里其实还是传统课堂教学的理念;没有理念创新的课改,没有新理念元素伴生的课改,顶多只能算是课改的盲动之举,是灵魂缺乏、精神萎靡的课改;真正的课改都是实践创造与理念生成相依相随的一场实践。高效课堂改革的"高明",首先是指其秉承的高明课改理念,其次才是高明的课改手段与策略。在此,我们将这些"高明"的课改之举梳理如下。

---

① 叶澜.略论"新基础教育"研究之路的若干特征[J].基础教育,2011(2).

(一)立意高远:坚守课改意志

高效课堂改革在检阅校长、教师课改智慧的同时也在考验着他们课改的勇气与意志,因为只有那些勇于课改、执着课改、信守课改精神的教育工作者才可能走在课改队伍的前列,成为课改中的成功者与佼佼者。因此,"高扬"的课改精神是高效课堂改革的第一高明之处。任何课改都是一次探险,是一次风险投资,它需要课改实践者具备承担课改风险与应对外界压力的胸怀与能力。高效课堂改革亦是如此,无论成败与否,我们都应该钦服每一位高效课堂改革参与者的勇气。进言之,那些站在课改岸边,不敢试水改革却要对课改挑刺的人才是我们鄙视的对象。随着高效课堂"九大范式"的出现,我们看到了一批批课改学校的成功案例,看到了一批批课改名师、名校长,他们都是在经历课改洗礼与磨砺中成长起来的课改勇士。

高效课堂改革实践表明,决定一场课改成功的关键因素不仅包括锐意创新、不断反思的课改智力因素,更包括改革者应对课改外围压力的课改非智力因素,这就是决定课改成败与否的三大因素:勇气、意志与执着。只有具有了课改的勇气,一所学校、一名老师才有胆识投入课改;只有具有了课改的意志,一所学校、一名教师才可能具备课改承压能力与课改意志力;只有具备了拥抱课改的执着情怀,一所学校、一名教师才可能将课改坚持到最后,把课改创意转变为课堂常态、教学文化,最终把课改引向成功。在高效课堂改革中,一批课改名将,如崔其升、李镇西等凌空而现,他们都是课改意志方面的"超人",正是在执着坚守中他们才收获了课改的成功与硕果,堪称课改智慧、情怀与毅力的完美化身。与其说是高效课堂改革成就了他们的事业,倒不如说,是他们的智慧与情怀成就了高效课堂改革。在高效课堂改革案例观摩与剖析中,我们不应该只看课改的表面现象与书面文章,更要看到课改背后"课改人"的人格魅力、精神品位与改革情怀。简言之,课改现象不是随便就能够"看"透的,只有品鉴到课改领袖人物"精神意志"的层面,我们才可能真正地读懂一所学校的课改发迹史,一名校长的课改心路历程。

(二)技术高明:实施三大课堂"翻转"

高效课堂改革中最令教师推崇的无疑是形形色色的课改新动作,如导学案教学、小组合作学习、课堂学习成果展示、双色笔辅助预学、围绕教学目标的效能测评、课堂上学生担任主讲、主持角色等,[①]而真正让课改专家与理

---

① 张志勇.回到教育的原点看"高效课堂"———基于省庄二中课堂教学改革的思考[J].当代教育科学,2010(16).

论工作者赞赏的还是其倡导的科学课改理念,正是这些理念将那些看似碎片化、技术化的课改做法凝为一体,使之成为富有意义的系列化、专业化课改行为。这正是高效课堂在技术路径上体现出来的高明之处。在高效课堂理念中,对"教育""教学""学习"活动的三大"翻转"无疑具有典型指导意义,堪称高效课堂改革的核心理念。这三大"翻转"分别是:"教育"变成了"育教",即"先育后教";"教学"变成了"学教",即"先学后教";"学习"变成了"习学",即"先习后学"。

1."先育后教"是高效课堂改革的重要方向

当代高效课堂改革的历史发展脉络大致可以划分为三个重要阶段,首先是初期的"怎样学"(how to learn)阶段,大约在 2000 年到 2010 年,以杜郎口提出"336"模式为标志,其鲜明标志是形形色色的数字化模式流行,如昌乐二中的"271"模式、李炳亭倡导的"五步三查"模式、沈阳立人学校的"124"模式等,其关注点是教师的教法、学生学程的转变;其次是近期的"学什么"(what to learn)阶段,大约从 2011 年左右开始,其标志是改革者得出了"知道教什么比怎样教更重要"的重要论断,面向核心知识的教学,倡导"三讲三不讲"等成为高效课堂发展中的新转向;最后是未来的"为什么要学"(why to learn)阶段,以北京四中刘长铭校长等人主张"价值引领高效课堂"开始,[①]其标志是课改实践者逐渐意识到一个问题:学习动力、学习意义、学习目的问题才是制约课堂教学效能的最根本问题,攻克这一问题的瓶颈就是有效学校德育、有效价值观教育、学习目的意义教育、学习责任教育、做人教育。随之,从育分式高效课堂走向育人式高效课堂,"先育后教"与"教育重于教学"的理念日渐为改革者所认同、所接受,引领着未来高效课堂改革的方向。

2."先学后教"是高效课堂改革的核心理念

整个高效课堂改革的基本流程是"预学—展示—反馈",其内在合理性在于它试图构建一种"问题生成—问题讨论—问题解决"的课堂教学主线,努力搭建一种"基于问题的学习",彻底打破以系统传授、知识灌输、学生聆听为主导的旧课堂模态,以期实现对传统课堂教学程序的有力颠倒与变革。所以,有学者直言,学案好不好的判断标准就在于能否实现"让学生带着问

---

① 刘长铭.价值引领是高效课堂灵魂[N].中国教育报,2016 – 5 – 4.

题来上课,即能把预习中遇到的问题收集上来"的目标。① "当教学被当作一种简单的知识传递时,它便不能引发学习,甚至还会阻碍学习。"②这一论断充分揭示了以教为主导的课堂教学活动的弊端,毕竟教的方式只有与学的方式相匹配时才可能生效,教授一边倒式教学极易导致对学生学情、学习要求、学习方式的忽视。无疑,只有在学生产生问题的地方才有学生对教学活动的需要,只有瞄准学生学习问题的教学才可能实现教师讲授与学习需求间的无缝对接,才可能找到引导学习者全面参与课堂学习活动的抓手。显然,"先学后教"科学性毋庸置疑,理应成为高效课堂实施精准教学的理念支撑。

3. "先习后学"是高效课堂改革赋予"学习"的新内涵

学习不仅仅是聆听、吸收、同化、接纳,更是学习者主动应对环境、积极阐释、表达、感悟、建构意义的过程。"学习并不是信息和资料的堆砌,理解一个新知识,意味着将它纳入已有的思维结构,学习者的自身知识先于教育(或文化)情境存在,但可以在这一情境中被调用。"③因此,"学习"不一定是"先学习生知识,再进行巩固消化"的灌输活动,不一定要严格按照凯洛夫教学法,即"感知知识—巩固知识—理解知识—运用知识"的接受学习程式来进行,完全可以由学习者自主去完成,完全可以按照"先预习旧知识,主动寻求资源,开展自主学习活动"的资源寻求式学习流程去展开。正是如此,江苏泗阳中学高效课堂改革的重要举措便是"学习前移、作业前置"。④ 基于导学案的课前预习、练习、温习、自习在高效课堂改革中占有重要地位,开展结构化预习、课内预习、合作预习,充分预热新知识、温习旧知识,为学生自主学习提供坚实基础,这是保证高效课堂践行"少教多学"理念的必然选择。有学者指出,在学习活动中,"先有知识,即常识,这个学习者唯一拥有的工具,起到了阐释框架的作用。"⑤"先习后学"的意义就在于借助预习为新知识的学习提供脚手架、解码器、垫脚石,充分利用新旧知间的联系来促进学生自主学习活动发生。在高效课堂改革中,许多教师抱怨无法实现"少教"

① 张志勇.回到教育的原点看"高效课堂"———基于省庄二中课堂教学改革的思考[J].当代教育科学,2010(16).

② 安德烈·焦尔,著.杭零,译.学习的本质[M].上海:华东师范大学出版社,2015:16.

③ 安德烈·焦尔,著.杭零,译.学习的本质[M].上海:华东师范大学出版社,2015:60.

④ 王雪纯."1+1"高效课堂 让师生生命精彩飞扬——对江苏省泗阳中学高效课堂文化的内涵性解读[N].中国教师报,2010-12-29.

⑤ 安德烈·焦尔,著.杭零,译.学习的本质[M].上海:华东师范大学出版社,2015:30.

"精教"的课改要求,其症结之一就是在"习"上没有做足功课,导致大量"以教代习"现象的滋生,教学活动因此难以走出"满堂教"的误区。其实,在当代,教材转变成了学材,网络成为学生学习的巨型教材,"先习后学"理念具备了充分的可能与条件。在资源丰富的当代,这一理念充分尊重了学习活动的选择性与生成性,它让学习者主动基于个人经验、兴趣与知识基础去创生新知识,最大化地满足学习者的自主学习需求。正是基于这一理念,高效课堂的首始环节正是让学习者立基自我学情、借力预学案与教学短片去自学教材,广泛寻求相关学习素材,不断提高课改行动的合理性。

(三)品质高端:结构、过程与结果的兼求

不同于一般课堂改革,高效课堂改革的高明之处还在于它试图超越平面化的改革,即不仅仅关注课堂教学做法的表面变革,而是将之引向了立体化的改革,致力于构筑一场"结构、过程与结果"三位一体的课改行动,进而体现出一种高端的品质蕴含。从静态角度看,高效课堂关注的是课堂结构,力图构建一种全然不同于"讲授当家、学生聆听、自上而下"的知识输入式课堂结构,即"教 > 学"的课堂架构,而是试图构建一种"学习主导、学生为本、自下而上"的问题探究式课堂结构,即"学 > 教"的课堂架构;从动态角度看,高效课堂关注的是教学流程,试图构建一系列可以问题化、操作化、模式化的课堂教学流程,期待用"自学入手—生成问题—合作学习—解决问题——点拨反馈"的整体设计来规划整个课堂教学的主程序;从结果来看,高效课堂始终关注的是教学的最终效果——学生身心发展,并且将达成教学效果的时间与成本投入,即效率、效益问题也列入课堂教学的关注之列,并时刻强调用课堂检测的方式回归教学目标,这无疑是其高明之处。相对于地地道道的应试教育而言,高效课堂改革在奔向素质教育的征程中向前又迈进了一大步,在应试教育与素质教育之间找到了一个新平衡点:由于关注显性的教学效果——学生成绩,高效课堂在应试教育环境尚存的当代中国找到了立基点,赢得了大部分家长"不强烈反对"的态度;由于关注教学过程、教学效率、教学结构,高效课堂为学生知能以外的其他素质的生成提供了空间与条件,超越了纯粹应试教育的痼疾。可见,高效课堂也追求成绩但不仅限于成绩,它追求的是"在享受学习中获得成绩";将高效课堂形态从其他课改样态中凸显出来的不仅仅是对教学结果的特别关注,还是其独特的课堂结构与教学流程。在这一意义上,我们可以说,高效课堂起码不是一种低端的应试教育,而是一种带有应试教育痕迹的素质教育,存留着当今教育时代,即应试教育向素质教育转型期的部分痕迹,整个课改的明智之处昭然若揭。

可见,高效课堂改革作为一种在国内教学领域产生过一定"震动效应"的课改形态,其历史贡献不可能是"无"。宏观的国家课改理念看似是完美无瑕的,但一旦被具体化、被可操作化,演绎出一种具体课改形态,其缺陷与瑕疵自然会在这个过程中被生产、暴露出来。每一种具体课改形态都是高明与缺憾的复合体,都是一个矛盾的统一体。高效课堂的时代业绩就在于:它培育出了一批具有课改精神与意志的校长、教师,它致力于构建一种翻转教育传统的课堂形态,它追求的是一种有"过程质量"的教学样式,它推崇的是"问题导向"、精准教学的理念,它用实践探究的方式为教学模式去留问题找到了一个答案。当然,高效课堂的"高明"之处不限于此,还有许多变革性的因素与成果需要我们继续去发掘。

二、高效课堂理念科学性的深层归因

高效课堂改革是理念与实践在探索中对接、互生与共长的过程,这一过程的重要成果就是上述高明课改智慧的形成。无疑,仅仅停留在对这些表明课改智慧的表层梳理与主观点评水平上,当代高效课堂改革的内在理念轨迹还是难以被发掘出来的,对之进行深层理论归因是深度认识高效课堂改革的客观要求。我们认为,当代高效课堂改革之所以"高明"的根源就在以下三个方面:

(一)忠实于"三维目标"

如上所言,高效课堂的发展确证了一条课改至理——课堂教学的生命力体现在教学的效果、过程与价值观教育之中,理想高效课堂一定是集知识技能教学、过程方法教学与情感态度价值观教学,即"三维目标"教学于一体的好教学。正如有学者所言,"高效课堂立足于'学会、会学、乐学、创学',不仅实现了新课改的教育目标,而且还超越了新课改的三维目标,追求四维目标,实现更高层次的教育"。[①] 在课改中,改革者日渐认识到,教学效果是课改的生命之源,最理想的教学效果不仅是让学生学会指定知识技能,更重要的是要让学生在学习过程中学会学习、收获快乐,让学生明白学习的目的、意义与价值。正是如此,高效课堂倡导的核心理念之一是"把课堂还给学生,让学习成为学生自己的事情"[②],即让学生亲自体验学习的旅程,回归原生式的立体学习方式,整合学习活动的各个维度,超越单重知识技能的单面

---

① 朱卫民,陈艳.打造高效课堂探索黄冈模式[N].黄冈日报,2011－11－6(第4版).
② 李炳亭.高效课堂九大"教学范式"[M].济南:山东文艺出版社,2010:13.

式教学。在这一理念指导下,高效课堂大力推进"抑教扬学""变教为学"的改革行动,"教学"一词的重心变成了"学",正所谓"把'教室'变'学室',把'教材'变'学材';把'教案'变'学案',把'教学目标'变'学习目标',把'讲堂'变'学堂'"。① 进言之,"三维目标"的科学性不在于其提出了教学活动中需要同时关注的三个学习活动的目标点——学会、会学与想学,还在于其大力倡导一种真实、立体、完整的学习活动,努力克服片面化、片断化、碎片化学校学习活动的缺陷,具有其内在合理性。

一方面,每一项具体学习活动都是在生活中进行的,它一定是学生在探究知识技能的同时体验学习过程的快乐,收获学习的方法,转变学习的态度,建构对生活的价值观念的"多维一体"过程。这种学习的感觉与收获绝非单纯知识传授式教学所能为,而只有在学生亲自学习、生成问题、揣摩问题、开展探究的学习活动中才可能实现,而在传统学校教学中,这种三维目标自然结合的学习方式被肢解了,学生原汁原味的学习活动不复存在。

另一方面,所有真实的学习活动一定是在学习者求知内驱力与成长内驱力共同驱使下发生的,任何想把知识"灌进"学习者大脑、心灵、身体中去而不考虑学习者感受、意愿的想法与做法都是难以奏效的。在学校学习环境中,各种各样的学习任务、计划、方案、要求、安排等都试图规划学生学习活动,剥夺学生自主选择学习方法、路径的权利,导致学习活动严重脱离学生学习意愿,变得越来越不自然,立体学习活动蜕变成为知识技能学习的表层吸收活动,"三维目标"变成了"单维目标",成为导致学生厌学,学习活动无深度的病源。

高效课堂改革的成功恰恰在于借助教学方式的转变部分地克服了"三维目标"在传统课堂教学中被碎片化、单维化、片面化的缺陷,努力实现"三维目标"在学生课堂学习活动中的自然融合与立体呈现:其一,在高效课堂的一般流程,即"先学后教—生成问题—开展探究—展示反馈"中,学习真正成为学生自己的事情,学生在应对问题、尝试探究、收获成功中实现了对知识技能、过程方法、情感态度价值观三方面的同时统一获得,课堂教学逐渐回归三维目标圆润结合的真容;其二,在课改中始终把学习动机激发作为焦点问题来解决,从课堂展示到评价激励,再到强调学习责任、学习意义方面的价值观教育,高效课堂改革在一步步推动中验证了学生内在学习动机激励对课改生命力维系的重要性,指明了未来课堂的应然形态——价值型课

---

① 李炳亭.高效课堂九大"教学范式"[M].济南:山东文艺出版社,2010:5.

堂或价值教育驱动型对课改的重要意义,无疑有利于消除长期以来课堂教学中存在的"德育装饰病""德育匮乏症",真正落实"第三维"教学目标——情感态度价值观目标。高效课堂改革者相信:"关注全人教育的课堂是高效课堂"。这些论断无疑折射出高效课堂改革者对"三维目标"的坚定信仰。

(二)遵循四大心理学原理

高效课堂"高明"做法的背后还可以找到一些科学学习理念的影子,其科学性部分还在于其对学习心理规律的自觉尊重与利用,在于其善于根据学习者的学习问题、学习要求、学习水平开展精准教学。在高效课堂实施中,这种"精准教学"所依托的主要心理学原理有如下四个:

1. 利用学习问题生成机制,实现教与学间的无缝对接

高效课堂实施的基本原理之一是"先学后教",即在学生自主学习、课前预学后生成学习问题,聚焦学习难点,探究核心问题,以之作为教学活动的起点与对象。这是一种典型的"PBL(Problem – Based Learning)学习",即基于问题的学习。在教授主导式教学中,教师的讲授活动是基于教师"推断的学习需要",而非学习者"明示的学习需要"或真实的学习需要展开的,极易造成教与学间的脱节。其实,学习问题就是学生"明示的学习需要"的直接体现。正如诺丁斯所言,"明示出的需要是内在的:它产生于被关怀者的意识或行为。如果它涉及推断,推断的直接基础也是对被关怀者的观察或感知。"[①]基于学习者"明示的需要"展开的教学活动无疑能达及学生心坎,回应学生心声,实现指点打点、精准施教的教学效果,回归那种"原生态生活经验的原始学习"[②]。在学习问题的探讨与解决上,教学的活动与内容都是围绕学习者需要展开的,教学活动与学生学习要求之间由此实现了无缝对接,最大程度上保证了教学活动的针对性、有效性,消除了教授式课堂中极易滋生的教学内容冗余症、肥胖症,成为革除过度教学的一把利器。

2. 利用课堂展示,实现学生思维过程的可视化

学习过程的实质是思维运转的过程,确保学习者的思维活动高效运转、减少错误,是教学活动的核心任务。当然,人的思维活动具有内隐性、复杂性、模糊性,它就好似一个黑箱,我们无从精确知悉其运作流程与操作细节,唯有借助学习者基于语言、符号、图式等的自我表达环节才可能使之得以部

---

① 内尔·诺丁斯,著. 侯晶晶,译. 始于家庭:关怀与社会政策[M]. 北京:教育科学出版社,2006;65.

② 龙宝新. 高效课堂的理念缺陷与实践超越[J]. 教育发展研究,2014(12).

分呈现。这样,学习者的自我展示成为实现学生课堂思维、学习活动可视化的有力手段。在高效课堂实施中,"自学—展示—反馈"是其三大教学主环节,展示是学生呈现自己思维活动过程,教师对之加以及时点拨反馈的重要环节,是对学生学习过程进行全面监视、及时矫正、深度指导的重要依托,是凸显高效课堂"过程与结果兼顾"特征的直接体现。在高效课堂中,学生展示不仅有组内大展示与班内小展示、分层展示与全体展示、精英展示与后进生展示之分,更有语言展示与动作展示、合作展示与独立展示、自由展示与指定展示之别。多样化的展示类型既是高效课堂的特色所在,更是提高学习者课堂思维质量、学习深度,是落实对四个"思"的关注,即"思维、思考、思路、思想"[①]的重要途径,是实现对学生学习过程精准指导的物质依托。

3. 教学全程坚持目标导向,实现了教学活动的聚焦化与生态化

表面上看,高效课堂重视的是教学效果,而教学效果判定的依据是"三维目标",高效课堂改革关注教学效果其实就是要全面落实三维教学目标。新课程改革提出,科学教学目标是关注学习者立体学习过程的"三维目标",即知识技能、过程方法与情感态度价值观等方面的预期学习效果,倡导立体本真的学习形态,努力实现学生学习过程的生态化、自助化与可持续化。"三维目标"中,知识技能目标要求学生在课堂中要"学会",即掌握基础知识、基本技能与基本经验;过程方法目标要求学生在课堂中要"会学",即掌握基本学习方法,深度参与学习过程,尽可能实现自主学习;情感态度价值观目标要求学生在课堂中要"想学",即理解学习的目的意义,形成相关的价值观念与人生态度,激发学生强大的学习内能与学习热望。"教学目标引领或者教学目标(任务)统筹是当代教学设计的精髓"[②]。目标导向、效果测评配合,正是高效课堂"始于目标、贯穿目标、回归目标"的显著特征之一。在高效课堂中,教学实施的全程都是基于立体、全面的教学目标展开的,因为只有课前瞄准教学目标(如目标出示环节)、课中实施教学目标、课尾回归教学目标(如检测),高效课堂才可能真正达成对"高效果"的追求,赢得广大教育工作者的青睐。与此同时,高效课堂不仅强调目标,还强调"把课堂还给学生",倡导"少教多学"理念,鼓励尽可能由学生自己完成学习任务,由此,学习者达成教学目标的主要手段变成了学生自主学习活动而非教师讲授活动,这无疑有助于充分发挥学生学习的"过程价值",促使学习者自己去

---

① 李炳亭.高效课堂九大"教学范式"[M].济南:山东文艺出版社,2010:35.

② 魏宏聚.论教学目标预设与达成活动中的两类意识[J].教育科学研究,2016(5).

揣摩学习方法,改变学习态度,并从自学成功中获得深层的学习动机激励。有了这些改进,高效课堂灵活实现了学习过程的三个维度——"学会""会学"与"想学"的三位一体,力促"想学—学会—会学—想学……"的循环式学生学习链环的形成。因此,目标导向不仅确保了高效课堂的所有教学活动是聚焦于"目标"这一中心展开的,而且还有利于实现学生学习过程的永续性。

4. 注重内在学习动机激发,确保高效学习的能量供给

学习效能的提高不仅需要科学的学习方法,更需要强大的学习内能与动力供给,高效学习一定是高效方法与高强动机的有机结合。早在1762年,卢梭就曾指出:"让孩子产生学习欲望,那么一切方法都会是好方法"。① 可以说,能否激励学习者的强大学习动机是检验一种课堂教学活动是否科学的重要指标之一。一般来看,激励学生学习动机的途径主要有三种:其一是美学意义上的激励,主要依靠教学活动内在外在美的吸引来诱发学习者的学习动机,如以课堂教学的形式美、教学活动组织的逻辑美、教师着装的仪表美、教师人格的形象美、教学环境的自然美等来诱发学生的学习动机,毕竟"爱美之心人皆有之";其二是心理学意义上的激励,主要依靠改变学生对学习目的意义的认知,强化学生学习结果来实现,这一激励方式的效能显现具有即时性、可操作性,但不一定具有深刻性与持久性;其三是伦理学意义上的激励,主要依靠学习目的、人生价值、人生意义、感恩责任等方面的道德教育来深层激励学习者的学习动机,正所谓"学习 = 动机 × 习惯",其中,"动机 = 需求 × 价值",② 这种动机激励方式具有长效性与间接性;其四是学习论意义上的激励,主要依靠学生学习亲历过程中产生的现场感、自我感,体验学习成功后产生的成就感、成长感,以及应对学习问题挑战中形成的刺激感等来催生学生的学习动力与能量。

怀特海指出,"人具有发展能力和解决问题的动机",即"能力动机",③ 这一动机是催生学习者强大学习动能的根本原因之一。在高效课堂中,未来课改主要依托的是伦理学意义上的学习动机激励途径,当下课改主要依托的是学习过程意义上的动机激励途径。高效课堂实践者相信:在教学活

---

① 安德烈·焦尔,著.杭零,译.学习的本质[M].上海:华东师范大学出版社,2015:16.

② 安德烈·焦尔,著.杭零,译.学习的本质[M].上海:华东师范大学出版社,2015:69.

③ 约翰·D·布兰思福特,等.人是如何学习的:大脑、心理、经验及学校(扩展版)[M].上海:华东师范大学出版社,2013:54.

动中,最根本的学习动力源是学习活动本身,尤其是学习者在真实、真切学习过程中所领略到的现场感、自我存在感,在应对问题挑战中体验到的挑战感、成就感,而非外界的奖惩与诱导,它们才是持续激励学习者学习内能的物质条件。正是如此,高效课堂实施中采取了一系列让学生亲历学习过程的举措,如增加课堂中学生的学习活动量,提高学习参与的深度与频度,一切学生能够自己解决的问题尽量自己解决,反对教师对课堂的包办与管控,由"小教师"主持课堂学习活动,等等,其意图是一样的,即让学生在课堂中"活"起来,鼓励他们追求学习过程中的生命质感,使之在学习过程中扮演主角地位等。正如叶澜教授所言,"必须让学生的内在能量释放出来,让他们在课堂上'活'起来,从原有的静听模式中走出来,如果没有学生的主动参与,就缺乏重建过程的基质。"①显然,高效课堂改革让学生"活"起来的目的就在于充分利用学习过程的动机激励潜能,实现学习活动与动机激励的一体化,推进学生学习动机激励的内在化与自然化。

(三)倡导学习活动的社会化

学校是一个社会化组织,而不单单是知识授受、师生互动的教育场址,坚持学校学习的社会化精神是适应学习活动社会化的内在要求。学校学习是人与自然、人与他人、人与自我三重交互的实践领域,其中,人与自然的交互建构着学习者的认知世界,人与他人的交互建构着人的社会性与人际世界,人与自我的互动建构着学习者的精神世界。完整意义上的学习一定是三者融为一体的活动,是人的认知、社会性与精神全面发展的活动。应该说,只有这种学校学习活动才是整全、本真、自然的学习活动。相对而言,传统意义上的学校学习活动过分关注以学生聆听为主形式,以知识学习为主题,以认识世界为主任务,而忽视了学习者精神性、社会性的发展,导致了一种片面学校学习活动的发生,学校学习与现实世界间的鸿沟愈拉愈大。社会建构主义认为,"认识是一种在个体的认识建构活动之上,加上同他人的交互作用之中,共同建构知识的过程。"②高效课堂改革的科学性恰恰在于它充分尊重了学校学习活动的完整性、建构性与社会性,集中体现在它强化小组合作学习、学习共同体组织在学校学习活动中的地位,力图按照社会建构主义理念构建一种融独学与群学、个体化与社会化为一体的本真学习活动,

① 叶澜.略论"新基础教育"研究之路的若干特征[J].基础教育,2011(2).

② 钟启泉.知识建构与教学创新——社会建构主义知识论及其启示[J].全球教育展望,2006(8).

努力跨越学校学习与社会生活中的自然学习之间的鸿沟。有学者指出:"高效课堂的最大的精髓,在于由对话、合作、展示支撑起的有意义的学习"。①在高效课堂实施中,形形色色的合作学习形式纷纷被引入,如合学、群学、对学、互学等,丰富了合作学习的形式,尤其是洛阳圣陶学校倡导的"第三种师生关系",大大提高了生生互学在课堂学习中的地位,课堂中的人际沟通活动得以拓展、深化,学校学习活动顺利实现了"人为学习活动"向"自然学习活动"以及"个人倾听式学习"向"社会协作式学习"的转变,学校学习活动的社会化色彩、社会性意义大大增加,一种师生互教、生生互学的新型学习机制在课堂中形成。

从某种意义上说,依托学习小组推进学校学习活动社会化的举措是弥补学校学习活动过分专业化这一短板的客观要求。其实,"传统学校学习"与"现实世界中的学习"之间有四点明显区别,即单独学习与合作学习的区别,纯粹精神活动式学习与任务式学习的区别,基于符号的学习与基于真实事物的学习,对普遍规律的学习与特定情境中发生的具体学习等。这四点区别能够充分解释"为什么学校学习活动容易脱离实际"的现象。② 基于小组合作或学习共同体开展学习活动,推进学生学习活动的社会化、问题化、情景化,是促使学校学习活动立体化推进的现实要求。高效课堂改革中,实践者不但大力倡导合作学习,而且努力营造一种学生能自主、自助、自力地开展学习活动的集体协作环境,有助于克服"脑中学习"的缺陷,展露完整真实学习的本然面目,使学生在课堂学习活动中获得知识技能以外的更多精神收获与素质拓展。

---

① 闻待.杜郎口"高效课堂"的效率性特征[J].上海教育科研,2009(9).
② 舒尔曼.实践智慧:论教学、学习与学会教学[M].上海:华东师范大学出版社,2014:
219.

第二章　高效课堂的实践研究

　　高效课堂是理念与实践的结合体,二者互为一体两面的关系:课改实践是课改理念的外衣与表象,课改理念是课改实践的实质与内核;课改实践时刻在突破着既有课改理念的束缚,创造着课改历练的新生点;课改理念生长在课改实践的背后,引领、滋养、导航着课改实践;课改实践的每一点进步都在延伸着课改理念,创生着课改的新世界,课改理念的每一点提纯都在触动着课改实践的机体,影响着课改实践的轨迹……展示当代我国高效课堂实践的生动形貌,以陕西课改案例呈现为线索,赋予当代高效课堂理念以形象的表达,对于当代课改实践的继续生发而言意义明显。本章中,我们将以当代著名课改市——宝鸡市的课改实践为案例,以点带面地展示当代我国高效课堂的生动全貌。①

第一节　课改背景

　　宝鸡市地处中国中西部腹地——陕西,距离西部大都市西安仅二百公里,是周秦文化的发祥地,自古文渊深厚,历来崇文重教。进入新世纪,宝鸡市锐意进取,确立了课改强市的改革目标,真抓实干地开展了一系列课改行动,在西部课改领域中享有较高声誉。尤其是自2010年以来,受全国素质教育洪流的冲击,全市教育系统在苏永兴局长的带领下,掀起了推进高效课堂改革的热潮,全市基础教育面貌发生了翻天覆地的变化,创造了中西部基

---

① 注:本章为"宝鸡市高效课堂改革研究"课题组的集体成果,课题组主要成员为:苏永兴、沈宏军、李栋梁、田培中(宝鸡市教育局),龙宝新、倪艳、皮悦明、刘亚男(陕西师范大学)等;课题研究报告执笔人:龙宝新、沈宏军。

础教育课改史上的一系列奇迹:宝鸡市荣膺"全国十大区域课改样本"的美誉,苏永兴局长荣获2012年度全国"十大课改推动人物",高效课堂成为宝鸡市的一张"教育名片","生本学导"高效课堂模式受到国内数千家学校的青睐,数以万计的国内课改实践者纷纷慕名而来,以《中国教育报》《中国教师报》为代表的多家主流教育媒体把课改的聚光灯投向了宝鸡,全市基础教育顺利走上了均衡化、优质化、高效化的快行道,全市63%的中小学深度介入高效课堂改革,一个规模空前、深入持久、享誉全国的高效课堂改革样本市在我国中西部地区冉冉升起…… 这一系列成就的取得无不与这场课改设计的科学性、变革的深刻性、强大的生命力密切相关。

每一次课堂改革都是事出有因、因风起浪,个中原因是时代教育改革的大形势、大气候所致。明智的课改者顺势而动、勇于担当、创造变化,平庸的课改者只会按部就班、虚晃一招、顽固不化。能否揣摩教育发展的形势,洞悉课程利益相关者——民众与家长的迫切要求,在顺应改革中赢得改革良机,是判断课改领导者专业化水准的标尺。宝鸡市高效课堂的发起绝非对国内高效课堂改革风头的盲目顺应,而是基于宝鸡市教情分析基础上的理性抉择,是对全市民众教育改革呼声的自觉回应。2009年,在苏永兴、李栋良等宝鸡市课改领导人物的带领下,宝鸡市课改专家与教研团队深入一线开展研讨,对制约宝鸡市课改的瓶颈问题日渐心中有数。这些问题既是考验宝鸡市课改团队智慧的一道道教育难题,又是凝聚全市乃至全国课改专家之力协力创造高效课堂改革的"宝鸡经验""宝鸡模式""宝鸡样本"的起跑线。

第二节　调研设计

毋庸置疑,课改的成功不仅在于当下的繁荣景象,更在于课改实践背后涌动的意志力与原创力,更在于课改专家持续的反思意识与坚定的课改意志。课改是一场持久战,每一点成就的取得都需要持续的充氧与造血,反思、回顾、总结、提炼正是促使宝鸡高效课堂永葆青春活力的造血剂与制氧机。因之,深入宝鸡市课改第一线,走进宝鸡"课改人"的背后,借助科学的调研数据采集与实事求是的文献数据分析来如实呈现本轮宝鸡课改的实况及效能,全面解析该市课改成功的密码,全程探查该市课改的每一步足迹,就成为一个亟待课改专家与课改亲历者共同探究的课题。为此,2015年5

月,陕西师范大学教育学院与宝鸡市教育局联合组建了"高效课堂调研课题组",针对六所样本学校开展了以"进校调研＋现场走访"为主途径的课改信息采集活动,并对调研结果进行了精细的数据处理与对照分析工作,最终形成了调研报告。

宝鸡高效课堂改革是宝鸡市在新世纪初发起的一场重要课改实践,其全局性、深刻性与典型性无疑在国内课改实践领域中占有一席之地。因此,要全面剖析这一"课改现象",得出具有一定可推广性的区域课改经验,课题研究就必须采取"表里兼顾、举行参照"的调研思路。

所谓"表里兼顾",即采取"表层调研"与"深度调研"相结合的思路,克服机械化数据分析的局限,弥补理性分析的误区,力求在合取问卷研究与文献研究各自优势基础上拿出有血有肉、精辟入里的研究成果。在表层调研方面,课题组主要依托科学的量化研究方法,即借助问卷收集信息,利用SPSS 与 Excel 工具处理数据,得出数量化的研究成果,彰显科学研究的气质与严谨;在深度调研方面,课题组主要依托宝鸡课改当事人、主事人提供的课改文献、课改故事来深层透视数量化统计结果的"背后意义",尽力发掘宝鸡高效课堂改革的真实内涵与理念框架,彰显人文研究的特质与深度。

所谓"平行参照",即按照分层抽样与代表性抽样相结合的原则,从全市中小学中分层抽取六所样本学校,其中高中、初中、小学各 2 所,各有 1 所公认的已经进行了深度课改或日臻成熟的代表性课改实验学校(作为实验组)和 1 所仅仅进行了浅层课改或初涉课改的普通学校(作为对照组),从每所学校内选取同一年级中的任意 2 个班级作为直接问卷调研对象。简而言之,高中学校选取高一年级,初中学校选取初一年级,小学选取五年级。据此,课题组构建了实验组与对照组两相对峙、相互比对的调研格局,以期借助相互参照的方式全面展示高效课堂改革的真实"效能",实现对课改实验成果的直观化、数字化。

结合上述思路,课题组总共向 3 所课改实验校——宝鸡扶风二中、凤翔横水一中(初中)、宝鸡市高新一小及 3 所普通校——TW 高中、ZT 初中、LJY 小学总共发出问卷 650 份,回收问卷 613 份,其中无效问卷 45 份,问卷回收率达到了 94.3%,有效率达到了 87.4%。问卷总体发放及回收情况如下表(见表)所示:

表 2 - 1　宝鸡市高效课堂改革调研问卷回收情况

学校项目	教师		学生		问卷总和	
	有效	无效	有效	无效	有效	无效
扶风二高	14	1	76	3	90	4
TW 高中	50	9	79	1	129	10
横水一中(初中)	46	3	65	16	111	19
ZT 初中	13	2	62	5	75	7
高新一小	36	2	80	0	116	2
LJY 小学	15	0	77	3	92	3
合计	174	17	439	28	613	45

(注:加粗学校为宝鸡课改典型实验校,未加粗学校为普通学校,即对照学校)

在对上述有效数据进行统计、分析基础上,参照宝鸡课改当事人提供的课改素材与研究者现场体验,课题组对宝鸡市高效课堂改革状况进行了由表及里、相互参照的分析研究,以期能彰显"深度调研"的意图。

第三节　课改缘起

2009 年伊始,苏永兴局长走马上任,一系列的基础教育改革难题摆在了他的课改团队面前,"改"与"不改"、"愿改"与"会改"、"改什么"与"怎么改"的矛盾成为最令他们感到棘手的问题。是"知难而退"还是"迎难而进",是"裹足不前"还是"勇立潮头",直接拷问着宝鸡课改人的课改意志。作为一个有良知、有担当的局长,苏永兴局长和他的课改团队义不容辞地选择了后者,一场以高效课堂为轴心的课改大戏在宝鸡全市徐徐拉开帷幕!应该说,这场改革大戏的片头当属问题诊断,即为全市课改的难题做好号脉工作。随着课改工作的日益深入,制约宝鸡市课改的"三难"问题迅速浮出水面,课改的矛头指向日益清晰。

一、"一难":新课程改革理念扎根难

自 2001 年国家颁布《基础教育课程改革纲要》以来,素质教育取向的课改理念在我国深入人心,"三维目标"的课程目标家喻户晓,多元评价的评价方式走进实践,自主、合作、探究的学习方式整个教育界耳熟能详。可以说,新课改理念的种子已经"撒"向了广大中小学教师的心田。但在实践中,来

自校长、教师、家长的不信任心态与无形抵制现象普遍存在,似乎在大家潜意识里,课改就是耍花样,影响考试成绩在所难免。加之,由于应试教育惯性的延续,素质教育、"三维目标"、新型学习方式等在实践中其实都是"浮在空中",根本无法在中小学教师心目中萌芽、扎根、开花。这就造成了"以新课改之名,行旧课程之实"的现象普遍在全国存在。宝鸡也不例外。在实施高效课堂改革之前,苏局长为首的课改团队深深地意识到:如若没有课程教学的"深改",没有可行、先进、清晰的课改模式为依托,没有相应课改机制体制的创新,新课改理念在宝鸡地区可能始终会停留在教师的口头上、语言上,难以落实到教师的心坎上、行动上,新课改在宝鸡最终也只会成为一片"浮云"。不经历整体性、全局性、深刻性的课改"洗礼",宝鸡的基础教育事业永远难以突破瓶颈、创造典范,难以打破"教师苦、学生苦、家长苦"的平庸局面,难以攻克"以讲为主、以练为主、以师为主,靠加班加点、题海战术提高质量"的恶性教育循环。新思想、新理念就是引领区域教育改革的"良种",找到这样一颗良种,将之植入到教师、群众的心田中去,课程改革才可能结出硕果,开启破冰之旅。正是在这样的情势下,宝鸡市课改群体毅然接受了高效课堂理念,将之作为践行新课改理念的抓手,并希图以此来撬动全市新课程改革的全局,触摸宝鸡基础教育课改的春天。

二、"二难":高考的"镣铐"难以打开

在我国,高考与课改的关系无疑是最难处理的一对关系:课改是高考的起点,高考是课改的落点;高考是课改科学化水平的公认检测仪,课改是助推学生高考成功的一把利器;应对高考是课改的焦点,推进课改是高考改革的目的。可以说,二者之间就是荣辱与共、相依相随的关系。长期以来,中小学教师总体来看是欢迎课改的,他们渴望通过课程形态与教学理念的转变来创造一种低耗高效的课堂教学形态,让教学活动更加符合社会的需要、人民的期待与学生的要求。但一旦与高考关联起来,教师对课改的担忧与畏惧接踵而来,因为一旦学生高考失利,人们首先归罪的必定是课改。相对高考而言,课改总是一次风险的抉择,多多少少是在走险道,对课改者来说是比"不改革"要担忧得多得多的一个选项。随之,巧妙回避课改,平稳应对高考,是教师大众的普遍心态。在宝鸡,更是如此。多年以来,全市高考成绩位居全省前列,一旦这一排名稍微有所后退,课改团队面对的社会压力将是"空前"的。正是在这种形势下,可供宝鸡"课改人"选择的道路只有两条:一条是勇敢地推进课改、规避风险,确保全市高考成绩稳中求进,用学生

的高考成功来证明课改的合理性与科学性,并时刻胆战心惊地准备承担源自各方的高考失利压力;一条是回避课改、望而却步、因循旧轨、甘于平庸,重复昨日的教育故事,重走"教师苦教、学生苦学、家长苦催"的应试教育常道。显然,作为一个有责任、有热情、有使命感的课改团队,它绝不可能轻易选择第二条道路,而是会义无反顾地推进课改、应对高考,把"担当改革"视为整个课改团队的宿命所属。试水高效课堂,借此想方设法突破高考的锁链,让课程改革去自由施展,努力在课改与高考之间找到一个最佳平衡点,这正是宝鸡市课改人义无反顾的抉择。正如苏永兴局长所言,现在的课改就是"戴着镣铐跳舞","在镣铐能不能打开、还不能明朗的情况下,关键是把自己的'舞'跳好,做好自己的事才是最重要的。"①显然,在宝鸡高效课堂改革中,其所追求的"效"正是基于"三维"目标的效果、效率与效益,其所倡导的教学方式,如导学案辅助、结构化预习、先学后导、问题评估、合作展示等,正是一种不同于传统课堂教学的"舞步"与套路。宝鸡课改人相信:"效"最能说明课改的一切,有效的课改一定是高考的加速器而非绊脚石,课堂增效行动一定能让民众打消对课改的顾虑,最终成为宝鸡课改的忠诚支持者!令人欣慰的是,随着上述新思路、新举动向中小学教学实践的不断嵌入,宝鸡市课堂教学慢慢实现了高考成绩与活力课堂间的双赢与兼顾的目标,顺利化解了来自高考与社会的压力,为课改赢得了最大的回旋空间。

三、"三难":"穿新鞋走老路"的课改轨道难以超越

对宝鸡市课改领导者而言,最担心的莫过于对"穿新鞋走老路"课改的担忧了。自从实施课改以来,中小学教师一般都会"分化"出三个派别:一派是诚心诚意地支持课改,实心实意地推进课改,它们构成了教师群体中的革新派,成为中国课改队伍中的领头羊、主力军与支撑者;一派是被迫不情愿地顺应课改、附应课改,必要时会做出一些课改的"花架子"来给人看,在实践中是穿新鞋、走老路,假"课改"之名,行"老套"之实,他们构成了课改团队中的"夹层",即中间派;一派是顽固不化地坚守旧教学的老路、老套,对课改的呼声与事实不闻不问,他们打心眼里对课改持怀疑心态,再大的课改风浪也难以撼动他们的课堂定势,消解他们的教学惯性,他们最终演变为我国课改队伍中的保守派或顽固派,成为为新课改"喝倒彩"的人。每一场课改

---

① 王波,赵丽娟.活力在课堂绽放:教师报专题报道宝鸡市高效课堂教学改革[N].教师报,2013 – 11 – 6.

都是在这三个派系、三股力量间展开的一场"拉锯战",它能否顺利转化中间派,扩大自身的阵营,决定着课改的生命、前景与深度。应该说,在我国课改中,第二个教师派系的规模最大、力量最强、影响最广,他们成为我国许多先进课改结局的最终代言人。宝鸡市课改团队清晰地认识到,对这一课改派系的教育、引导是事关课改成败的关键,打破他们在课改面前"等待观望、简单应付、作秀造假"的心态与行径才是改革者最难啃的一块"骨头"。让课改成为这批教师的教育生活常态,让新课改理念沉淀在他们心田之中,催生出一种新型的课改文化,这正是整个课改最终获取成功的关键链环。正是在这种形势下,宝鸡市确立了"内涵改革""深度改革""整体改革""机制改革"的课改思路,创造性地发起了一系列全新的课改行动,如利用宝鸡教育大讲堂来更新课改文化,利用星级校带动策略来扩大课改革新派的阵营等等,进而实质性地做好课改中间力量的转化与引导工作,成功打破"老驴拉磨"式的旧式课改循环。

第四节 课改推进

压力就是动力,难题就是课题,危机就是转机。面对课改的"三难",宝鸡课改人意识到:只有课改才能打破教育困境,赢取师生支持,获得社会信任,迎接高考挑战。在这一改革思维支持下,宝鸡市于 2009 年下半年做出了一个审慎而又坚定的决定:全市范围内推行高效课堂改革!在"分步实施,积极推进,注重特色"这一思路的指引下,按照"试点先行、分步实施、内涵深化、整体推进"的整改计划,遵循"学习借鉴先行、探索验证跟进、区域推进开展"的梯次性推进策略,宝鸡市充分利用"行政推、培训引、教研导、典型促"等多元改革动力,推进"生本学导"模式,着力提升课改行动的变革效应和社会效益。随之,一场席卷全市的课改大戏在宝鸡地区有序铺开,宝鸡市基础教育的整个画面由此被慢慢改写。总览课改全程,这一场改革的每个节点依稀可见:2009 年 11 月,构建高效课堂的教改实验在"三县五校"先后启动、展开试点,"教育大讲堂"启动,中央教科所韩立福教授的"先学后导、问题评价"教学模式推介会召开,"大学习、大讨论、大调研"活动在全市教育系统展开;2010 年 12 月,召开全市高效课堂现场推进会,确定了 60 所市级项目学校示范引领;2011 年,杜郎口的"336"模式、昌乐二中的"271"模式被次第引入宝鸡市中小学课堂;2011 年,岐山、凤翔、麟游等县选定了 5 所学校先行试点;2012 年,在《中国教师报》举办的第二届全国教育局长峰会上,宝鸡成功入选"全国十大区域课改样本";2013年上半年,麟游、眉县、陇县等6个县区整体推进,573所学校卷入高效课堂改革,课改覆盖面达到全市中小学的60%,75所学校荣膺"星级示范学校"称号;2013年11月,省教育厅在宝鸡召开教改现场会,推广宝鸡教改经验;2015年宝鸡成功举办西北地区首届课堂改革博览会,来自20个省、市、自治区1600名代表参会,盛况空前……这一连串的课改记事至今还在宝鸡课改人心中历历在目,成为宝鸡推进高效课堂改革的一个个脚印。

据学生调研发现:截至2016年,受调研学校中所有学科都开展高效改革的达到了73.6%(参见下表),高效课堂改革的覆盖率达到了90%左右,宝鸡市高效课堂改革正呈现出"全面开花、深入推进"的欣欣向荣局面。

表2-2 宝鸡市高效课堂实施情况

课改实施状况		频率	百分比	有效百分比	累积百分比
有效	各科都实施	323	73.4	73.6	73.6
	部分学科实施	53	12.0	12.0	85.6
	偶尔上公开课	21	4.8	4.8	90.4
	基本没有实施	42	9.5	9.6	100.0
	合计	439	99.7	100.1	
缺失	系统	1	0.2		
合计		440	99.9		

在此,用直观图将之呈现如下:

宝鸡市高效课堂实施状况

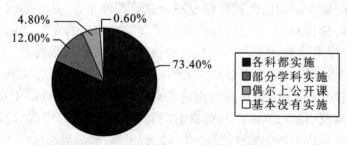

图2-1 宝鸡市高效课堂改革各科实施情况

回顾宝鸡市的整个课改历程,我们可以将之大致划分为四个阶段:

一、理念先导阶段

教育理念尽管不是课改的直接推动力,但却是课改的原动力,一种先进课改理念在与课改实践的结合自然会迸发出无限教育变革力,衍生出多姿多彩的课改样式。在宝鸡课改画面中,高效课堂理念的引入与普及、探究与研讨无疑占据着非常重要的位置,因为整个课改领导群体相信:好理念、好思想才是撬动全市课程改革的杠杆,才是最具爆发力、扩散力与影响力的变革武器。"思路决定出路"正是此理。对宝鸡基础教育而言,高端教学理念首先要靠输入,要靠国内课改专家的传经送宝,毕竟先进课改理念研发不是宝鸡基础教育专家的专长。同时,单单依靠高端教学理念的输入,不对之进行本土化的吸收、拓展与再造,其变革中小学教学的潜力同样难以释放出来,因为"理念在转化中变革实践"。这正是宝鸡"课改人"的转化型教学理念观。正是如此,宝鸡市高效课堂改革的首要阶段是理念先导阶段,是全国范围内对好教学理论的选择、推广与吸收、改造工作。从 2009 年年底开始,宝鸡市沿着"两条腿走路",着力寻觅、再造最适合宝鸡市教情的特效高效课堂理念。

首先是思想破旧。"不破不立"是新旧教育理念更迭的必经之途,破旧才能立新是教育改革的元定律。换个角度来看,对中小学教师而言,他们对教育教学理念的需求量是有限的:如果向他们输入的新教育教学理念过多、超载,就可能食多不化,理念反而成为教师实践变革的"紧箍咒";如果他们吸纳的教育教学理念过少,其教育教学活动可能变得老化、迂腐,进而抱残守缺、不思进取,陷入自我经验"崇拜"的怪圈。同时,宝鸡课改人也意识到,在特定教改水平上,教师也只能接纳与这一情境、水平、气候相适宜的教改理念,难以吸收进任何超脱其身边教改环境的"超级教改理念"。进言之,好教学理念在系统引入之前,课改专家必须做好两大铺垫工作:其一是引导教师反思旧教学理念的弊端,帮助其走出既有教学思维定式,为新教学理念的吸入"腾出"空间;其二是激发教师变革教学工作的热情,为后续课改提供良好的舆论氛围。为了达到这两个目的,宝鸡市在教育界开展了"大学习、大讨论、大调研"活动,向陈腐的应试教育理念、灌输式教学方式、教师讲授主导式课堂宣战。不仅如此,宝鸡市还开展了多种冲击教师传统教育理念的活动,如召开"优化教学模式、构建高效课堂"启动培训会,启幕"宝鸡教育大讲堂",举行中央教科所韩立福教授和《中国教师报》李炳亭编审的高效课堂主题报告会,邀请朱永新、黄全愈、魏书生等国内教育改革名家亲临宝鸡讲学,等等,举办这些活动的意图就在于用一种进取、创新、变革的新课改理念、新课改思维抢占中小学教师的教育思想阵地,用高效课堂的新理念来统领全市教育界的课改思想,为后续课改的顺利推进提供一块坚实的理念磐石。

其次是理念自创。在宝鸡市课改中,先进课改理念的借鉴、引入只是起点,对外来课改理念的吸收、再造与先进课改经验的借鉴、转化才是其整个课改的重头戏。旧理念只有在情景化的重生中才可能为我所用,这是课改的至理所在。在一次次课改摸索中,宝鸡课改人渐渐发现:没有特色、特效、特异高效课堂理念的支持,高效课堂改革最终只会落得照猫画虎的败局,永远不可能找到破解宝鸡市课改难题的"金钥匙"。随着课改实践的逐渐深入与反复酝酿,以苏永兴局长为代表的"本真教育"理念悄然形成,成为宝鸡高效课堂实践的理论支柱。苏永兴局长谈道,"摒弃功利化,让教育回归本真,助人成才成长"是他的教育梦,而中国国情、传统教育价值观却为应试教育提供了沃土,教育教学活动的"助人成才"功能被扭曲、被遮蔽。要帮助当代教育回归本真,就必须大力推进素质教育与课程改革,落实学生作为学习的主人、主角、主体地位,让展示、合作、探究的学习方式成为解放学生、解放课堂的利器。[①] 这一理念的提出为宝鸡市高效课堂改革的深入推进提供了思想保证与思路导航。

二、范例求索阶段

理念毕竟是灰色的,因为任何课改理念,包括先进课改理念都是教育经验的结晶体,都缺乏经验、实例、个案的鲜活感与吸引力。为了克服这一弊端,宝鸡市在课改初期向全市教师介绍了杜郎口初中、昌乐二中、洋思中学的课改模式与先例,率领课改核心团队奔赴山东、江苏、山西、内蒙古、成都、广州、郑州、济南等地考察取经,开展"万名教育干部东部行"活动,让广大中小学教师看到了一个个成功、鲜活的高效课堂改革范例,诱发了全市教师学习先进课改经验、投入课改实践的热情。在范例寻求中,宝鸡市渐渐将学习的目光聚焦在了"五大模式",即中央教科所韩立福的"先学后导、问题评价"教学模式、李炳亭"五步三查"教学模式、杜郎口的"336"教学模式、洋思中学的"先学后教、当堂训练"模式、昌乐二中的"271"教学模式上,学习的

---

① 苏永兴.让教育回归本真[N].中国教师报,2013 – 3 – 13,第4版.

对象更加明确。在对这些模式进行抽象、反思、提炼的基础上,宝鸡课改人悟出了两条高效课堂改革至理,即"以生为本"与"先学后导"。其中,前者道出了高效课堂改革增效的秘密:只有将教学、讲授的任务落实到学生的学习上,课堂教学才可能真正见效、生效、高效,因此,以生为本、以学为主、少教多学自然成为高效课堂改革的核心要义;后者道出了一切高效课堂操作的共同机理——先学后导,因为只有在学生产生问题之后再进行引导,教学活动才有效能,才能达到促进学生发展的目的,"学""导"结合是创建低重心型学习课堂、学生课堂的基本原理。借助"生本学导"这一高效课堂思路的清理,宝鸡市高效课堂改革的路子日益明确,一场课改模式的摸索与实验活动随之展开。

随后,宝鸡市开始了高效课堂"宝鸡模式"的漫长探索历程,以示范校为旗手的高效课堂试点研究次第展开,宣示着宝鸡市对先进课改范例的求索活动正式启动。2009年底,岐山、凤翔、麟游等县选定的5所先行试点学校率先展开,成为首批课改探索者;随后,60所市级项目示范校加入,课改试点范围逐步扩大;2010年12月,全市课改领导群体——市县教育局局长、教研室主任、实验校校长召开了高效课堂现场会,重点研讨"生本学导"式高效课堂的实现方式,宣告试点实验进入实质阶段,为高效课堂"宝鸡范例"的迅速形成创造了条件。

三、迁移推广阶段

"一花独放不是春,万紫千红春满园。"试点学校典型课改范例与成功经验的形成只是表明宝鸡市高效课堂改革仅仅开始,如何让这些好经验、好理念、好思路进入全市每一所寻常学校,走向每一名教师的每一个普通课堂,才是高效能课改的根本诉求。无疑,试点学校只是课改的先头部队,它们具有优越的课改条件、成熟的课改氛围、优秀的教师队伍,进行课改对他们来说既是迫切的需要,又是得心应手的行动。相对而言,一般学校在课改面前则显得困难重重,不想改、不会改、不善改是司空见惯的事情。这一现状就决定了要想在全市推进典型课改经验与理念,宝鸡课改人必须当下要解决的两大难题就是:其一,如何让这些一般学校"动"起来,激励他们进入课改的轨道;其二,怎样全面筹划全市的课改进程与阶梯,确保课改稳步、实质性地推进。为此,宝鸡市采取了三项举措,全力助推高效课堂改革的全面有序展开。

(一)以《方案》为纲,全面设计课改蓝图

2010年,宝鸡在以高效课堂现场会为依托,全面总结试点学校的成功课

改经验,广泛征询课改核心团队与试点改革者的基础上制定了《宝鸡市"生本学导"高效课堂教学改革方案》,将之作为全市高效课堂改革的行动总纲领。在该《方案》中,宝鸡市针对课改推进的两大重点——改革动力激发与改革策略选择,务本求实地提出了推进课改的两大思路:其一,在"行政推动、研培驱动、典型带动"精神的指导下,利用行政推动的外力把广大教师与中小学引入课改的航道,旨在突破"不愿改"的消极心态;利用教研与培训来传经送宝,激发中小学教师的课改能量与创造力,解决好"怎样改"的难题;利用典型推动的策略来实现"冲击波"式改革,形成课改的"星星之火,全市燎原"的格局。其二,在"试点先行、先易后难、分类指导、梯次推进"思路的指导下,逐一突破课改的难关,逐步提升课改的品质与效能。在这一课改全程中,试点改革是全市课改的突破口,分类指导、因校制宜是全市课改实事求是的选择,循序渐进、先易后难、步步为营是全市课改的持续提升计划。这一课改思路的形成为宝鸡市课改的深入推进提供了思想指南,成为全市高效课堂改革推进的线路图。

(二)以研培为本,全力提高课改执行力

课改蓝图是整个课改的顶层设计,它体现的是整个课改领导团队的改革睿智与专业水平;课改实施则是整个课改的坚实支点与微细实践,它考验的是每一个课改参与者、责任者——教师的课改执行力。应该说,教师是所有课改的最终落脚点,教师专业水准的提升是课改的枢纽环节,而这一目标的实现只能靠教师培训与教学研究来实现。所谓课改执行力,它不是指教师依照课改文本来忠实执行方案的能力,不是指教师因循课改领导者的要求与典型成功范例去照猫画虎、复制粘贴的本领,而是指教师基于自身对课改精神的领会,结合自身的教情、学情因地制宜、灵活多变地去落实课改精神,创造有特色、有特效、有特点的课改新范例的专业智能。课改执行力其实就是教师的课改精神理解力、课改实践创造力与课改方案解读力的统一体。在宝鸡课改推进中,教师培训只是教师的高效课堂改革入门课,立足校情、学科、本土的教育教学研修能力与课改问题探索能力才是高效课堂改革品质的飙升点。为此,宝鸡市确立了"研培"为本的课改思路,为课改有效推进提供了充分的智慧支持与人才资源。为了实现这一目标,宝鸡市在课改中着力做好了"三级培训"与研修平台搭建工作,大大提升了课改的成功概率。

所谓"三级培训",就是市级培训、县级培训与校本培训的合称,其中宝鸡市市级培训的重点是县区教研室主任与市县级实验学校校长,前者主要

采取的是专题培训,后者主要采取的是影子培训,研培一体是整个培训中一以贯之的一种理念;县级培训主要是对全县骨干教师的培训,其目的是加固课改的中流砥柱,培育中小学课改的尖兵与中坚力量;校本培训主要是指中小学在校内组织的高效课堂专题培训活动,它已成为宝鸡市向中小学输入新理念、推广新举措、壮大课改力量的根本渠道。"三级培训"上下贯通、连为一体,构成了宝鸡市提高教师课改执行力的有力手段。

研究平台搭建是扶持中小学科研、支持课改实践、提升教师课改理念造血能力的基础工程,也是增强各学校、各教师的课改主动性与课改创造力的重要平台。目前,宝鸡市已经顺利完成了高效课堂改革网络化平台的搭建工作,为宝鸡市解决日常课改难题、攻关重大课改课题提供了强大组织依托。这一高效课堂研究网络的主要框架是:以高效课堂学科示范基地为基础,以高效课堂校际合作共同体组织为支撑,以小课题研究为纽带,以网上课堂研究栏目为窗口,以校本研修平台为基础的覆盖面广、运作有效、虚实结合的课堂教学研究网络。这一课堂研究网络主要包括:13 个高效课堂学科示范基地,20 个高效课堂校际合作共同体组织,5 个"课改发展共同体",54 个"生本学导"高效课堂网络互动平台,1 个"高效课堂教育在线",2600多个市县级小课题研究课题组等,几乎覆盖了全市所有中小学教师的教育时空。[1]

四、特色凝练阶段

随着课改的日趋深入,宝鸡市课改面临的问题越来越多,其中的大多数问题都不是课改专家的普适理念与杜郎口、洋思的现成经验所能解决的,这就需要宝鸡市课改人自己去面对这些"独属自己的课改问题",给出自己的个性化答案与情景化解决方案。尤其是 2013 以来,这些问题日益暴露、不断堆积,迫使宝鸡市课改领导者躬身实践、加大调研,审慎应对每一道课改难题。梳理一下这些问题,大致分为三类:其一是全市课改推进的模式问题,即全市范围内推动高效课堂的有效模式问题。显然,一般政策指令、行政文件尽管可以启动课改但永远难以让每一个教师对课改"心动",调动他们全身心的课改热情。其二是高效课堂模式的问题,因为一旦长期推行专家建议的模式、外域成功课改模式,极易让全市教师失去热情,毕竟这些模式对宝鸡自身教情的适应性是有限的,每一种模式都有其特定的适用范围。

---

① 翟晋玉,宋永成.宝鸡:一唱课改教育兴[N].中国教育报,2013 - 11 - 20.

其三是课改保障机制问题,即课改后劲的持续供给与课改生命的保养问题,主要涉及课改资金筹措、研培方式创新、课改动力保障等问题。针对这三个问题,宝鸡市课改团队给出了自己的创造性回答,成为高效课堂"宝鸡模式"的重要内容。

(一)高效课堂推进的星级模式

为了将高效课堂改革深入持续下去,宝鸡市首创了高效课堂改革星级学校评选工作,以"授星定等""升级评选"的方式来达成课改推进的双重目的:其一,推广星级学校课改经验,肯定高效课堂改革者的探索业绩,发挥课改辐射作用;其二,激发普通学校参与高效课堂改革的热情,增强高效课堂改革的扩展力,完善真抓实干搞课改的竞争机制。2013 年,市教育局颁布了《关于在全市中小学开展"高效课堂"课改星级学校创建活动及升档晋级工作的通知》文件,启动了全市高效课堂课改星级学校创建与评选活动。目前,宝鸡市已命名"五星级教改示范校"38 所、四星级学校 50 所,三星级学校 113 所。这些星级学校成为创造"宝鸡课改经验"的基地,成为带动全市课改的领头雁与区域课改的中心地带。

(二)高效课堂实施的"生本学导"模式

为了应对千课一面、推广现成模式中出现的弊端,宝鸡市在模式创新中坚持了双轨并驱的思路:一方面加大全市主流高效课堂模式的研发,一方面鼓励各县、各校、各教师、各学科形成自身的特色模式,达到"用特色模式来滋养、改进主流模式,用主流模式来影响、带动特色模式"的交互发展模式与良性课改循环。在五年的课改实践中,宝鸡市课改领导者发现,高效课堂改革的推进全程应该是以"模式"为媒介的过程,即"临模—出模—创模"的过程,科学的课改模式在高效课堂实践发展中起着"拐杖""桥梁"作用。因此,宝鸡市主流课改模式的研发不可小视,它其实就是撬动全市课改的初始模式。在全市课团队的实地调研、科学论证、实践验证的基础上,宝鸡市创造性地提出了高效课堂的"生本学导"模式,形成了以"课前(结构化)预习、问题生成、分组讨论、成果展示、拓展训练"等为教学主环节的"宝鸡模式",在全市教育界初具影响、达成共识,赢得了国内中小学教师、课改专家的瞩目。值得指出的是,"结构化预习"是宝鸡落实"生本学导"理念的重要课前举措,它包括"读、导、作、问"四个环节。其中,"读"是指阅读文本,结合"六字诀"阅读法(读、划、写、记、练、思)扎实朗读文本,深刻感知文本内容;"导"是指结合完成"问题导读——评价单"来进行深度预习;"作"是指依据自己的自主学习、预习来完成课后习题及预习笔记、预习作业;"问"是指在

"问题导读评价单"的引导下结合自己的预习由学生生成有难度的问题并填写"问题评价单"。实践证明:这一手段与"一案三单"相互配合,成为宝鸡课改促使课堂生效增效的重要依托。与此同时,宝鸡市的特色模式也次第涌现,如扶风二中的"121"导学案式高效课堂,凤翔县横水一中的"135"生本教育模式及高效课堂"345"行动策略,麟游县西街小学提出"三段九环生本导学"高效课堂模式,宝鸡中学的"152"高效课堂模式等,直接推动了全市高效课堂模式探究的热情。

(三)高效课堂持续的多元保障模式

国内许多学校课改的发展轨迹常常是"轰轰烈烈地开始,悄无声息地结束",一场场课改最终都成了"昙花一现"的幻境,其根源就在于没有找到稳固的课改生命保养机制。宝鸡课改决策者不仅课改意志坚定,而且更希望将这一课改实践持续坚持下去,致力于培育有生命机制与自我发展力的课改生命体。为此,宝鸡在高效课堂推进中引入了三大特色保障模式,即以奖代补的教改资金运作模式、"342"校本研修模式①、"德育—教改"联动模式等。在教改资金运作中,宝鸡市每年筹集教改资金 1000 余万元,率先采取了各县区教改资金以奖代补的措施,提高了课改资金的运作效益,为课改特色校创建提供了厚实的资金保障;在研修模式上,强调教师、校长的教研责任,注重校本教研的科学流程,为高效课堂改革提供了源源不断的智力保障;在课堂教学改革中,建立起了德育与教学系统融合推进的高效课堂模式,注重落实学生学习动力保障机制,重视从学习目的与责任教育入手来激励学生的深层学习动机,根本上地解决了学生学习动力不足的问题。例如,横水一中的"三自"新德育体系,创造性地实施了"自主学习、自主管理、自我教育"的德育模式,与其高效课堂模式相互配合、相互照应,逐步形成了"学生主动、课堂灵动、教育生动"的课堂。这些举措与创新无疑是高效课堂"宝鸡模式"的重要组成元素。

高效课堂"宝鸡模式"是在宝鸡课改共同体在本土化地应对课改实践难题中形成的,是全体课改领导者与课改实践者灵活应变课改情境中生成的,这些独特的应变方式成为宝鸡高效课堂改革链条中的一个个链环。宝鸡高

---

① 所谓分"342 校本研修模式",就分三个阶段(及课前备课、课中观课、课后磨课),采取两种形式(即"同课异构"与"一课三上"),对课堂教学进行四个维度(即教学目标达成、展示、评价、点拨,课堂参与度与教师对小组、学生个体与潜能生的关注度)的观察与反馈的校本研修模式。

效课堂实践表明,没有普适的课改模式可以直接效法、遵照实行,只有一般的先进课改理念可供参考;没有一把万能的解决课改难题的"钥匙",只有因应实践情势的"特适"课改方案。从"宝鸡模式"的诞生历程同样可以看出,任何有效、成功的高效课堂改革都将是一次创造性实践,都是寻求个性化解决课改难题,创生课改方案的一次探索性旅程。没有创造,就没有特色;没有特色,就没有生命。这是宝鸡高效课堂改革得出的一条重要规律与关键经验。在某种意义上看,"模式"与"创新"之间没有泾渭分明的"界限",二者之间是相依相生的关系:新课改模式的形成是区域课改实践者持续创造的结果,最有生命力的课改模式一定始终处在"形变"与更新之中,模式就是积累、统摄、吸附全部课改经验的框架与母体;科学的课改行程是新模式创造与小模式研发的过程,它反对的是种种试图固化、强化、神化模式的倾向与做法,反对的是试图寻求统一模式、万能模式、法定模式的"乌托邦"行径。一句话,高效课堂改革反对的是"模式化",而非别具创意的"模式","模式"与"模式化"之间差异迥然,不可将之混淆。因此,走进宝鸡高效课堂改革中形成的核心教学模式,是我们深入洞察宝鸡高效课堂改革实践的一条便捷通道。

第五节　课堂模式

在学术界,反对高效课堂模式化的呼声甚嚣尘上,甚至有"老鼠过街人人喊打"的阵势。但在一线课堂改革实践中,创新课堂模式、推动模式变革的确是最有效的课改抓手,科学的课堂模式是助推高效课堂改革实践深入发展的得力助手。在宝鸡课改调研中,我们发现,作为"宝鸡模式"的重要组成部分,"生本学导"模式在推进宝鸡课堂改革区域化推进中产生了重要作用,它就是引领宝鸡地区课堂文化转型的重要推手。全面审视这一课堂模式的构架与实践,是我们揭开宝鸡高效课堂改革成功秘密的一把钥匙。

一、"生本学导"模式的理念基础

"生本学导"模式的提出是宝鸡课改团队深入研摩、理性提升的结果,其中融入了许多现代教育理念,如建构主义教育理论、素质教育理论、人本主义教育理论、多元智能理论等,堪称宝鸡课改精华的结晶体。该模式其实就是现代教育理念与宝鸡课堂改革实践之间的一种复合体,整个模式的科学性就体现在它对这些先进教育理念的吸容中。"生本学导"课堂模式所依托的现代教育理论主要包括以下理论：

（一）回归本真的素质教育理论

素质教育的实质是"两全""一主动"与"两重点"，即促使全体学生全面、主动、持续发展，重点培养学习者的创新精神与实践能力。这一理论在宝鸡高效课堂改革中的具体化就是苏永兴局长所倡导的"回归本真"的素质教育理论。苏永兴局长是一个有"教育梦"的局长，全市推进高效课堂改革正是实现他的"教育梦"的具体行动。他的这一"教育梦"的核心要义正是"摒弃功利化，让教育回归本真，助人人成才成长"。可以说，最理想、最专业、最纯粹的教育改革是让教育按照"教育"的本来面目去发展，让教师按照"教师"的样子去发展，让学生按照"学生"的方式去发展，让人按照"人"的本性去发展。教育改革的目的是要摆脱种种功利化的羁绊，摆脱各种形式化的框套，给学校、教师、学生"松绑"，努力创建人民心中的"好教育"，打造学生满意的"好教学"。苏永兴局长指出，所谓"教育的本真"，其实质就是原教育部部长袁贵仁所言的"有教无类，因材施教，终身学习，人人成才"[①]。进言之，只有做到"有教无类"，宝鸡课改才能促使全体学生发展；只有做到"因材施教"，宝鸡课改才能促使学生全面发展；只有做到"终身学习"，宝鸡课改才能促使学生可持续发展；只有做到"人人成才"，宝鸡课改才能全面实现素质教育的目标与期待。

（二）以人为本的人本教育理念

人，既是教育的对象，又是教育的依托，"以人为本"是绿色教育、本真教育、主体教育的核心精神。在课改中，"人"既是指学生，也是指教师、校长，充分发挥每一个人的力量、能力与主动性是高效课堂改革成功的又一秘诀。在课堂教学中，学生是直接服务对象，是教学动力的根源，是教学资源的主要携带者，善于"利用学生""依托学生""发展学生"是高效课堂改革的大学问所在。在宝鸡课改实践者的眼中，高效课堂改革的实质是"助人成才"，是在"学生为本"的基础上，主要依托"学生自身的发展动力""学生自身的探索能力"与"学生自身这一课程资源"来完成课堂教学的任务，最终实现高效课堂改革的"自运转""自壮大"。苏永兴局长指出："宝鸡高效课堂主要以问题为主线（知识问题化），以评价为手段（即时评价激励），着力培养学生的自主学习能力、合作探究能力和综合素质"。没有问题的课堂难以激发学

---

① 王文佳. 袁贵仁解读教育中国梦：每个人都应成有用之才［DE/OL］. http://news. qq. com/a/20130308/ 001422. htm,2013 - 03 - 08.

生的学习动力,没有评价的课堂难以提高学生的课堂参与度,没有自主学习能力培养的课堂难以体现学生作为课堂改革的主体地位,没有学生综合素养培育的课堂难以实现学生在课堂中的可持续发展。宝鸡高效课堂坚持的一条教学改革原则是:让学生在课堂上真正实现自由、自主与自治。所以,宝鸡高效课堂的根本任务是实现整个课堂教学从"老课堂"向"新课堂"的转变,是弘扬"学中心"式课堂,大力推进课堂教学的"放手""还权",彻底解体"教中心、一言堂"式的老课堂,尽量把学生个人潜能的发挥放大到最大值,把教师的讲授活动压缩到更有限的空间与范围中去。在课前会预习、会提问,在课堂上有话说、敢说话,在课后会复习、会自学,正是宝鸡高效课堂改革的现实写照。

应该说,在课堂上师生关系、教学关系中的主体是学生,是学习;而在学校课改实践中,在全市与学校、校长与教师的关系中,其主体是学校,是教师,是教学。"人本课堂""生本课堂"的延伸就是"校本课堂""师本课堂"。在宝鸡高效课堂改革中,全市、各校尽管有一般指导性模式,即"生本学导"模式,但又不强制推行该模式,追求"全市统一",而是让教师在总模式的情况"参照"下灵活创造自己的特异高效课堂模式,从而为每个教师的课堂模式创新提供了弹性空间与伸缩余地,反过来有力推动了主模式的丰富与完善,科学解决了模式化课改中的"千课一面"现象。例如,在"理念导引、以校为主、注重实效、简单实用"原则的指导下,凤翔县横水一中自创的"135"生本教育模式及高效课堂"345"行动策略,麟游县西街小学倡导的"三段九环生本导学"高效课堂新模式等,都是对主模式进行灵活创新与因地再造的成果。可以说这些模式是"校本高效课堂模式"的典型代表,是母模式——"生本学导"模式的变形与延伸。除此而外,在宝鸡市不同教师、不同学科都有自己的特色高效课堂模式,主导课改模式始终处在开放发展状态中,由此赋予主模式以生长性属性。

(三)经验中心的建构主义教育理念

什么是经验? 经验就是学习者在学习、生活、工作中遭遇的各种经历与体验,就是学习者探究性地应对教育生活过程中所收获的各种认识与体悟。在现实中,经验一般可分为两类,即主动经验与被动经验:前者是人有意识、自觉主动地探索生活世界中获得的认识,后者则是人无意识地经历社会生活后所捕获的种种经历。与知识不同,经验具有情境依存性、生动鲜活性、连续丰富性,学生生活经验的利用、改造与重组、升华是知识学习的实践形态,而知识则以概念为原子,以命题、判断为形式,具有一定的抽象性与浓缩性,脱离经验搭载的"知识搬运"式教学是导致教学活动魅力丧失、效能低下的根源。在宝鸡高效课堂改革中,善于利用学生经验的库存,引导学生在课堂上主动建构有质量的生活经验,是其整个课改中一以贯之的一条主线。就其基本课改线路来看,宝鸡大致走的是"以问题为主线(知识问题化),以评价为手段(即时评价激励),着力培养学生的自主学习能力、合作探究能力和综合素质"的线路。在学习中,将知识学习转换为"问题生成—经验唤醒—经验分享(讨论)—经验重组—素质生成"的过程;把学习的主动权、话语权、组织权还给学生,放手学生在课堂中"动手、动脑、动心",自由充分地去生成学习经验与生活经验;转变教师作为知识"传授者""搬运工"的角色,更多扮演起学习条件创造者、学习资源提供者、学习平台搭建者、学习活动促进者角色,让课堂成为师生共同的知识经验拓展生发过程,成为师生共同体的知识经验"交集"扩展过程;利用编制"一案三单",即教案或学案、问题导读评价单、问题生成评价单、问题训练评价单等来引导学生认识经验的形成线路,等等,都体现着经验主义的教育理念。在这一理念指导下,宝鸡课堂教学充满了生机、魅力、活力,课堂的生命气息展现、专业品质提升,为全市课堂教学改革指明了正确方向。

二、"生本学导"高效课堂模式的基本架构

"生本学导"模式是宝鸡市高效课堂改革的基础模式、主流模式,它构成了全市高效课堂改革的精髓与脊梁,其中蕴含着全市课改领导团队所秉承的教学理念与教改思维。该模式的基本内容与大致构架是:以学生为课堂学习的主体,以"导学案"或"学习活动单"为课堂基本导学工具,以学生的自主学习活动为课堂教学主线,以小组合作学习为主要形式、

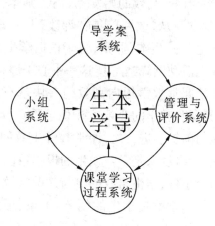

图2-2 "生本学导"高效课堂模式图示

现场展示为主要反馈形态,由此构成了一个集"教师导学系统""小组学习系统"与"效能管理系统""学习过程系统"为一体的高效课堂教学体系。"生

本学导"高效课堂模式的基本架构如图 2 - 2 所示:①

上图表明:"生本学导"高效课堂模式是由四个子系统——导学案系统、小组系统、课堂学习过程系统与管理评价系统组成,四个子系统之间是"一体多翼、交互作用"的关系:"生本学导"是整个课堂教学模式的理念精髓与思想内核,它构成了整个课堂教学模式的主体环节,四个课堂教学子系统相互作用、相互关联,确保"生本学导"理念的落实与践行,共同服务于课堂教学效能的形成与提升。其中,导学案系统是课堂教学的助学工具,是设计、引导师生教学过程的预案与抓手;小组系统是课堂教学的组织单位与学习依托,是教学活动发生的组织环境;课堂学习过程系统是课堂教学生效的主要环节,是教师教学活动的重点干预对象;管理评价系统是课堂教学的质量控制系统,是课堂教学秩序与动力的生发源。在该模式中,课堂教学是教师在导学案的辅助下,以小组合作学习为基本形式,在课堂管理评价活动的辅助下,对学生课堂学习过程进行优化、改进的过程。本模式的根本内涵与特点是"生本"与"学导",这两点在该模式中实现了融合与内联。

(一)"生本":高效课堂的基点

学生是课堂的主人,教学的对象,学习的主体。从学生出发,关注学生的学习需要与学习方式,落实学生的学习主体地位,是一节课生效、起效,进而走向有效、高效的始发点。从"师本"课堂走向"生本"课堂,从"讲堂"走向"学堂",从"改课"走向"课改"②,坚守"相信学生、解放学生、利用学生、发展学生"的"生本"原则,善于根据学生的水平、差异、意愿与背景开展教学,让教学活动围绕"学生"这一中心来展开,实现教与学之间的无缝对接,这正是促使课堂教学迈向高效的一块基石。宝鸡市课改团队正是看到了这一点,其课堂教学的改革才抓住了重点,凸显了主题,具备了深入持续推进的可能与前提。进言之,课堂教学生效的基础是学生的学习,不可代理、身心同在、全身浸入是学习发生的根本条件,任何学习活动都是学生"亲身"为之的一个事件,学生自我的参与是课堂教学走向高效、长效的必需元素。学生为本的课堂就是学生的创意、想象、理解、热情迸发的自主课堂,是活力四

---

① 任军利等. 宝鸡市"生本学导"高效课堂学习模式研究[DE/OL]. http://www.wbjy. net/index. aspx/User/user/css/user/User/user/Url. Aspx? DID = 13696967 - 1ef6 - 4080 - b245 - b63e1f5a4752,2015 - 1 - 15.

② 王波,赵丽娟. 生命的活力在课堂绽放——陕西省宝鸡市课堂教学改革侧记[J]. 陕西教育(综合版),2013(11).

射、精彩纷呈、生机盎然的魅力课堂,"我的课堂我做主"成为宝鸡高效课堂实践的生动写照。(参见以下案例)

　　中国教师报:翻开宝鸡市高新一小四年级一班《桥之思》一课的学生学习活动单,你会发现孩子们的想象力是如此丰富,在课文思路图这一题,教师给学生留出了大段的空白,学生们则根据自己对课文的预习和理解,或文字,或图画表达。陈卓同学在蓝天、白云、小桥、帆船的画面中写道:桥有很多种,有一种桥是以尊重、谅解、关注和信任构筑起来的无形的桥。张峻垚同学则画了三座不同形状的桥,并配上了文字说明:世界上有各种各样的桥,桥越多,我们这个世界就越和谐越美好。

　　(资料来源:王波,赵丽娟.生命的活力在课堂绽放——陕西省宝鸡市课堂教学改革侧记[J].陕西教育(综合版),2013(11).)

　　从教师角度来看,高效课堂改革中最能体现"生本"教学理念的教改思路是践行"少教多学"理念,使用小组学习与自助学习策略,真实落实学生作为学习活动主角的主体地位。

　　在调研中,课题组以教师"课堂讲授时间"为指标对"少教多学"理念落实情况进行了监测,调研结果表明:这一改革理念已深入人心,得到了教师的高度关注(参见下表),实验组与对照组差异明显,其中实验组每节课直接讲授时间为平均17分钟,对照组每节课直接讲授时间为平均23分钟,实验组比对照组每节课少用讲授时间大约为6分钟。

表2-3　实验组、对照组不同讲授时间内教师人数及差异分析

授课时间	组别(单位:人)		χ^2 检验
	实验组	对照组	
10分钟以内	29	4	
10~20分钟	74	19	
20~30分钟	22	16	
30~40分钟	3	3	11.969**
40分钟以上	3	1	
前两项百分比之和	79%	53%	
合　计	131	43	

上表表明,在实验组,近80%的教师都已经把教师讲授时间压缩在了20分钟以内,甚至有22%的教师把讲授时间压缩在了10分钟以内,课堂中的主角真正成了学生"主讲"、学生研讨与自学;而在对照组,仅有53%的教师把一节课的直接讲授时间压缩在了20分钟以内,很少有教师在10分钟内把主要内容讲授完毕。这一结果表明,以"少教多学"来落实"生本"教学的理念在宝鸡高效课堂改革中得到了较好的贯彻。

当然,在不同学段,教师每节课直接讲授时间是有差异的(见表2-4)。从教师问卷调研结果来看,平均每节课直接讲授时间用时最少的是小学,其次是初中和高中,三学段间的差异较为明显,有力保证了学生的课堂自主参与时间,高效课堂改革效果明显。当然,值得说明的一点是,该时间仅具有有限参考意义,这不仅因为小学学段教学情况的特殊性,更因为不一定"直接讲授时间越少,课堂教学越有效"这一命题成立。课堂教学效能取决于教学时间与教学效果间的复杂关联,也只有在教学保效、增效的前提下才有可能谈及教学平均用时问题。

表2-4 教师每节课直接授课时间的学段差异

教师直接讲授时间	学段			χ^2
	高中	初中	小学	
10分钟以内	2	15	16	
10~20分钟	38	25	30	
20~30分钟	18	16	4	
30~40分钟	4	1	1	19.485***
40分钟以上	2	2	0	
每节课平均用时(分钟)	20	18	15	

($^*p<.05$, $^{**}p<.01$, $^{***}p<.001$)

宝鸡课改中教师落实"生本"教学理念的另一重要手段是教学中采用自主学习与小组学习这两种代表性学习组织形式,不同年龄段教师对这两种教学手段的喜好程度不同(见图2-3):

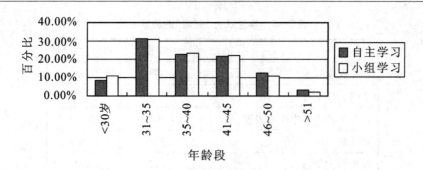

图2-3 教师年龄与自主合作学习使用频率间的关联

上图显示:不同年龄段教师在使用自主学习与合作学习上具有高度一致性与相关性,喜欢使用自主学习的教师一般情况下也较为喜欢在课堂中使用小组合作学习。总体而言,使用这两种学习方式,落实"生本"学习理念的主体队伍是中青年教师,31~45岁年龄段教师中喜欢使用自主合作学习的约占全体受调查教师的63%,尤以31~35岁年龄段教师为最多。这一信息也表明,31~35岁教师是宝鸡高效课堂改革的主力军与中坚力量。

再从学生角度来看,那些有助于体现、落实"生本"教学理念的教学环节、教学手段常常会得到宝鸡市中小学生的喜爱,这也是迫使教师在高效课堂改革中顺应学生课改要求的内力所在。在问及学生"在高效课堂改革中,你最喜欢的课堂教学环节是哪一个?"(可多选)这一问题时,受调查学生最喜欢的三个环节是:课堂讨论、合作学习与课堂展示(见图2-4)。

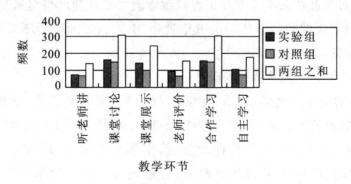

图2-4 学生最喜欢的高效课堂教学环节

同时,课题组还对学生感觉有趣的教学改革手段做了分析,受调查学生回答集中在"小组学习""课堂展示"与"导学案"(见表2-5):

表2-5 学生认为"有趣"的教学手段

选项	频数	百分比(%)
学生课堂展示	357	21.6%
小组合作学习	368	22.2%
用积分评价学生课堂表现	261	15.8%
导学案	287	17.4%
学生自主学习	217	13.1%
学科长引导学生学习	164	9.9%

在此,用统计图显示如图2-5:

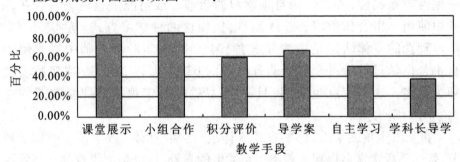

图2-5 学生认为"有趣"的高效课堂教学手段

以上图表清楚地表明,凡是学生参与机会较多、参与热情高涨、自己拥有一定自主活动空间的教学环节与教学手段总能赢得学生的喜爱,教师只有从这些环节改革入手才能真正提高课堂教学的欢迎度与实际改革效能。可见,宝鸡高效课堂改革依托中青年教师,引入新型的教学环节与教学手段,成功地落实"生本"课改理念。

(二)"学导":高效课堂的实质

教学的实质是助学、导学、促学,"教学"一词的本意是"学教",即先学后教、学主教辅。从"教学"走向"导学"、从"导学"走向"学导",坚持"先学后导、学导结合"的精神,真正落实学生作为学习主体的地位,践行问题驱动、建构主义的教学理念,是宝鸡高效课堂改革的显著特点。高效课堂改革实质是教师对学生学习能量的激发、释放与引导的过程,整个课堂教学就是一个矢量,即"能量+方向"或"激励+引导"。高效课堂改革的基本理论正是将学生自主参与、重视过程体验、激活学生成长热望视为教学活动的基础,努力实现学生学习动力、动机、能量的最大化,为教师的教导诱导提供了强大的动量;教师通过学习过程引导,导正学生心力、精力、智力、潜力的释放方向,使之服务于学生知识、能力、素养的正向提升,确保课堂教学取得最大化发展合力。因此,"学导"其实就是学生学习能量的蓄积与方向的引导合二为一的过程,是师生合力、协同、共鸣,努力实现学生在课堂教学中的有效学习活动、学习成果最大化的过程。正如宝鸡课改实践者所言,"'生本学导'高效课堂是充满学生生命活力,激发学生成长正能量的课堂。"①

在宝鸡,"学导"理念体现在课堂教学的整个流程中,基于"学导"理念的课堂教学主环节理应是:(结构化)预习—自学—问题形成—群学—导学—点拨—反馈—评价(监测)。这些新教学环节的使用是宝鸡高效课堂改革的标志所在。调查显示:实验组与对照组在使用这些新教学环节上差异明显(见图2-6),实验组学校显然几乎都采取了这些新教学环节,大大超过了对照组的使用比例,体现了宝鸡高效课堂改革实验的深度与内涵所在。

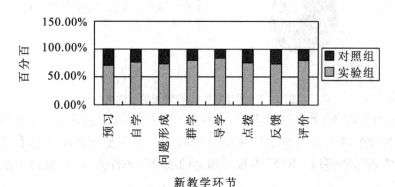

图2-6　高效课堂中实验组与对照组对新教学环节的使用情况

同时,调研数据还显示,学生对"先学后导"的教学理念认同度较高,已经成为学生较为喜欢的一种教学方式。在学生卷中,当我们问及学生"你喜欢老师的哪种授课方式?"时,学生的回答基本上倾向于"学生先学,课堂讨论,老师点拨"的形式(见表2-6及图2-7)。

---

① 任军利等.宝鸡市"生本学导"高效课堂学习模式研究[DE/OL]. http://www.wbjy. net/index. aspx/User/user/css/user/User/user/Url. Aspx? DID = 13696967 – 1ef6 – 4080 – b245 – b63e1f5a4752,2015 – 1 – 15.

表2-6 学生对授课方式的喜好情况

	项目	频率	百分比(%)	累积百分比(%)
有效	老师讲,学生听	54	12.3	12.3
	学生先学,课堂讨论,老师点拨	364	82.7	95.2
	学生完全自由的课堂	14	3.2	98.4
	无所谓	7	1.6	100.0
	合计	439	99.8	
缺失	系统	1	0.2	
合计		440	100.0	

在此,我们将该统计结果直观呈现如下:

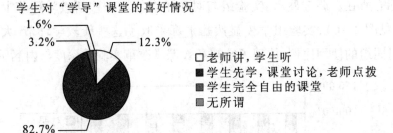

学生对"学导"课堂的喜好情况

1.6%
3.2% 12.3%

□ 老师讲,学生听
■ 学生先学,课堂讨论,老师点拨
■ 学生完全自由的课堂
■ 无所谓

82.7%

图2-7 学生在"学导"课堂的喜欢度

上图表明,绝大多数学生(82.7%)支持"学导式"授课方式,对其较为喜欢,传统的授课方式与学生完全自由的课堂并不受受调研学生看好。进言之,宝鸡市推进以"学导"为核心理念的教学改革深入人心,赢得了积极的学生反应。

最后,从实现"先学后导"的基本途径来看,宝鸡市采取的主要手段是课前开展预习(即该市倡导的"结构化"预习)(见表2-7),其次依次是:完成导学案、做家庭作业、教师课前辅导与按照问题单自学。

表2-7 高效课堂改革实现"先学后导"的主要途径

选项	频数	百分比(%)	累积百分比(%)
学生提前预习	333	75.7	76.7
老师课前辅导	13	3.0	79.7
做导学案	56	12.7	92.5

选项	频数	百分比(%)	累积百分比(%)
学生按照问题单自学	12	2.7	95.2
学生做家庭作业	21	4.8	100.0
合计	438	99.5	
系统	2	0.5	
缺失			

（三）"问题链"：高效课堂的流程

在"生本学导"理念的指导下,宝鸡高效课堂设计了以"问题生成—研讨—解决"为主线的问题链条式教学流程,为高效课堂改革找到了一条独特的课改新航道。教学的根基是学生的学习,学生是课堂学习活动的主角,学习是课堂教学活动的主题;"生本"式课堂是学生具有高参与度、高成就感的课堂,这种"参与"是在学习问题的吸引下实现的,这种"成就"是在挑战学习问题中产生的,离开了"问题",学生始终是被排斥在课堂教学现场之外的;高效课堂主要是学生自导的课堂,是"以学为本"而非"以教为主"的课堂,学生参与课堂学习的主导方式不是聆听,不是信息输入,而是面对自主学习中产生的真问题全力以赴地去求解的过程,问题解决才是学生课堂学习活动的实质过程。宝鸡市要求全市教师在"自主学习"方面要做到"四明确",即明确时间——在什么时间学、用多长时间学;明确任务——学习什么内容、完成什么任务;明确要求——针对学习习惯培养做出具体规定、学到什么程度;明确方法——怎样学、从哪学、学什么。这些要求的核心就是要让学生在自主学习中孕育出"问题",因为学习问题既是引发学习、导引学习的"引子",又是学习效果、学习质量的"体现"。沿着问题生成与解决的链环与链条来设计教学流程,组织课堂教学活动过程,用一个个"问题"把课堂教学的各个环节串联起来,是高效课堂宝鸡模式的重要组成部分。以下是宝鸡市"生本学导"课堂的一般教学流程图(见图2-8),其内核其实是学生学习"问题链"的构建流程:

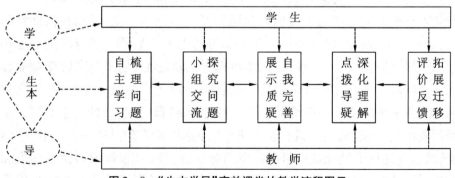

图2-8　"生本学导"高效课堂的教学流程图示

（资料来源:任军利等. 宝鸡市"生本学导"高效课堂学习模式研究[DE/OL]. http://www. wbjy. net/index. aspx/User/user/css/user/User/user/Url. Aspx? DID = 13696967 - 1ef6 - 4080 - b245 - b63e1f5a4752,2015 - 1 - 15.)

上图直观地表明,"生本学导"式高效课堂包括五个特色环节,即自主学习·梳理问题—小组交流·合作探究—展示质疑·完善提升—点拨诱导·深化理解—评价反馈·拓展迁移。该教学流程的主线是学生的学习线路与问题形成链,即"自主学习,梳理问题—小组学习,探究问题—展示质疑,自我完善—点拨导疑,深化理解—评价反馈,拓展迁移",其实质是学习活动中的问题链条,即"生成问题—探究问题—研讨问题—解决问题—问题反馈"。这一问题链的形成需要两大主体——教师与学生的协作才可能完成,需要两大教学活动——学生的"学"与教师的"导"的协同才能完成:学生借助归纳、思考、互动、建构等手段完成了学习问题的发展、解决与自我知识能力的建构,而教师是加速这些问题形成、解决的酵素,他们主要通过激趣诱导、点拨引导、指导督导、交流评价等手段,有力促进了该"学习链"的顺利向前推进。可以说,在整个教学流程的展开中有两股力量在推动着教学活动前进:其一,学生的学习是"主力",在挑战问题中产生的学习热情、学习动机、学习成效构成了推动整个教学活动快速前进的内力;其二,教师的引导是"辅力",教师对学生学习动机的激发、学习热情的呵护、问题解决效果的评价等,都会给学生学习活动注入一股活力。所以,"生本学导"高效课堂模式的精髓就是:"一条主线,两大策略"。在此,"一条主线"就是指学习问题生成与解决的问题链,"两大支柱"就是指学生学习活动为主体的策略与教师导学活动为辅助的策略。

(四) 导学案:高效课堂的助学利器

宝鸡高效课堂的重要策略是"学导",即"先学后导",其意即在学生先行学习产生的问题基础上开展以问题为抓手的导学活动,其意在借助教师的教导、引导、疏导、督导来提高学生学习的水平与品质。能否落实导学环节,增进导学过程的科学性,提高课改理念的执行力,是宝鸡高效课堂面临的关键问题之一。宝鸡市解决这一问题的手段之一是引入导学案,为高效课堂理念的着陆搭建一座桥梁。在宝鸡,教师备课、教学设计的主要形式正经历着由"传统教案"到"现代学习方案",再到"导学案"与"一案三单"的演变,教学设计环节设计日益科学。所谓导学案,就是"根据学科课程标准和学生学习情况,把教材的内容与要求以及相关教学资源转化为具有可操作性、目标性、层次性、梯度性和建构性的学习活动方案"。① 一份科学、优质、高效的导学案能够实现三大功能,即它能够为学生学习、探究的过程提供一幅"指路图",一个"展示台",一份"记录单"。正如其《研究报告》中所言,"导学案(学生学习活动单)是学生学习探究的'指路图',是学习步骤、学习方法呈现的'展示台',是学生学习活动过程及能力训练的'记录单'。"②在宝鸡课改实践者眼中,导学案不是"同步练习册""课时习题集",而是一个能够诱发学生学习要求,引导学习问题生成,提供基本学习策略,促进学生自主学习,强化科学学习过程的物质要素。所以,有无科学的导学案研发机制与流程至关重要,它对于课堂教学效能提升而言意义非凡。在五年多的实践中,宝鸡课改团队逐渐形成了"三步走"的高效课堂学案研发套路与科学流程(见图2-9),成为支撑全市高效课堂改革顺畅推进的有力依托。

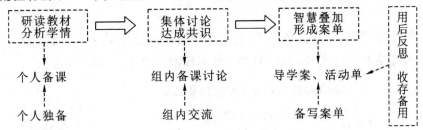

图2-9　高效课堂导学案研发流程

(资料来源:任军利等.宝鸡市"生本学导"高效课堂学习模式研究[DE/OL]. http://www. wbjy. net/index. aspx/User/user/css/user/User/user/Url. Aspx? DID = 13696967 - 1ef6 - 4080 - b245 - b63e1f5a4752,2015 - 1 - 15.)

上图表明,优质导学案的研发必须坚持"三步走",即"教学分析—(教研)组内研讨—创意呈现",每一步都担负着独特的研发任务。教学分析阶段的主要任务是分析教师的教情、学生的学情、教材的实情,是每个教师充分施展个人才智,设计出独创性教法、学法的阶段;组内研讨阶段的主要任务是开展合作研讨活动,促使智慧碰撞,催生更多更新创意生成;创意呈现阶段的任务是荟萃每个教师与教师集体的智慧,集中呈

　　① 王广辉,徐玉美.江苏省如皋市推行"活动单导学"模式深化新课程改革[J].上海教育科研,2010(3).

　　② 任军利等.宝鸡市"生本学导"高效课堂学习模式研究[DE/OL]. http://www. wbjy. net/index. aspx/User/user/css/user/User/user/Url. Aspx? DID = 13696967 - 1ef6 - 4080 - b245 - b63e1f5a4752,2015 - 1 - 15.

现各种导学案编写思路,完成一份完美导学案。这三个阶段之间是循序渐进、环环紧扣的关系,每经历一个备课循环及教师使用后的反思,导学案的品质会逐步抬高一个层级,后续导学案的专业水平与研发过程会更趋合理化、科学化。宝鸡市金台区逸夫小学的"356"集体备课制度正是宝鸡市导学案研发的一个生动例证,其主要内涵是"三环节五统一六备"。其中"三环节"是指个人初备、集体研备、个人精备,"五统一"是统一教学进度、统一教学目标、统一课型方法、统一研发三单、统一练习测试,"六备"是指备教材、备学生、备教法、备习题、备学法、备三单。[①] 在导学案研发中,宝鸡市还提出了导学案研发"四原则",即目标引领原则、学科特点原则、合适梯度原则与情景化活动化原则,这些原则成为指引全市导学案研发的一盏明灯,成为确保导学案品质的重要规范与评量尺度。

调研发现,宝鸡市高效课堂改革中不仅普遍使用导学案,而且,这一助学手段颇受特定年龄段(31～35 岁)青年教师的青睐(见图 2－10):

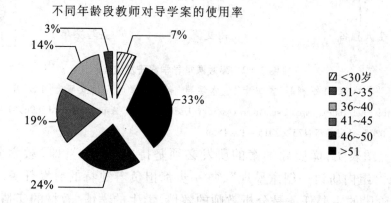

图 2－10　教师年龄与导学案使用关联情况

在此,我们可以对宝鸡市中小学教师随着年龄增大对导学案喜欢度的变化情况作以下预测(见图 2－11):

---

① 宝鸡市金台区逸夫小学. 立足"高效"教改实验 实现学校跨越发展[EB/OL]. ht-tp://www. sxbjedu. com/info. jsp? urltype = news. NewsContentUrl&wbnewsid = 18564&wbtreeid = 1128,2012－11－07.

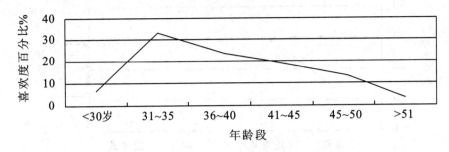

图2-11 教师对导学案喜欢度变化态势分析

以上两图表明,使用导学案的教师主要是青年教师(31~40岁),使用率合计为57%,约占全国受调查教师的3/5;31~35岁教师使用导学案辅助教学的比例最高,达到了1/3;教师对导学案的喜欢度随年龄变化呈"倒U"型,31~35岁时达到高峰期。导学案已经成为宝鸡市高效课堂改革中落实课堂教学目标的重要辅助工具,成为宝鸡课改的标志性教学手段与中青年教师的至爱,对不同年龄段教师提出不同的导学案研发要求是使用好导学案的现实要求。

不仅中青年教师喜欢使用导学案,而且中小学生也喜欢导学案。调研数据显示,绝大多数学生比较喜欢导学案,尤以小学生最甚,他们将之视为提高学习效果的重要助学工具(见表2-8)。

表2-8 中小学生对导学案的喜欢度

	态度	年级			合计
		高中	初中	小学	
导学案	非常喜欢,学习效果很好	34	80	110	224
	比较喜欢,学习轻松多了	90	44	46	180
	不喜欢,没啥效果	23	3	1	27
	这是搞形式	8	0	0	8
合计		155	127	157	439

这里,我们将之用更直观的方式呈现如图2-12所示:

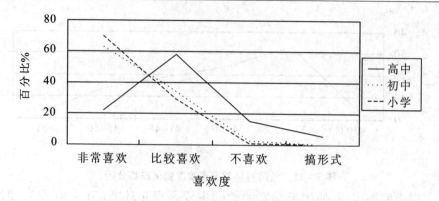

图 2-12 中小学生对导学案的喜欢程度

由上图可以清晰看出,宝鸡市所有学生对导学案的整体态度处于积极水平,相对而言,小学生最为喜欢,70%的学生"非常喜欢";初中生次之,63%的学生"非常喜欢";高中生的主流态度则是"比较喜欢"。可见,导学案作为一种助教促学手段,非常值得继续倡导与改进。

(五)合作:高效课堂的增效秘籍

宝鸡课改团队相信,课堂教学生效的基础是学生的学习活动,课堂教学增效的物质依托是导学案,课堂教学走向高效的关键机制是合作探究、合作学习、合作研讨。如果说自主学习是宝鸡"生本学导"高效课堂模式的活动主线,那么,学习小组、合作探究就是"生本学导"高效课堂模式的枢纽链环,是宝鸡高效课堂改革的一大难关,在合作学习中蕴含着宝鸡市高效课堂改革的成功秘密。为了解决合作学习难以开展的难题——"一收就死,一放就乱",宝鸡市采取了一些富有成效的合作学习优化举措,如定期对小组长或学科长进行培训,遴选优秀小组长或学科长传经送宝、交流经验,引入小组组员学习分工责任制度,创造性地使用了对学、群学制度,加大小组学习文化建设,鼓励每个小组提出自己的口号、誓言等等。在这些改革中,最富有创意的要算对学、群学制度了。宝鸡开展对学活动的具体做法是:要求小组内分工时要综合考虑智商、情商、性格等各种因素,组建"AABBCC"式的学生组合,让每个学生都有自己的学伴,形成同学之间相互帮扶、指导、比学、监督的格局。应该说,最有效的学习是个性化学习,最高效的学习是个性化自主学习基础上的合作学习。借助合作研讨来分享经验,荟萃众家智慧,诱发全新观点,激活学习创意,大面积提高学习效能,是合作学习的优势与特点,是创造高效课堂的坚实基础。合作学习的这些特点与优势在宝鸡课改中推进的群学活动中体现得尤为明显(参见以下案例)。

深秋时分,寒意阵阵,可走进凤翔县横水一中的课堂,却是一派热火朝天的学习场面,教室里没有讲台,墙壁四周挂了好几块黑板,课桌椅的摆放也不同于一般的教室,而是 6 张一组拼成了 6 个学习平台,全班 36 名同学被分成 6 个小组,或围坐在学习平台前热烈讨论,或拿着粉笔在黑板前奋笔疾书,老师则在小组间巡视,时不时参与其中进行指导。横水一中校长王建强告诉记者,正是得益于"以生为本、先学后导、全面发展"这一高效课堂的核心理念,课堂才能呈现出这样崭新的面貌。

(资料来源:王波,赵丽娟.生命的活力在课堂绽放——
陕西省宝鸡市课堂教学改革侧记[J].陕西教育(综合版),2013(11).)

调研结果也表明,宝鸡市中小学生非常喜欢合作学习,表现出积极地参与与支持态度,尤其是实验组学生,他们的喜欢度与适应度明显较高,实验组基本持"喜欢"态度以上的累积达到95%,对照组累积达到89%(见表 2 - 9)。这一结果也从侧面表明:宝鸡市开展合作学习的方式较为有效,赢得了学生的认可与关注,坚信合作学习的促学效能是后续改革的坚实精神支点。

表 2 - 9 学生对合作学习的喜欢度

态度 (频数/百分比)	组别				合计
	对照组		实验组		
	原始数据	累积百分比	原始数据	累积百分比	
非常喜欢	85(40%)	40%	120(54%)	54%	205
喜欢	106(49%)	89%	92(41%)	95%	198
不喜欢	11(5%)	94%	7(3%)	98%	18
不太适应	13(6%)	100%	5(2%)	100%	18
合计	215	100%	224	100%	439

在此,我们用更为直观的柱形图(见图 2 - 13)图示如下:

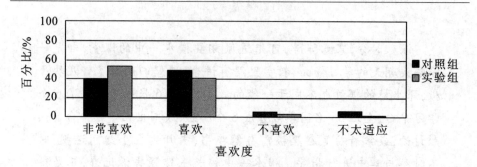

图 2－13　实验组与对照组学生对合作学习的喜欢程度

上图表明,在喜欢程度上,实验组学生明显高于对照组;在适应度上,实验组学生对高效课堂的不适应性明显较低。进言之,只要合作学习运用得法,绝大多数学生能够适应高效课堂改革并取得理想的学习效果。

为了进一步判断各学段学生对高效课堂的喜欢度,课题组还进行了针对各学段的进一步分析(见图 2－14):

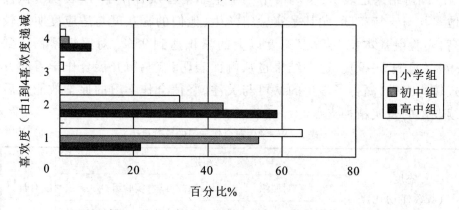

图 2－14　各学段学生对合作学习的态度

该图表明,小学生对合作学习的主导态度是"非常喜欢",高中生对合作学习的主导态度是"比较喜欢",初中生介于其间,处于过渡阶段;从"基本上喜欢"(包括"非常喜欢"与"比较喜欢")来看,对高效课堂的喜欢度依次为:小学生与初中生、高中生。这一研究结果表明,相对而言,初中生与小学生较为喜欢合作学习,高中生略微逊色一些。但整体来看,在各学段推进合作学习的改革方向是正确的,只是在合作学习实施的方式与深度上应该注意学段差异。

而且,在课改实践中,实验组学校课堂中使用合作学习的频率明显较高,合作学习已经成为宝鸡高效课堂改革的一把利器与秘密武器(见表2－10)。

表2-10　两组学生课堂上使用合作学习的频率对比

使用情况		组别		合 计
		对照组	实验组	
有 效	几乎每节课都用	112	194	306
	一周各科加起来有10次以上	36	27	63
	一周各科加起来有5~10次	23	1	24
	一周各科加起来有1~5次	33	2	35
	从未用过	10	0	10
合 计		215	224	439

在此,我们用更为直观的统计图(图2-15)呈现如下:

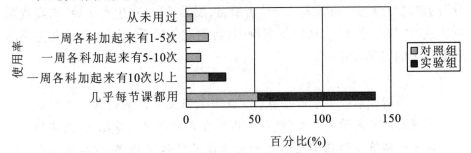

图2-15　学生在课堂上中使用合作学习的频率

上图表明,实验组使用合作学习的频率显然大大超过了对照组,两组学生"几乎每节课都使用"的累积百分比远远超过其他选项,合作学习在宝鸡市中小学课堂中的重要性及其地位明显提高。

(六)展示:高效课堂的亮点

学案、群学、展示无疑是当代高效课堂改革中最具典范性的三大改革举措了,堪称高效课堂的"代言人"与象征。在"生本学导"高效课堂模式中,学生课堂展示活动尤为重要,它是学生学习效果的即时反馈者,是学生学习动力的持续供给者,是教师调整教学步调的信号来源。展示的主体是学生,展示的内容是学生对学习问题的回答,展示的目的是要解决好教与学之间的链接与沟通问题。在宝鸡课改者心目中,展示就是"学生在自主学习、合作学习的基础上,将自己或本组对导学案的探究结果用简洁生动的方式展现出来"。[①] 高效的学生学习展示是学生真实想法

---

① 宝鸡市教育局教研室.宝鸡市"生本学导"高效课堂学习模式成果报告[R](未发表).

的一种语言表达或作品呈现,是学生汇报自己对学习问题进行深入思考、合作研讨的结果,学生之间展示活动的竞争其实也是提高课堂教学质量的助推器。同时,"展示"一定是与"评价"密切关联的,因为没有评价的跟进与配合,展示就得不到回馈激励,展示的所有目的都将无从实现,故在宝鸡课改中"展示·评价"经常结对出现。在课堂中,无论是教师、同学对展示同学的语言性评价,如对错、肯定、否定、质疑、赞赏等,还是教师的即时性评价,如非语言性的微笑、默许与积分评分等,都能激起展示同学的理解、思考与改进。所以,展示评价是最富有效能的一种教学增效手段,是最能体现学生作为课堂学习主体地位的形式,是最能够展现"生本学导"内涵的一种做法。其中,学生"展示"正是实现"生本"教学的物质依托,而师生"评价"正是"学导"的常规化形态。正如宝鸡课改者所言,展示评价是"生本学导"式高效课堂实践的"核心驱动"。从以下案例中,我们就能够看到课堂展示在宝鸡高效课堂中的实现方式:

> 高新区第一小学四年级(3)班语文课上看到的情景。这节语文课的内容是学习课文《惊弓之鸟》,在充分预习的基础上,上课的第一个环节教师让学生自主画出本课的整体结构图,然后进行交流与展示。交流与展示的过程是一个充满着创造性的过程,每个学生的思路都具有独特性。一个学生展示自己的结构图后,有不同意见的同学可以补充,也可以评价,教师只是在学生们说得不到位或偏离的时候,才进行适当引导。
>
> (资料来源:赵小雅.课改突破带来"蝴蝶效应"——陕西省宝鸡市区域推进课堂教学改革采访纪行[N].中国教育报,2013 - 11 - 25.)

在调研中,我们将宝鸡市实施高效课堂改革中采取的新颖教学手段进行了归类,总共梳理出了八种,分别是:导学案、自主学习、小组学习、课堂积分评价、先学后教、课堂展示、课堂检测、学科长培训等。总体来看,使用频率最高的依次是小组学习、课堂展示、自主学习、先学后教、课堂检测、导学案、课堂积分评价等(见图2-16),课堂展示在宝鸡市中小学课堂中越来越常见。

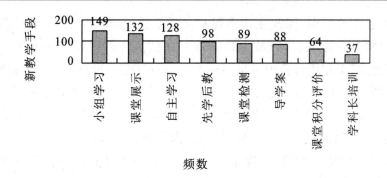

图 2 - 16　宝鸡市高效课堂改革中引入的新教学手段

这一结果表明,小组学习与课堂展示是最受宝鸡市师生欢迎的教学手段,值得所有学校重视。这也从侧面表明,当前中小学生比较倾向"以动为主",即参与、展示、研讨的学习活动为主的教学手段,推进"以教为主"的教学向"以学为主"的教学转型是当代课堂教学改革的大势所趋,这一改革潮流不容逆转。

第六节　制度保障

好的课改理念与模式只是一个起点,要让这些理念模式落到实处,产生良性的"蝴蝶效应",改革者还必须善于综合采取各种改革策略与行动方案,潜心修炼自身的课改执行力与创造力,努力启动课改的大船。为了让"学导生本"课堂模式在全市生根开花,宝鸡市课改领导集体因地制宜采取了一系列富有成效的课改新制度、新举措,为整个课改注入了一股源源不断的动力,其所期待的"课改春天"最终惠临宝鸡大地。

一、行政驱动,科学用权

课改的启动、发展与持续处处需要行政力量的点火、驱动与配合,缺乏行政系统的外驱力,只凭借教师的一腔热情,课改始终难以在一定区域内燃起熊熊大火、持续壮大。在课改初期,由于改革的风险成本与传统课堂的惯性,一般教师不可能自觉投身课改,往往会对课改带有一定敌意,甚至会潜意识地拒斥课改,没有行政力量的强力介入与不屈意志,课改随时都可能被扼杀在摇篮中;在课改中期,课改常常遭遇瓶颈期、低谷期与高原期,要突破这一困境,尤其需要行政力量的鼓劲助推,以促使课改实践者另辟蹊径、绝处逢生;在课改后期,课改往往需要在自觉反思、全程回顾中才可能凝练精品成果,提升整体品位,行政力量恰恰是搭建这一课改反思平台的关键力量。因此,善于利用行政力量来驱动课改、呵护课改、助推课改,是成功课改的重要特征。在宝鸡高效课堂改革中,行政推动力量的使用发挥了独特的效能。2010年,宝鸡市教育局下发了《宝鸡市"生本学导"高效课堂教学改革方案》,正式启动了全市范围内的高效课堂改革;2011年,宝鸡市教育局组织编写了《"优化教学模式,构建高效课堂"有效教学教改项目指导手册》,具体化了高效课堂改革的方向与步骤;2012年,宝鸡市教研室颁布了《关于在全市中小学开展"高效课堂"课改星级学校创建活动及升档晋级工作的通知》,为整个高效课堂改革充氧加油;2013年,宝鸡市教研室颁布了《10项措施助推高效课堂课改工作》《关于实施课改星级校带动战略的通知》《宝鸡市基础教育课程改革中小学评价体系》等文件,为高效课堂改革再次提速提供了政策燃料……这些政策文件成为宝鸡课改领导集团强力变革、助力课改的重要抓手,成为领航全市课改的一面面旗帜。当然,仅有文件,没有身先士卒带头执行文件的好领导,行政推力依然无法体现。为此,宝鸡市课改全程非常关注模范执行课改政策的课改领头人的培育。苏永兴局长在许多场合屡屡强调:一个好局长,成就一方好教育;一个好校长,成就一所课改名校;一批好教师,成就一场课改大戏。正如其所言,"在一个学校里,课改的推动力来自于校长;对于一个县区而言,课改的推动力来自于教育局长、教研室主任。如果没有县区教育局的支持,没有行政力量的推动,教学改革是难以深入和持久的。"作为区域基础教育改革的责任人,局长不仅仅是教育事业的主政者、规划者,更是"做教育的行家里手和教育教学改革的推手",因为"课堂,不应该仅仅是教师的战场,也应该是校长、局长们关注和研究的重点"。[①] 所有课改领导集团成员,如局长、校长、教研组长等都是执行课改新政策、新理念的中坚力量。抓住了这支队伍,整个高效课堂改革的行政外驱力就会转变成为强大的课改政策执行力与推动力。

二、评价护航,细化指标

课改政策文件只是课改的整体蓝图与行动纲领,要将之细化为具体的

---

① 苏永兴. 在全市"优化教学模式,构建高效课堂"教改项目观摩研讨会上的讲话[DE/OL]. http://blog. sina. com. cn/s/blog_639420290100p8gz. html,2010 – 12 – 9.

课改行动,清楚地告诉教师课改的努力方向、工作重点,还必须将宏观的政策意图细化为操作化的评价指标体系。换个角度来看,每一个教师、领导对高效课堂理念的理解不同、做法不同,进而可能会衍生出不同的课改现象、课改行动。其中,有些课改做法、现象是合理、科学的,甚至还是延伸课改理念的创意、创举,而有些则是不妥、误导性的,是需要扶正、矫治的。这种情况下,制订课改评价指标体系,量化课改的效果,导正课改的方向,统一课改的认识,引入课改的竞争机制,就显得尤为重要。基于这些考虑,2013年,宝鸡市制订了《宝鸡市基础教育课程改革中小学评价体系》,引入了以素质教育、魅力课堂为主线的全新课堂评价理念,积极倡导"以激活学生的生命活力、学习能力、发展潜力为目标"的评价理念,对关涉高效课堂改革推进的方方面面,如硬件建设、经费投入、设施配备,班子建设、办学理念、文化建设、校本研修、导学设计、课堂教学检查、学校德育等制订了全面、系统的量化评估指标体系。这一评价方案的实施已成为宝鸡市高效课堂改革的关键一环,成为最具体、最全面的高效课堂改革细目。随着这一评价方案的出台,一些课改名校,如横水一中、千阳县教育局等先后制定了细致的学校教学评价指标体系。例如,横水一中提出了"课堂高效行为十条标准",构建了"二维十一要素"的完善的高效课堂教学评价指标体系,还配套制定了《学生多元评价制度》《合作小组评价细则》《学生课堂评价细则》等,形成了非常完善的高效课堂评价指标系统。当前,该校的"星级学生",如自主学习星、合作互助星、展示创新星、训练评价星、质量优异星等的评选均以此为依据。在市、县、校三级高效课堂评价指标体系的覆盖下,宝鸡高效课堂改革形成了一股强大的课改合力,所有课改行动有条不紊地展开。

三、评星定等,校际联动

基于高效课堂改革评价结果,对全市学校实行评星定等、区分层次、逐步推进、形成竞争格局的政策,是宝鸡市促进课改全面推进的举措与模式,是最能体现高效课堂改革"宝鸡经验"的特色改革内容。自宝鸡市教育局颁布《关于在全市中小学开展"高效课堂"课改星级学校创建活动及升档晋级工作的通知》,市教研室下发《关于实施课改星级校带动战略的通知》之后,高效课堂改革星级校的评选工作迅速启动,一批高效课堂改革名校,即五星级课改学校应运而生,成为全市高效课堂改革的样板校、示范校、领头校。据统计,宝鸡全市现有五星级课改示范校38所,四星级课改示范校50所,三星级课改示范校 113 所,它们成为各县区高效课堂改革的改革样板与生动范例。不仅如此,宝鸡市还利用星级课改名校间的联手、联动、联谊来带动全市各校的高效课堂改革,这一举措就是:将五星级学校与拟创建五星级、四星级学校捆绑起来,形成结对帮扶关系,积极构建区域内"课改发展共同体""星级学校发展共同体",开展捆绑式、发展性评价。不仅如此,宝鸡市教育局还要求,在"课改发展共同体"内要学校之间实现"三开放",即公开课、示范课和教研活动相互开放,充分利用网络优势来相互交流优秀导学案、教学课件、习题和辅导资料等,切磋教改经验心得,促进共同体内资源共享、相互学习,不断增强课改共同体的实质性内涵。按照这一思路,宝鸡市提出了建立 20 个高效课堂校际共同体的发展目标,有效利用校际协作来带动全市高效课堂改革。实践证明,这是全市整体推进高效课堂改革的得力举措,是实现全市课改事业振兴的理想选择。

四、研培跟进,内涵创新

教师对高效课堂理解得有多到位,其高效课堂实践就有多到位;教师对高效课堂认识得有多深入,其高效课堂改革就深入到哪一步;学校教师有多能耐,高效课堂改革的天地就有多大。宝鸡课改经验表明,教师才是高效课堂改革的生力军、主力军,教师的水平决定课改的高度与品位。课题组相信:"尽管高效课堂改革的根本依靠力量是学生的学习主动性与积极性,而课堂改革成败的根本推动力却是教师,毕竟只有教师才是高效课堂改革的最底层承担者、实践者与责任人"。[1] 正如调研结果所显示的那样,宝鸡课改成功的主体力量是教师,紧接着发挥重要作用的依次是校长、学生、专家、教育局长等(见表 2 - 11)。值的关注的是,这一结果在实验组与对照组之间具有高度一致性。

表 2 - 11   教师认为最重要的高效课堂改革者(多选题)

组别	高效课堂改革者						检验
	教育局长	教研室主任	校长	教师	学生	专家	
实验组	1	2	33	69	22	3	11.404 *
对照组	4	0	42	88	31	3	

① 龙宝新,张立昌. 高效课堂的理念与行动[M]. 西安:陕西师范大学出版社,2014:85.

在此,用统计图进一步分析如下:

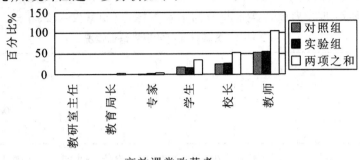

高效课堂改革者

图 2-17　教师心目中的"最重要改革者"

　　进言之,高效课堂改革的关键不是为教师提供一个模板供其效法,而是要引导一线教师亲身去实践、去创造、去探索,毕竟洋思模式、杜郎口模式、昌乐二中模式只适用于洋思中学、杜郎口中学、昌乐二中,永远不可能属于宝鸡学校。这就好比高效课堂的"技术"与"艺术"间的关系,"有形的高效课堂技术是高效课堂建构的有形法则,无形的高效课堂艺术是高效课堂建构的无形法则"。① 进言之,模式只是高效课堂的技术,特色创造才是高效课堂的艺术,教师才是平衡高效课堂的"技术"与"艺术"的巨匠。教师是课改特色模式的铸造者,只有"师本"型课改才是最有生命力的课改。正是在这一理解指导下,宝鸡高效课堂改革把重点放在了教师的研究与培训上,放在了中小学教师自身的课改领悟力与创造力提升上。在教学研究上,宝鸡市中小学一方面大力推进课改发展共同体内部的协同研究,全面开展高效课堂小课题研究,参与陕西省基础教育重大招标课题研究,另一方面还认真开展基于自身校情、教师教情、学生学情的校本研究,提升本校教师自身的课改理解力与执行力;在培训上,宝鸡市不仅开展了各层级的课改领导者,如局长、校长、教研室主任等的培训,还启动了"宝鸡市未来教育家培养工程",邀请国内教育专家 10 余名开展高效课堂专题培训,组织"课改名师大篷车"送培下乡活动,大面积开展高效课堂骨干教师培训,不断提高全市教师的教改水平与能力。据统计,五年来宝鸡全市完成各类培训 26 000 人次,60% 以上的教师参加过"高效课堂"培训,全市涌现出优秀课改校长 95 名,课改标兵 228 名。从示范引领到自觉跟进,从跃跃欲试到自觉实践,已成为校长教师的自觉追求,为高效课堂改革的深入展开提供了有效的智力支持与人才

---

① 龙宝新,折延东.论高效课堂的建构[J].教育研究,2014(6).

保证。从调研数据来分析,高效课堂改革中中小学教师参加研训活动非常频繁,教师培训成为高效课堂改革的坚实支撑点(见表2-12)。

表2-12　教师参加高效课堂培训情况

组别	参 训 次 数						检验
	5次以上	4次	3次	2次	1次	无	
实验组	81	18	28	3	0	2	.000***①
对照组	13	8	10	5	4	3	

由上表可以看出:五年间(2009~2014)实验组教师参加高效课堂培训次数明显较多,约有61%的教师参加过5次以上,而对照组教师五年中参训5次以上的教师仅占30%,两者相差31个百分点;实验组参加4次以上培训的教师占75%,对照组参加4次以上培训的教师仅占49%,两者相差26个百分点。由此可见,教师培训对高效课堂改革的顺利推进意义重大,是实验组开展高效课堂改革的有力依托,是宝鸡市课改成功的重要手段之一。

五、德育助推,良性互促

随着课改的深入推进,宝鸡市课改人日益明白了一个道理:教育教学不分家,德育教学相统一,是创建高效课堂的内在规律之一。高效的教学与高效的德育相辅相成、相得益彰,其中高效德育能为课堂教学的增效提供强大的学习动力支持,高效教学本身包含着高效德育的要求与内容。横水一中的课改经验表明:任何星级学生的评选活动、奖励活动,任何对学生的表扬、鼓励、赞赏、积分评价等都不可能代替高效德育的实施,因为离开了它的支持,学生在课堂中的自主学习、主动展示活动都可能失去精神支撑点。宝鸡课改实践者认为,德育改进不止对高效课堂筑就起着助学、激学功能,它还是高效课堂的重要环节与组成。在高效课堂改革中,宝鸡市启动了"德润宝鸡、书香陈仓"中小学德育行动,以此配合高效课堂改革的深入;针对全市中小学德育工作中存在的空泛化、成人化、碎片化等问题,开展了以"书香养德"读书励志、"真情润德"感恩回报、"仪式育德"庄重教育、"行动立德"志愿服务、"课堂蕴德"德育提升、"携手弘德"家校育人为核心的"大德育"体系构建活动,不断提升宝鸡的德育品牌,力求为宝鸡高效课堂课改提供强大的原动力。在这一理念的指导下,许多中小学都坚持了德育改进与课堂改

---

① 注:该检验结果表明:实验组与对照组在0.001水平上显著相关。

革并进联动的改革思路。以课改名校横水一中为例,该校着力建立"自主学习、自主管理、自我教育"的"三自"德育体系,意在构建以"高效课堂"为主体的全方位、立体化、多角度的全面育人模式,努力形成高效德育"与课堂教学改革形成并驾齐驱、相互促进的态势",①努力创造教育与教学互促的良性循环。

六、舆论配合,变革文化

实际上,高效课堂改革的最终目的不是要改进教学方式、教师头脑,而是要变革以应试教育、讲授灌输、被动学习为主特点的传统课堂文化,让自主、合作、探究的新课程文化在师生的心田、课堂的生态中落地生根。显然,在这一点上教育舆论、新闻媒体能发挥特殊助长功能,它能对传统课程文化形成更为深入、广泛的冲击力,促进新旧课堂文化的置换与更新。媒体、舆论的特点是吸引眼球,具有广泛的受众群体,更能生动、及时地传达课改信息,改变课改实践者的心态与立场。所以,善于利用教育媒体,助推教育改革深化,是现代课改的鲜明特点之一。纵观宝鸡课改,全程都有媒体的介入与助推,教育媒体的报道、宣传、"声音"成为高效课堂新理念的扬声器,成为课堂改革动态的发布者与课改正能量的输入者,中小学教师正是借此迅速实现了与全市课改状态的联动与同步。在宝鸡教育网、宝鸡教研网、《宝鸡教育》杂志、《中国教育报》《中国教师报》《陕西教育》、学校校刊等教育媒体上,②课题组看到了宝鸡高效课堂改革的有关专栏、人物专访、即时报道,高效课堂改革的氛围与文化在全市范围内得到了精心的培育与滋养。

在调研中,课题组还就教师对上述报道的关注度进行了调查,结果发现,实验组教师与对照组教师间的直接差异就体现在对相关高效课堂改革报告的关注度差异上(见表2-13),在舆论引导下走进高效课堂改革已经成为宝鸡诸多学校、教师进入课改的心路历程,媒体助推课改文化新生是宝鸡课改成功的经验之一。

---

① 横水一中. 聚焦课堂,深化课程改革;精细管理,推进素质教育[DE/OL]. http://www. sxbjedu. com/info. jsp? wbnewsid=11876&wbtreeid=1128,2011-12-14.

② 基础教育科. 宝鸡"高效课堂"吸引各方关注[DE/OL]. http://www. sxbjedu. com/ info. jsp? urltype=news. NewsContentUrl&wbnewsid=27364&wbtreeid=1189,2013-12-5.

表 2 – 13　两组教师对高效课堂改革媒体报道的关注度

阅读相关报道	组别		χ^2 检验
	实验组	对照组	
认真读过	56	12	
偶尔阅读	57	27	
听人说过	12	1	6.701
不清楚	6	3	
首项(%)	43%	28%	
合计	131	43	

上表显示,实验组与对照组对高效课堂媒体信息的关注度相差近15%,两组间的差异性显著,舆论媒体在高效课堂改革中占有一席之地,成为推动宝鸡市高效课堂改革的重要力量之一。

第七节　课改收获

课改,既是一次勇者的探险,又是一次智者的行动。从这一意义上说,课改的最终效果是难以全面掌控的,改革者只能掌控的是自己坚守的课改理念、笃信的课改真理与醇馨的课改良知,至于最终会收获怎样的课改成果,着实具有一定的难以掌控性与不可预计性。因此,用严谨的数据分析来表达课改成果,用现实直观的事实来呈现课改收获,是课改研究者审视课改结果,收集课改经验的最佳途径。一句话,数据与事实是呈现宝鸡市高效课堂改革效能的最好语言,用数据来说话、用事实来呈现理应是最具说服力的课改效果表述方式。

一、高效课堂改革效能的量化分析

通过对相关统计数据的分析处理,我们发现,宝鸡市高效课堂改革的成效是令人满意的,它为全市中小学教学质量的提高,教学方式的转变,以及教师专业发展等都产生了较好的促进作用。具体来看,这一令人欣喜的课改效果体现在以下四个方面:

(一)从教师角度看,高效课堂总体效果较为明显,对小学教师教学质量提升贡献最大

借助高效课堂改革问卷(教师卷)中受调查者对问题"实施高效课堂改

革后,你的教学成绩有何变化?"的回答,研究发现,宝鸡高效课堂改革成效明显,实施高效课堂是提高教学质量的有力举措之一(见表2-14)。

表2-14　实验组与对照组间教师教学效果差异的显著性分析

组别	n	M	SD	t
实验组	128	2.22	0.92	-4.95^{***}
对照组	43	3.02	0.88	

$(^*p<.05, ^{**}p<.01, ^{***}p<.001)$

由 t 检验分析结果可知,实验组和对照组教师对课程改革效能评价存在较显著差异($p<.01$),t 值为 -4.95。这一结果表明,从教师角度来看,高效课堂改革对教师课堂教学效能存在影响,且影响较为明显,高效课堂改革作为课堂增效的手段具有一定的合理性。据此也可以推断:中小学推进高效课堂改革中的付出都会收到明显回报,课改对提高学校教学质量的贡献率较高,高效课堂改革的参与度与教学质量提高幅度之间具有一定正相关性。

再从高效课堂对各学段,即高中、初中、小学各段教师间的具体影响水平来看,它对所有学段教师的高效课堂改革都有影响,尤其对小学教师而言效果最好(见表2-15)。

表2-15　高效课堂改革对各学段教师教学效能的影响

学段	n	M	SD	F 检验
高中	61	2.87	0.92	14.69^{***}
初中	59	1.98	0.74	
小学	51	2.40	1.04	

$(^*p<.05, ^{**}p<.01, ^{***}p<.001)$

由方差分析结果可知,小学、初中、高中教师对课程改革效能评价存在显著差异($p<.01$),F 值为14.69,总体影响较为显著。在各学段内,实验组与对照组教师间的课改效能有一定差异,依次为:小学(1.04)>高中(0.92)>初中(0.74)。这一调研结果表明,宝鸡高效课堂改革对小学教师的教学质量影响最大,对初中教师的教学质量影响最小。其原因可能是,小学生具有好动、活泼的特点,他们对新的学习方式——自主、合作、探究、展示等较为欢迎,高效课堂改革的实施提高了他们对课堂教学的参与度,其教学效能自然随之提高。相对而言,初中学生的身心发展与自学能力正处于由不成熟向成熟的过渡期,学生以为高效课堂改革的一些举措,如自主合作、课堂展示等是适用于小学生的"幼稚行为",不一定会认同这些新课改理念,由此影响了教师的课改效能发挥。

再从高效课堂改革对教师教学成绩的具体影响情况来看,实验组与对照组间教学成绩进步情况差异明显:大部分实验组教师(89%)在课改中教学成绩均有提高,甚至在对照组,也有相当一部分教师(63%)相信高效课堂改革会对自己的教学成绩提高产生重要影响(见表2－16)。这足以说明高效课堂改革对教师教学成绩提高产生的促进作用是存在的、明显的,非常值得继续大面积推广。

表2－16　高效课堂对教师教学成绩变化的影响

教学成绩变化	组　别		χ^2 检验
	实验组	对照组	
进步很大	42	7	
有一点进步	75	22	
变化不大	13	14	14.095**
不知道	1	0	
前两项之和(%)	89	63	
合计	131	43	

（二）从学生角度来看,高效课堂改革对学生学习效果总体影响显著,对高中生学习效能提高贡献最大

高效课堂改革对学生学习效能的影响尤其值得关注,毕竟学生是学习的主体,是教学质量的形成者与受益者。参照学生卷中受调查者对"你认为,实施高效课堂改革之后你自己的学习成绩变化如何?"的回答,课题组对高效课堂改革对学生学习效能的影响程度做了分析(见表2－17)。

表2－17　高效课堂改革对学生学习效果的影响情况

组别	n	M	SD	t 检验
实验组	224	1.41	0.46	-6.5***
对照组	215	1.72	0.53	

($^*p < .05$, $^{**}p < .01$, $^{***}p < .001$)

上述统计结果表明,高效课堂改革对学生学习成绩提高的影响较为显著,t 值为 -6.5,学生对高效课堂改革的正面评价较高,高效课堂改革是提高学生学习成绩的有效举措之一。

由方差分析结果可知,小学、初中、高中学生对高效课堂改革效能的评价存在较显著差异,F 值为 102.62。具体到各学段中,不同学生在高效课堂改革中取得的学习进步情况大小不一(见表 2－18)。相对而言,改革对高中生学习成绩提高的影响最为明显,究其原因,主要是因为高中生已经具备了独立自主的学习能力与学习责任意识,高效课堂改革倡导的"做学习的主人"的改革精神与高中生对学习方式的期待吻合,学习效果提高自然明显。而在初中段、小学段,高效课堂改革学生学习效果进步情况基本持平,表明高效课堂改革对初中生与小学生学习进步影响略差一些。

表 2－18 高效课堂改革对各学段学习效能提高的影响

学段	n	M	SD	F 检验
高中	156	1.95	0.54	
初中	126	1.35	0.35	102.6 ***
小学	157	1.33	0.36	

综合上述两方面统计信息,我们发现,教师、学生对高效课堂改革效能评价是有差异的:小学教师对高效课堂改革信心饱满,而初中教师对高效课堂改革的效能评价最低;高中生对高效课堂改革效能评价较为积极,而初中生与小学生对高效课堂改革效能评价略显消极。这种效能评估的差异主要源自师生间教学质量观的差异:教师关注的是班级整体成绩进步情况,而学生关注的是自己这一个体的学习成绩进步情况,产生效能评价错位现象是自然的。该现象也表明,宝鸡高效课堂改革中高中生与小学教师受益最大。

(三)全市师生对高效课堂改革认同度较高,改革得到了中小学中青年教师的热情支持

在调研中,我们通过教师卷中受调研教师对"你认为高效课堂改革有必要吗?"的回答来获取宝鸡教师对推进高效课堂改革的态度,大多数教师认同并积极支持改革,课改动力十足,非常值得肯定(见表 2－19)。

表 2－19 教师对高效课堂改革的态度反应

态度	组别		χ^2 检验
	实验组	对照组	
非常必要	69	10	
必要	60	24	
一般	0	3	26.855 ***
不必要	2	6	
合计	131	43	

(* $p < .05$, ** $p < .01$, *** $p < .001$)

由上表可知,实验组看待高效课堂改革的态度较为积极,认可度较高,认为"非常必要"的教师达到了 53% ,而对照组仅占 23% ,两种相差 30 个百分点;实验组和对照组之间存在非常显著的态度差异,卡方值为 26.855 足以证明这一点。中小学教师的支持与认可是宝鸡高效课堂改革之所以取得成功的关键所在。这一调研结果也有助于鼓舞改革者的意志与后劲,他们是宝鸡课改持续推进的强大精神后盾。

再从各年龄段教师对课改的具体认同度与支持度来看,中青年教师认同度最高,高年龄段教师认同度较低(见表 2-20),各年龄段间的态度差异较为明显:

表 2-20　各年龄段教师对高效课堂改革的态度差异

态度	年龄段						χ^2 检验
	<30	31~35	36~40	41~45	46~50	>51	
非常必要	6	31	17	14	7	2	
必要	10	16	20	19	15	2	
一般	0	2	0	1	0	0	19.485
不必要	0	2	0	3	2	1	
前两项和%	100%	92%	100%	89%	92%	80%	
合计	16	51	37	37	24	5	

上表表明,各年龄段教师中,认为高效课堂改革必要(包括"必要"与"非常必要")的教师由高到低依次是:30 岁以下、36~40 岁、31~35 岁、46~50 岁、41~45 岁、51 岁以上。总体来看,中青年教师大都积极支持改革,尤其是 31~35 岁年龄段与 36~40 岁年龄段的教师,他们迫切要求推进高效课堂改革。坚持以中青年教师为依托,积极吸收两端教师的参与,是宝鸡高效课堂改革后续推进的重要策略。

令人欣喜的是,宝鸡市中小学生(累计达到 90.7%)同样支持高效课堂改革,希望能够将此项改革持续进行下去。这正是宝鸡市学生心声的表达。在问及"你喜欢高效课堂改革吗?"这一问题时,受调研学生回答情况如表 2-21 所示:

表 2-21　宝鸡市中小学生对高效课堂改革的态度

选项	频率	百分比(%)	累积百分比(%)
非常喜欢,很有效	258	58.6	58.8
喜欢,有点效果	140	31.8	90.7
不大喜欢	37	8.4	99.1

选项	频率	百分比(%)	累积百分比(%)
不清楚	4	0.9	100
合计	439	99.8	100
缺失	1	0.2	
合计	440	100	

在此,我们用更为直观的统计图呈现如下(见图2-18):

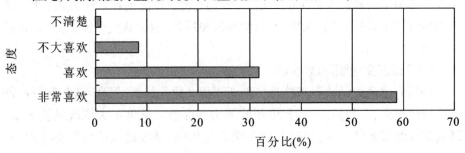

图2-18 学生对高效课堂改革持有的态度

(四)高效课堂改革后劲十足,师生对课改前景预期光明

在问卷结束时,课题组试图通过"在未来,你希望你校的高效课堂改革如何发展?"这一题目来调查学生对高效课堂改革的未来期待,以此把脉宝鸡市高效课堂改革的生命力与走向。结果发现,学生对未来改革充满期待,3/4 以上的受调查学生期望高效课堂改革能够继续进行下去(见表2-22)。

表2-22 学生对未来高效课堂改革的期待

	选项	频率	百分比(%)	累积百分比(%)
有效	持续进行,成为教学常规	336	76.3	76.9
	能够再坚持一段时间	69	15.7	92.5
	适时收场,太辛苦了	27	6.1	98.6
	立刻停止	5	1.1	99.8
	无所谓	1	.2	
	合计	437	99.5	100.0
缺失	系统	2	.5	
合计		440	100.0	

这一数据表明,学生的期待赋予宝鸡市高效课堂改革以较大发展空间,只要保证改革政策的延续性,未来宝鸡市课改会更加有声有色,具有无限发展前景。

二、高效课堂改革效能的质性分析

在宝鸡市课改团队的齐心协力下,宝鸡市课堂教学改革的成效日益显露,一系列课改成果不断涌现,课改前进的后劲与潜力日益坚实。在实地走访、考察的基础上,我们发现:一种全新的课改文化生态圈正在宝鸡悄然形成,中小学课堂教学正发生着一场微妙的转变,拥抱课改、欢迎课改、参与课改、信任课改已成为宝鸡教育界的主流。这些改革成效主要体现在六个方面:课改文化圈形成、"宝鸡模式"轮廓显现、课堂新气象展现、教学效能整体上升、教育满意度飙升。

(一)课改文化圈形成

任何有生命的课改都必然是一种新课程文化的培育、发育与转型过程,都具有持续再生、不断扩展、自我更新的能力与品性。适度扩大课改的覆盖面,形成课改的实验区,在此基础上培育课改文化圈,是渐进式课改的递进路径。所以,课改能否从理念到行动,再到课改文化圈培育,是衡量课改水平与进度的标尺之一。就宝鸡课改而言,目前全市 13 个县区 700 多所学校参与了高效课堂改革,课改覆盖了全市 63% 以上的中小学,麟游、凤翔、千阳等 6 个县区实现了整体推进。这一改革进度说明,宝鸡课改的区域化推进已经初具成效,课改文化圈构建具备了坚实物质基础。不止如此,宝鸡课改实验学校内部的帮扶机制形成,课改发展共同体初具形貌,"生本学导"高效课堂模式在中小学家喻户晓,高效课堂的研讨与实践活动已成为学校教育生活的新常态,许多中小学教师在新课改文化中得到洗礼与转变……这些事实表明:宝鸡市高效课堂改革文化圈已经初步成形。请参见以下报道:

> 如今,"学生主动、课堂灵动、教育生动"已成为宝鸡课改的生动写照。课改之下,学生自主学习、积极思维的习惯得以养成,合作探究、交流展示的能力得以提升;课堂成为学生展示生命活力的场所,活动成为学生追逐梦想的舞台,学校成为学生流连忘返的家园。
>
> (资料来源:翟晋玉,宋永成.宝鸡:一唱课改教育兴[N].中国教育报,2013 - 11 - 20.)

(二)"宝鸡模式"轮廓显现

在一个发展相对滞后的西部城市如何搞课改? 在一个应试教育深重的环境下如何重建课改文化? 如何让课改之风进入寻常中小学? 这是一个个让宝

鸡课改领导者棘手的教育难题,每一个问题都是需要宝鸡课改实践者时刻去深思、去应对的难题。在对这些问题一个个进行因地制宜、结合市情地回答过程中,高效课堂改革的"宝鸡模式"赫然而显。其实,任何课改都具有唯一性、个体性,这是由课改的特殊处境所决定的;任何课改模式都不需要发明,不需要人为创造,而是在一个个地解决自身课改问题中自己孕育出来的。"宝鸡模式"正是在自身的课改历程中展露出来的,它的形成是宝鸡高效课堂改革的最大成效,是宝鸡课改集体精心经营课改事业的回报。在课改中,宝鸡市形成的星级学校评选活动,试验区课改发展共同体建设,教育专家与教育行政部门的强力驱动,研修与培训的有力支持,学生主唱的新课堂创建,教育媒体的助阵与呼吁等,都是引领宝鸡全市课改走向成功的关键原因,都是宝鸡市课改模式的特色内涵。在此,我们将"宝鸡模式"的核心内容概括为"星火式"推进;政府、专家、教师"三方协同";研究培训双管齐下;课堂改革"学生主唱";舆论阵地常抓不懈等。对这一模式的深入反省与延伸创新是宝鸡市高效课堂改革持续前行的坚实支点。

(三)课堂新气象出现

经历了高效课堂改革的洗礼,一种全新的气象在宝鸡中小学课堂上诞生,集中体现在其课堂生活与面貌的变化上。

在课堂组织上,"师本课堂"让位给"生本课堂",教室的时空结构发生了实质性的重组,以讲台为中心的"全景敞视型结构"不见了,小组学习、自主学习、探究学习取而代之,民主的气息、探究的气味、自由的空气充满了课堂,学校课堂景象发生了真正意义上的剧变。在这种全新的课堂结构中,学生在课堂上必须对自己的学习承担起责任,必须扮演起课堂主人的角色,一句话,在新课题中,学生"不得不自主","不自主由不得他们"。请参见以下报道:

> "生本学导"高效课堂学习模式在我校实验五年来,教室里没有讲台,墙壁四周挂了好几块黑板,课桌6张一组拼成了6个学习平台,每班36名学生被分成6个小组,或围坐在学习平台前热烈讨论,或拿着粉笔在黑板前奋笔疾书,老师则在小组间巡视,时不时参与其中进行指导。
>
> (资料来源:凤翔横水一中"生本学导"高效课堂学习模式
> 初中学段实践实施效果(未发表))

在学习方式上,享受学习、快乐学习、挑战学习、问题学习、互助学习正成为宝鸡中小学课堂的常态,"师讲生听""师云生云"的被动学习方式日渐遇冷,课堂教学的主画面悄然变成了学生学习,课堂学习的聚焦点是学会学习。在以新学习方式奠基的新课堂中,"动"成为课堂活动的主题词,迫使"学生主动、课堂灵动、教育生动"成为宝鸡全市师生向往、追求的一种课堂模态,课堂的生气、活力与灵异彰显,课改的新文化得到了精心培植。请参见以下报道:

> "新课堂让学生发生了巨大变化。"扶风县初级中学八年级语文教师颜冬梅对记者说,课堂教学改革后,学生在快乐地享受学习,而以前学生不爱学习。学生的合作意识增强,互帮互助蔚然成风。学生的学习能力得到提高,问题意识增强,经常能够在课堂上生成一些有价值的问题。
>
> (资料来源:翟晋玉,宋永成.宝鸡:一唱课改教育兴[N].中国教育报,2013 – 11 – 20.)

在教学对象上,学生"个体"而非"群体"成为关注焦点,因材施教、因人而异、人尽其才、以人为本等理念主宰了学校课堂生活。在传统课堂画面中,"一对多"的集体教学是主体景象,在群体中发展个体是教学的主要策略;而现在,宝鸡课堂画面中,其主角是作为"个体人"的学生,在课堂的每一个角落、组织中都能够听到学生千姿百态的声音。正如原教研室李栋良主任所言:"小组学习,让每一个学生都受到关注;展示交流,让每一个学生都找到自信;点拨提升,让每一个学生都获得发展;课前、课中、课后参与,让每一个学生都在教育过程中感受到快乐。"[①]一句话,在新的课堂景观中,每一个学生都找到了自己的展台,找到了自己存在的感觉,找到了自己独一无二的价值。总之,高效课堂改革带给宝鸡的不仅仅是一股课改风潮的洗礼,更是一幅全新的教育景观,一缕缕全新的教育气象。透过这些气象,我们能够体验到宝鸡课改的深度与广度,体验到新课堂的魅力与诱惑。

(四)教学效能整体提升

尽管将"考试成绩"等同于"课改效能"的观念从根本上看是错误的,但没有"考试成绩"内容的"课改效能"肯定是空洞的、极端的,甚至是乌托邦式的。即便是学生考试成绩的攀升并不能作为课改效能的全部论据,但也是最起码、最重要的论据之一,即使将来国家彻底消除了应试教育体制,学生考试成绩也不可能从教学效能评价指标中删除。宝鸡市课改实践者认为:高效课堂改革

---

① 翟晋玉,宋永成.宝鸡:一唱课改教育兴[N].中国教育报,2013 – 11 – 20.

成败的重要论据之一是学生考试成绩,让学生"学得愉快""考得满意"是高效课堂改革追求的双重目标。实践证明,高效课堂改革的主要目的不是无视考试分数的评价意义,而是要改变师生赢获高分的方式与过程,改变那种求助于死学来取分的不当行径。快乐愉悦的课堂、学生自主的课堂、研讨深入的课堂一定是深度课堂,一定是高分课堂。在这一理念的支持下,宝鸡市始终没有放弃用考试分数来衡量课改成效的思维,而且在教学质量上取得了大幅度的提升,创造了连续三年宝鸡市高考每万人口二本达线率始终位居陕西前茅的辉煌成绩。在此,我们仅以"两校一县"高效课堂改革名校的"发迹史"来看看宝鸡市的课改业绩。

首先是横水一中,高效课堂改革五星级学校,堪称宝鸡市高效课堂改革的尖兵之一。该校课改的成功不仅表明高效课堂改革与学校教学质量提升之间不矛盾,而且还是助推学校教学质量迅速崛起的一把利器。高效课堂改革对薄弱学校而言,可谓名利双收、一箭双雕。

作为一所80%的学生是留守少年,20%的学生来自单亲家庭的农村学校,横水一中实施高效课堂四年来的变化用翻天覆地来形容并不过分。课改前,横水一中的教学质量处于全县中下游水平,普通高中升学率仅为23.9%,生源流失严重。学校痛定思痛,决定全力推进课改,仅仅三年的时间,学校的中考升学率就从2009年的23.9%上升到2012年的58.3%。一举摘掉了"农村薄弱初中"的帽子,跻身全县教育质量先进校行列。不仅先后承办了宝鸡市、凤翔县高效课堂观摩研讨会,而且开办了宝鸡市高效课堂校长体验式培训班,还吸引了辽宁、江西、甘肃及省内外百余所兄弟学校的老师来校观课交流。

(资料来源:王波,赵丽娟.活力在课堂绽放:教师报专题报道宝鸡市高效课堂教学改革[N].教师报,2013-11-6.)

其次是扶风二中,属于高效课堂改革五星级学校。借助高效课堂,该校不仅赢得了高考质量的长足进步,而且还把学生从沉闷、呆板、压抑的传统课堂中解放了出来,获得了学生的好评与喜爱,课堂活力与成绩压力间的矛盾得到了有效解决。

2012年没有实施高效课堂时,扶风二中当年中考成绩450分以上的 270 人中,二本上线 106 人,占 39.3%,2013 年高效课堂实施一年后,当年中考成绩 450 分以上的 180 人中,二本上线 95 人,占 52.8%,提高了 13.5 个百分点,提升效果明显。"以前校长往往忙于应付一些日常性事务,实施高效课堂后,我现在轻松多了,更有精力去解决一些制约学校发展、制约课改的现实问题,去组织一些事情促进学校和学生的发展,比如说组织学生社团,比如说思考如何发展学校特色。"魏新怀满满希望地说。

(资料来源:王波,赵丽娟.活力在课堂绽放:教师报专题报道宝鸡市高效课堂教学改革[N].教师报,2013 – 11 – 6.)

第三是麟游县,属于宝鸡市高效课堂改革整体推进县,属于首批最早进入整体课改的县(区)之一。该县始终坚持"以课改促质量""以课改促发展"的信念,坚定地站在课改阵营之中。四年中,该县的教育教学质量不断攀升,成绩捷报频传。据统计,麟游县两亭中学 2012 年中考上线率为 46.3%,2013 年提高到 66.3%,增长了 20 个百分点;麟游县招贤初中 2012 年中考上线率为 58.67%,2013 年提高到 70%,上升了 11 个百分点。这一事实再次表明:高效课堂改革与教学质量之间是统一关系而非对立关系,不搞课改的县区、学校,其教学质量的提升必然举步维艰、困难重重。

(五)群众教育满意度飙升

基础教育是事关国计民生的重要事业,教育改革、课程改革的成功必然让千百万群众受益,其对社会带来的正面影响自然非同一般。无疑,高效课堂改革的直接受益者是学生及其家长,间接受益者还是整个社会,因为随着基础教育事业在学生、家长心目中的口碑形成,整个社会都会感受到正向发展的态势,进而影响他们对整个社会发展状况的评价。五年来,在宝鸡全市开展的行风评议中,群众对宝鸡教育的满意度在 60 多个行业和单位中名列第二,"高效课堂"改革得到了市委、市政府的大力支持与充分肯定。这一业绩的取得不能不归结于宝鸡市课改团队扎实、进取、创意的工作与贡献。我们相信,创办人民满意教育的核心环节是课改,是转变陈腐的课改文化、课改理念与课改思维。课改兴,则百业兴;课改衰,则百业损。宝鸡课改与千万宝鸡人的幸福生活息息相关。向人民交上一份满意的课改答卷,实实在在地推进高效课堂改革,无疑是宝鸡教育界奉献给整个社会的一份最珍贵的礼物。

三、课改展望：工作重心的科学定位

对一场真正意义上的课改而言，成绩既不能掩饰问题、说明问题，也不能阻碍对新问题的继续发现与求解。课改总是一场没有尽头，没有最好、只有更好的探索与改进征程。宝鸡市高效课堂改革尽管取得了上述瞩目的成绩，但并不能表明已经达到了尽善尽美的境界，而只是表明整个课改只是万里长征走完了第一步，后续课改面临的难题与瓶颈可能会更多。面向未来，宝鸡高效课堂改革必须认真应对的三个问题是：如何让课改成为教师的一种习惯，领导的一种本能；如何让课改的内涵与区域特色更加明显，努力催生出羽翼丰满的"宝鸡课改模式"；如何让课改更好地处理"改课""改校"与"改市"的关系，让课改真正成为促进学校文化、区域文化变迁的抓手，更大范围内释放课改服务社会的强大潜能。课改的原动力来自教师实践，课改的无限智慧隐藏于教师的创造旅程中，相对而言，优秀的课改领导者与主导者只是教师群众智慧与经验的捕捉者、收集者与表达者。认真聆听来自一线的教师呼声才是真正做好课改大文章，再造课改新辉煌的必由之路。正是基于这一考虑，课题组专门收集了一线教师对后续课改的建议，它们集中在教师培训、教学研究与教学评价方案改革等方面（见图 2－19）。这些建议弥足珍贵，非常值得宝鸡市课改领导者去认真揣摩、积极回应与机智应对。

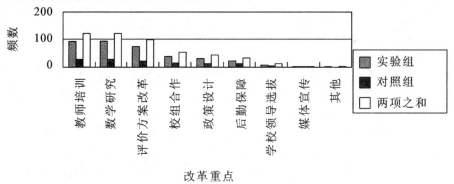

图 2－19　宝鸡高效课堂后续改革的重点选择

由上图可知，受调查教师认为，宝鸡市后续课改的着力点依次是教学教师培训、教学研究、评价方案改革、校际合作、政策设计、后勤保障、学校领导选拔与媒体宣传等。在他们眼中，教师专业发展是课改后劲的重要构成要素，开展教学工作研究是帮助教师有力应对高效课堂改革问题的重要依靠，而评价方案改革更是决定后续课改成败的关键。这一调查结果可谓切中宝鸡高效课堂

改革时弊,也定位了后续课改的重点与方向。在教师培训上,宝鸡市必须继续发挥两类专家——域外专家与本土专家、高校教学专家与中小学教师专家的培训合力与协同智慧,全力提高高效课堂培训的品质与实效,把改革的强大能量扩散到最基层学校中的一线教师群体中去;在教学研究上,全市应该继续加大课改研究团队与组织建设,培育校本科研骨干力量,充分依靠本土的校本智囊团队解决教师在课改中遇到的现实难题,让课改之花与科研之树交相辉映、交互催发;在评价方案改革上,全市教育系统要紧跟国家高考制度改革的步伐,善于利用全国高考政策调整的机遇,完善现有评价体系,积极研发最适合宝鸡市情、利于课改深化的科学评价方案与配套指标体系,为全市中小学课堂教学确立最清晰的改革标杆与效能尺度。应该说,这些改革中的每一项都是促使全市课改提速、深化飙升的利器,理应成为后续课改工作的重中之重。

无疑,对宝鸡课改人来说,高效课堂改革既不是"面子工程",也不是搞"花架子",而是事关全市人民福祉与民生大计的一项改革事业,是真正造福于民、文教强市的民生基础工程之一。可以想象,宝鸡市后续课改面临的阻力会更大,问题会更多,全市教育系统只有继续坚持"课改兴教""课改强校"的信念,坚定走"教师为本""课堂增效"的路子,未来宝鸡课改的前景一定会更加光明!

第三章　高效课堂与导学案教学

　　高效课堂改革的标志性教学手段就是导学案教学。在我国课堂教学史上，始于20世纪90年代的汨罗导学案无疑是最具特色的本土化发明之一了。当下，导学案教学在全国更是风靡一时，成为全国中小学膜拜、模仿、宠幸的对象，"课改不谈导学案，费尽心机亦惘然"已成为民间广为流传的一句口头禅。在广大教师的眼中，似乎导学案教学就是破解当代课堂低效瓶颈的一个"神器"，就是新课改走向实践的"伟大创举"，就是高效课堂的标志性教学套路。实则不然。导学案作为一种助学工具，其积极功能不容忽视，而其内在痼疾更值得我们反省、警惕，正如一位教师所言："我们可不能把导学案宠坏了！"每一种助学工具都具有多功能性，它既有其效能最优的功能区间与强势范围，也有其难以自克的短板与弱点。借助教学改革来趋利避害、选择功能，使其积极效能发挥到极致，消极功能抑制在萌芽状态，是课改的实质与使命。什么是"导学案"？"导"即"启动或改变事物内能的释放方向"，"学"即"学生的学习活动状态、路线与走势"，"案"即"方案""蓝图"与"设计"。一句话，导学案就是教师用以影响学生学习状态、进程与方向的学习方案。参照课堂学习线索，按照学案功能差异加以区分，我们可以将之区分为学生课前使用的预学案、课中使用的（狭义）导学案与课后使用的训练案。一份科学的导学案既能发挥"方向盘"的作用，即"导引学生的学习内能释放方向"，又能发挥"学习机"的作用，即"组织学生学习活动"，还能发挥"路线图"的作用，即"规划、统筹学生的学习蓝图"。导学案是"方向盘""学习机"与"路线图"的功能集成体，导学案教学是全面释放导学案的这三重功能的操作与实践。让导学案教学回归初衷与本位，创新它的形态与流程，构建低耗高效、过程最优的导学案教学，是促使导学案教学健康、持续、良性发展的客观要求。

第一节　导学案教学的"五大创举"

导学案教学绝非现代教学的一种理想形态,而是先进教育理念与原始教学手段组成的一种特殊结合方式:从理念上看,它体现着"生进师退、自主参与、合作探究、问题驱动、学法导引、突出学程"等新课改理念,标志着当代中国课程改革已达到了崭新的发展水平;从手段上看,它所采取的形形色色"案""单"式助学工具,只是把"另类"纸笔练习形态、文本式学习口令变戏法式地植入了课堂教学流程之中而已,导学案正是介于教材与练习册之间的"第三种"复合型助学资料而已。导学案教学尽管无法成为我国现代教学改革的标志,但它毕竟把死板、保守、沉闷的传统课堂教学向前推进了"一小步",成为我国新课改理念向教学实践挺进中出现的实质性创举之一。作为我国课改的阶段性成果,导学案教学对当代课堂教学的创举集中体现在如下五个方面:

一、从听觉教学转向动觉教学

在传统课堂中,上课即听课。学生接受教学信息的主导器官是耳朵、眼睛,是听觉、视觉,"眼—耳—脑—心"配合、静心聆听为主是学生理解学习内容的基本状态。在这类课堂上,教师是知识信息的传播者,学生是接受者,在语音信息的互动中学生逐渐实现了对书本知识的消化与理解。整个课堂教学的主信道是有声语言传播渠道。而在导学案教学中,上课即做课。教师的主讲角色退居幕后,讲授时间被压缩、讲授内容被精化,课堂教学的主角、主题、主体是学生围绕导学案的全身心课堂参与活动,如自主学习、合作研讨、检测操练活动。他们在课堂上不仅要听,还要说、写、练、辩、讲,还要展示交流、主持学习活动,学生的"做",而非单纯的"听""看"成为学生课堂学习活动的主画面,课堂教学实现了从静态画面向动态画面的历史性变迁。"如果没有学生的主动参与,就缺乏重建过程的基质",参与能"让学生的内在能量释放出来,让他们在课堂上'活'起来"。[①] 在这一课堂形态中,学生的多种感官打开、立体开放,吸纳外界的多种信道被启动,并在基于学习问题的思维活动中被整合起来,学习任务就更容易达成,这一变革无疑适应了新课程改革的主流要求。

---

① 叶澜.重建课堂教学价值观[J].教育研究,2002(5).

二、从叙述教学转向问题教学

在传统课堂中,知识叙事、知识主线、线性设计是其根本特征,课堂上教师更像一位善于讲故事的老者,他们能够按照知识的推演过程与逻辑线路来讲述知识技能,告诉学生知识的来龙去脉,阐明知识的内外关联与内部构成。整个教学其实就是把一个个知识点在逻辑主轴上串联衔接、顺次呈现的过程。在这一流程中,知识逻辑线重于一切,一旦这一线条上发生断裂或出现裂痕,学习者对知识的"感知—理解—巩固—运用"进程随时都可能受阻,导致课堂教学活动的"短路"发生。相对而言,导学案教学反对传统教学那种"知识不经揣摩而直达学习者头脑"的短路式教学,认为"知识形成过程高于一切","问题媒介是知识建构的必经一环",因此,问题的发生线、展开线、聚合线、解决线才是课堂教学的生命线。围绕问题生成而展开的情境创设、导学案预做活动是课堂教学的关键内容,问题驱动、合作探究、质疑问难、尝试错误是课堂教学的重要表现。在这种课堂中,学习者身上形成的不仅有知识,更有学习的能力、体验、信心、兴趣。因此,越来越多的学者认为,导学案教学催生出来的是一种以思维、辨析、自决、批判等能力培养为中心的高级教学,"使用导学案的根本目的是更有效地促进学生发展,这种'发展'不仅是知识习得,更是促进学生高阶能力的发展"。[①]

三、从学习后置型教学转向学习前置型教学

传统课堂教学中,教师处于"领"的地位,"领导、引领、引导"是教师的主要功能,课堂教学就是一种"领学"实践,"师前生后"、"先教后学"、"教材权威"是课堂教学不变的格局,教师就是学生知识、技能、道德的领路人与知识学习过程中的先行者,学生的学习、练习、模仿等时刻"尾随"教师的教授活动之后,"学习"后置于"教学"是其根本形式特征,似乎"老师不教,学生肯定不学、肯定不会"。在导学案教学中,教师相信学生具有学懂新知识的潜能与可能,具有自己解决学习中遭遇的难题的学习能力,在教师的科学组织与微妙点拨下,整个课堂学习过程完全可以实现自助化的转变。正是如此,借助教材自学与导学案预习活动,学生对新教材、新知识、新任务的学习始终处在讲授活动之前,一旦遇到学习困境,如畏难情绪、理解困境、方法不济等,教师只要给予适当的学习动机激励、学习方法援助、解决思路指点即

---

① 刘旭相.导学案设计的基本原则与策略[J].教育科学论坛,2012(8).

可化险为夷,顺利返回到自学的行程。进言之,"不学不教""不练不讲""先学后教""以学统教"是导学案教学中秉承的全新教学原则,学习前置举措直接逆转了传统课堂教学的行程与线路。

四、从师本教学转向生本教学

在传统课堂教学中,以师为本、教材媒介、师生互动是其在教学结构上体现出来的一个鲜明特征,可谓"师本教学"的典型格式。课堂中,教师通过预先挖掘教材、占有教材知识实现了对教学内容的活化,顺势成了教材的代言人与权威解读者,教材成了教学活动的辅助材料,助教是教材的首要功能,课堂教学成了一场教师依据教材与学生展开知识对话的人人互动过程,整个过程中"人—人"互动为主,"人—本(教材)"互动为辅。导学案教学则一定程度上改变了这一格局。有学者所言,导学案是"用于指导学生自主学习、主动参与、合作探究、优化发展的学习方案",①导学案教学就是"生本教学"的一种生动典范。应该说,导学案教学是当代"课堂归还学生"这一行动的重要组成部分,"归还"的具体内容就是归还学生主动学习的"时间""空间""工具""提问权"与"评议权",②导学案教学在一定程度上取得了五个"归还"上的成功。在导学案教学中,作为教材的重要助学工具——导学案成为整个教学活动的中心:在课前,学生可以自学导学案,从中发现学习的问题;在课中,学生可以在导学案的导航下开展自主探究学习活动;在课后,学生可以通过导学案来检查自己的学习效能。这样,导学案既分担了教师的部分"导学"工作,还延伸了教材的"知识呈现"功能,它成为沟通师与生、教与学、人与本(即教材)的重要媒介。因此,"人—案"互动成为导学案教学的主体,学生间的"人人互动"(即合作学习)成为课堂教学的关键组成部分,而师生间的"人人互动"、学生与教材间的"人—本"互动退居二线。借助这一教学互动格局的转变,导学案教学被升级为实质意义上的"生本教学","以人为本"的教育观、"以学为本"的教学观、"以生为本"的学习观③成为基于导学案的高效课堂教学的明显特征。

---

① 佚名. 什么是导学案教学[DE/OL]. http://www.fjzzjy.gov.cn/newsInfo.aspx? pkId = 141574,2013 - 5 - 6.

② 叶澜. 重建课堂教学价值观[J]. 教育研究,2002(5).

③ 李炳亭. 我对导学案的认识与建议[J]. 基础教育论坛,2012(12).

五、从接受教学走向程序教学

传统教学是围绕正确知识与认识结论展开的,是一种直奔结果、直奔终点的教学形态,生怕学生在学习中走岔路、出问题、绕弯子是教师的普遍心态,教学活动最多对这些结论知识的逻辑渊源、具体内涵、推导形成加以解读再现而已。这是一种典型的"结果教学",而非真正关注知识结果形成过程的"过程教学",尽管它已经具有"过程教学"的外观。在传统课堂上,教师认为,让学生直接去探究新知识,自己去"啃"生知识是一件费时费力的事情,教学的效率可能因此会大打折扣。尤其是在结论取向的课堂教学中,强调"双基"(即基础知识、基本技能)、本本主义、定论吸收、接受学习成了其典型特征,知识同化理论倍受偏宠。相对而言,在导学案教学中,师生更为看重的是"学习过程"自身的魅力,关注的是知识建构生成的微观过程与学习者基本生活经验的价值。"距离是一种美丽,曲线是一种美丽。"①只要学习者能够体验到学习过程的快乐,真切感受到自己的成长感、成就感,真正理解知识的生活意义,即便是经历一些挫折,遭遇一些困境,思维上多走几个弯道,都是值得的。正是如此,导学案教学改革者并非彻底的过程主义者,但还是致力于凸显课堂教学的过程性品格,努力创造出了一种新型"程序教学"。在这一教学形态中,整个学习的进程、节奏、关键环节都把握在学习者的手中,学习者在"导学案"这一学习程序的控制下自行学习;一旦遇到学习问题,学习者可以求助于教师与同学间的"学习互助组"(即合作学习)来解决。其实,导学案教学的教学流程模式正是这种程序教学的"内在程序",其一般框架大致是"课前预习—知识链接—背景介绍—自主探究—总结反思—拓展延伸"。这一学习路线与斯金纳的"教学程序"大同小异,只是其开放性、自由度、灵活性更大了一些而已。随着这些流程模式的引入与利用,整个课堂教学"取缔了教师、学生和教学情境的独特性、差异性、丰富性和关系性",②抑制了教师教学风格的形成,课堂教学的机械性成分蓦然剧增。

由上可见,相对传统教学而言,导学案的教学的变革性特征尤为明显,无视这一教学形态在教学发展史上的历史意义肯定是错误的。导学案的发明不仅强化了学习过程,翻转了师生角色,刷新了教学理念,转换了教学思

---

① 王红顺.导学案编制:重心转移与形式创新(上)[N].中国教师报,2013-1-23.

② 张华.我国普遍主义教学方法论:反思与超越[J].全球教育展望,2010(1).

维,而且将新课改的核心理念——自主、合作、探究的新型学习方式付诸实践、植入课堂,堪称我国课改史上的一大创举,适应了中小学教学改革主流的要求。应该说,在没有充分释放导学案的内在优势之前,在没有找到比导学案更为优良的课改实践支撑点之前,任何盲目抵制导学案、贬低导学案,甚至"取消导学案",以为它是"第三代课改的最主要标志之一"①等等,这些课改行动与观念都是极为轻率的。

第二节　导学案教学面临的问题

当前,教学界对导学案教学的批评绝非鲜见,反对的声音不绝于耳。例如,认为导学案教学"忽视了情感、态度、价值观的培养","依案学习"异化为"依案练习",教学中"多是学生学习成果的展示,很少呈现学生学习思考的过程"②等等。造成这一现象的原因是多方面的,其中最主要的三条是:其一,部分教师认为导学案教学增加了教师的额外负担,不愿意接受这一课改新事物,他们对传统教学的情结难以在短期内消失;其二,导学案本身在运用中被格式化、机械化、习题搬家、试题堆积现象极易发生,导学案教学中的负面形象大大降低了它在教师心目中的地位,致使许多中小学教师对之持观望或不信任心态,随时都可能站在导学案教学的反对方;其三,导学案教学自身的痼疾还没有充分暴露、有效根治,它正徘徊在歧途与正道的交叉点上,还需要持续的自我完善才能适应当代基础教育改革的新理念、新要求。我们认为,在上述原因中,前两种原因会随着导学案教学正本清源式的重建与正向效应的扩大可随之解决,只有后一种原因才是导学案教学实践者亟须深究的问题。找准导学案的根源性痼疾,找到导学案教学自我更新的抓手,是促使其健康、持续发展的迫切要求。进言之,导学案教学的关键环节有三个,即导学案的设计、呈现和使用,它们分别位于导学案教学的前端、中端与末端,三个环节都健康发展才是其内能充分释放的条件与保障。因此,对导学案教学面临困境的诊断就应该从这些教学实施环节上去探寻。在当代,导学案教学背后潜藏的深层危机集中体现在以下四个方面:

---

① 李炳亭. 我对导学案的认识与建议[J]. 基础教育论坛,2012(12).
② 李福灼,李淑媛. 近年来我国导学案研究的回顾与反思[J]. 教育与教学研究,2007(2).

一、内容选择困境：在课本、教案与习题册间徘徊

导学案是导学案教学的原形、基石与母版，导学案教学是导学案的变形、展开与具体化。导学案教学的雏形是导学案，导学案是决定整个教学活动重点、进程、效能的首始环节，优质导学案是创造优质教学的始基，把最先进教学理念融入导学案是导学案教学变革的起点工程。导学案研发中要解决的关键问题是：导学案应该呈现什么、怎么呈现以及为什么这样呈现，即内容选择、框架设计、呈现意图等，它们成了影响导学案教学科学化水平的三大变量。其中，导学案内容的选择问题是导学案教学面临的首要难题，令实践者纠结的地方通常集中在三个方面：

（一）导学案是课本的再现还是教辅的翻版

导学案的备选内容主要有两个，即教材内容与教辅内容，如若偏重前者，导学案就成了教材的变形，只不过是被进一步细化、学材化而已；如若偏重后者，导学案就成了习题集、训练案，只不过是将教辅内容加以精选而已。导学案到底走向教材还是走向教辅，成为导学案内容选择上教师无法绕开的一道大难题。无疑，导学案绝不能冲淡教材作为学生学习"主材"的地位，因为教材是学生"应当掌握的知识体系""知识背后的能力体系"与"能力体系背后的价值观、世界观和伦理道德规范"，[①]教材的知识焦点地位不可动摇。而在当前，导学案"搬教材""习题化"的诟病较为普遍，大大影响了导学案的社会声誉，值得警惕。正如有学者所言，"目前导学案的主要设计误区有：设计思路教案化、知识习题化、学习设计的共性化。"[②]

（二）导学案是选知识问题还是选能力问题

知识教学是一切教学的主题，在知识教学中培养能力是当代教学的信条，导学案内容选择的又一困境就在这里。如果导学案重视呈现知识，则有灌输之嫌，由此挤压学生的思维空间与探究机会；如果导学案重点呈现链接知识点的技能与能力，则容易弱化知识教学效果，不利于学生"考试成绩"这一关键教学效能的提高。在三维目标主导的当代教学改革背景下，这一内容选择纠结更让一线教师难堪。

（三）导学案是选问题还是选知识点

在实践中，中小学教师的导学案要么过度"简明"，仅有四五个学习环节

---

① 钟启泉."优化教材"——教师专业成长的标尺[J].上海教育科研,2008(1).

② 李炳亭.我对导学案的认识与建议[J].基础教育论坛,2012(12).

与问题,要么过于"烦琐",成为一系列知识点的堆砌与再现。自然,知识问题化、能力过程化是当代导学案教学的实践口号,用问题来链接知识是导学案教学的通用手法,但导学案到底是以"知识点"为单位呈现还是以"问题链"为线索呈现呢? 这样是令实践者头痛的一个选择。进言之,导学案中若呈现的问题较多,则便于学习者去思考,但学习者不知道问题是从哪里"生出来"的,知识的习得也容易被碎片化;若知识点较多,则便于学习者去吸收新知,但不利于启动学习者的思维过程,促进知识的建构与理解。这一两难选择在教师的导学案编写中表现得异常明显。

二、流程设计困境:在知识线与问题线间游弋

框架流程设计是导学案教学的骨架,它构成了课堂教学的线路图、流程图、思维导航图。如何呈现与使用导学案、怎样凸显导学案的助学功能、用什么线索来设计教学进程,等等,这都是导学案教学面对的枢纽问题。其实,导学案教学的设计是三条线路交互缠绕的过程,这三条线路大致是:一条是基础线,即导学案设计中遵循的应然设计框架,是教师对外界声明的自己在设计中所遵循的框架,这一教学线路具有预设性与可调性,整个教学实施过程就是基于此线路展开的;一条是明线,即导学案教学实施中遵循的实然教学线路,它是教师参考具体学情、自身风格、教学情境等教学变量的基础上将上述教学线路具体化,由此形成的一条操作性教学线路;一条是暗线,即导学案教学中一贯遵循的实质性设计线路,如充分考虑课程知识内在的推演逻辑,即由已知到未知的逻辑,再如学生学习中遵循的心理逻辑,即问题生成与解决逻辑、"感知—理解—应用—反馈"的学习逻辑等来设计教学进程。可见,导学案教学实施的难点就是如何科学复合这三条线路,形成最高效、最便捷的课堂教学实施线路。在当代导学案教学中,许多教师其实对于自己所遵循的设计线路的意识是模糊的。例如,许多教师笃信"知识问题化""问题层次化""能力过程化"的设计要求,试图利用学习问题线来贯通整个教学进程;许多教师干脆直接用自己设计好的导学案并在小先生的主持下循序渐进、按部就班地开展课堂教学,知识的逻辑主线被突出;还有教师直接提出了"框架式"设计转向"菜单式"[①]设计的思路,导学案教学成了学生变相的自学活动,等等,导学案教学的内在设计框架线路问题尚未有

---

① 李福灼,李淑媛. 近年来我国导学案研究的回顾与反思[J]. 教育与教学研究,2007(2).

定论。在实际课堂操作中,许多中小学教师常用的导学案设计框架一般是"学习目标—知识链接—学习导航—学以致用—反馈学习—拓展延伸""课前预习—知识链接—背景介绍—自主探究—总结反思—拓展延伸"等,与之相适应的导学案教学框架大都是"准备定向·诱发欲望—借助学案·尝试自学—暴露问题合作解决—总结突破·探究规律—分层练习·共同发展""讨论交流·信息反馈—点拨精讲·解难释疑—当堂达标·优化补偿—巩固总结·反思领悟"①等。可见,这些教学设计框架常常是知识消化线、问题探究线的经验式杂陈,其内在的科学性与合理性不甚明确。其实,这些教学活动设计线路大都是教师基于个人教学实践经验提出的一些设计思路,如何合理设计导学案教学流程还是一个亟须深入探究的话题。

三、教学意图困境:导知、导能与导素质间的纠葛

导学案教学的设计线路只是决定导学案教学形态的表层因素,主宰这一教学设计的根本意图才是事关导学案教学形态的关键因素。杜威指出,"发展就是将能力引导到特别的渠道",②故导学案是引导学生发展的纽带。导学案教学的实质是利用学案教学来引导学生学习活动,提高课堂教学活动的质量与学生发展的水平,因此,导学案教学到底要"导什么"是一个真正需要深究的问题。导学案教学到底是要引导学生掌握知识、习得解题能力,还是要引导学生形成全面素质? 这是隐藏在千变万化的导学案及其相应教学形态背后的根本问题。结合前述导学案教学流程框架分析,我们不难看出,无论是导学案还是导学案教学,其导引学生学习的直接目的是引导学习动机、引导学习方法、引导课堂评价、引导讨论方向等,即动机引导、方法引导、评价引导与方向引导,其最终要在学生身上"导出什么"才是决定教学实质的因素。稍加分析,我们不难发现,这些引导方式的集结点在学生知识形成过程上,其"导知"的功能最强,"导能"的功能次之,而最不适合的就是引导学生综合素质的形成,即"导素质"功能最弱。在导学案教学中,师生处在去情境化的学习流程中,教师在课堂中引导动机、提供方法、优化评价、把控方向都是要让学生在知识点上落实教学目标,尤其是导学案,它在"导知"上具有独特优势。相对而言,最适合培养学生学习能力的导学方式是训练,是实践,让学生在应对多变的题型、复杂的问题情境中增长能力是现代课堂教

---

① 崔益林.导学案,究竟能够走多远? [J].教育科学论坛,2012(8).

② 赵祥麟、王承绪.杜威教育名篇[M].北京:教育科学出版社,2006:123.

学的关注点之一;最适合培养学生综合素质的导学方式是把学习过程、生活实践与育人目的结合起来,让学生在教学过程中实现知识、能力、思想、态度、经验等的全面收获。能力、素质是长期积累、文化熏陶、水滴石穿的涵养过程,知识导学是难以全面完成后两个导学任务的,它最多只能完成能力形成的第一步——获得解题技巧。正是如此,当代导学案教学的重心始终是"导知",无论是基于问题线索的设计还是基于知识线路的设计,它都只给了学生认知及认知策略层面的引导,顶多只能抬高学习者的学习力、思维力而已,无法深入到学习者的情意层面、精神层面、人格层面,并据此提高学习者的精神力与自我成长力。正如克努兹所言,"有意义的学习……是一种深入的渗透性学习,不仅仅是一种知识的增长,而且是与其个体存在的每一部分相互渗透和影响着的"。[①] 简言之,导学案教学的精神穿透力、渗透性是有限的。

四、学习方式困境:在自主学习与他主学习间踌躇

导学案教学实施者声称,它赋予了学习者以更多的自主性,一定程度上摆脱了传统课堂中他主学习为主的形态,为当代课堂教学注入了一股新风。导学案教学给当代课堂教学实践带来的这些变革是有目共睹的,但相对而言,它并未解决学生学习中真正面临的学习方式困境。这一点可以从两个方面看出:

其一,导学案教学的创新点是问题式导学,以问题生成与合作探究为媒介是其变革传统课堂教学的"独门策略",是其推进学生学习方式转变的手段依靠。其实,导学案就是问题生发的诱导案,就是学生解决问题的引导案,就是指导整个课堂教学的总方案,但在具体实施中,问题媒介式教学有形无形地决定着学习问题的生成方向与解决思路,干扰着学生自发、自主、自由学习力量的释放。一方面,导学案设计的预定学习框架把学习问题的生成限制在"课本允许"的圈子内,把生成的问题"话头"控制在教师手中,真正自主的学习活动难以实现;另一方面,导学案实际上是一个相对封闭的学习进程设计,学生对问题的思考往往被框定在教材知识定论的范围内,问题探究难以自由地与外部生活世界、个体生活经验关联起来。因此,导学案教学其实就是借"自主学习"之"名",行"他主学习"之"实"。

---

① 克努兹.伊列雷斯,著.孙玫璐,译.我们如何学习[M].北京:教育科学出版社,2010:47.

其二,导学案教学的另一创新点是对学习过程固有教育价值的强调与提升。导学案其实就是学生学习过程的引导方案,它向"教"与"学"之间的嵌入有效遏止了"教学直奔结论"的灌输式教学发生,随之,学生的学习过程被凸显了出来。同时,在"以学为本"的口号引导下,教师退居二线,课堂教学活动的"前线"变成了学生基于导学案的学习活动,课堂中学生学习的时间、空间、机会被放大,学习过程的自主性成分随之增加。尽管导学案教学为学生的自主学习提供了更为有利的条件,但他主学习仍旧难以退出教学舞台,这是因为整个学程是教师设计的,所有学习任务是教师布置的,整个课堂必须是围绕预定知识来进行,在预定知识教学目标面前,学生、学习的自主性始终处于第二位。

因此,知识学习任务构成了导学案教学难以真正突破他主学习的一个瓶颈,也决定了学生对新知识的自主学习始终难以达到一定的深度与水平。在具体实施中,加之许多教师对核心知识把握不准、目标定位不太准确,这就导致他们的导学案教学常常仓促进行,教学过程中那些真正能够增效的学习细节被压缩、被删减,结合生活经验的创新性自主思考无法展开,由此给传统课堂"复辟"提供了可乘之机,他主学习主导的教学形态随时可能卷土重来。

第三节 导学案教学的基因缺陷

导学案教学实施中的具体困境既考验着教学实践者的智慧,又促使理论工作者去反省这一教学形态的基因型缺陷。从诞生伊始,导学案教学所信守的一些理论假定与思考立场就是有缺陷的,这些在"娘胎"里就沾染上的发育不全症决定了我们只有从深层次切入教学改革才可能彻底克服上述困境,创造更富有成效的改革前景。导学案教学能够创造一种全效教学、高效教学吗?导学案教学真能促进学习者创新发展、自助发展吗?导学案与教材之间到底是何种关系?导学案教学能够催生出一个具有战斗力的学习共同体吗?导学案教学真正帮助学习者实现学习活动的自由、自主与自导吗?导学案教学与知识教学、应试教育之间到底是何种复杂关联?等等。这些问题的根本解决要求我们需对其基因缺陷进行清理与盘点。我们认为,导学案教学的深层痼疾集中体现在"五难"上,它们构成了实现导学案教学蓝图的现实瓶颈。

一、难以突破学案"体例"的绑架

在创立初衷上,导学案教学意欲克服灌输式教学、结论陈述式教学的缺陷,努力实现教学重心下移到学生、学生天赋学习权利回归的改革蓝图,尽力凸显过程性教学、自然学习、真实学习的魅力,创造有活力、有生气、有情趣的"新课堂"景象。叶澜指出:"教学活动的过程是生成过程,要用生成论的思想方法去认识动态的教学过程,构成论不足以揭示这一复杂多变的过程。"①正是基于这一理念,导学案教学引入了"导学案"这一学习"扶手",对教学过程进行了大幅度的"改革手术",包括引入了教学过程内隐化、学习过程步骤化、学习方式自学化、学习进程自控化等全新改革策略。无疑,这些改革的创意与创举集中体现在导学案的编写体例或设计框架上,它是将上述改革思路实体化、具体化、文本化的重要依托,是"硬化"改革思路、加大改革力度的重要保证。我们可以看到,正是由于导学案及其体例的发明,导学案教学才实现了从教学构思向现实操作的重要转变,迅速发展成为我国当代课改中教师追捧的对象,成为课堂教学增效的新"效源"(即效果之源)。导学案教学的优势是学习化、分步化、菜单化的导学案体例,其弊端也来自这种程式化、条框化、定案化的导学案。在导学案介入教学之前,学生课堂学习的自由度仅仅受"教材"这一"学习内容"的控制;而在导学案教学介入之后,学生课堂学习的自由度还要受"导学案"这一"学习线路"、设定学习线路的控制。由此,学生在课堂教学中的自由度不断变小,尤其是在事无巨细的导学案设计中,学生简直成了被"定"在导学案设定学习线路上的一个机器人,整个学习活动变成了按部就班、顺流而下的机械过程,学生的学习创意、学法创造渐渐失去了自主空间,沦为导学案体例规划下的一枚棋子。正是如此,有学者指出,"导学案绑架了教师,绑架了学生,绑架了课堂,学生从受教师控制走向受导学案控制,根本上没有改变'教'的牵制。"②进言之,导学案体例成为继传统课堂教学中"教师直接控制"的又一种课堂控制新形态,教师控制课堂的方式发生了微妙转变,即转而借助导学案设计环节来幕后操作学生学习过程。显然,这种"控制"就好似毛细血管一样被嵌入到课堂教学的每一个细微环节中去,其对课堂控制的力度、密度与频度大大增加了。

---

① 叶澜.课堂教学过程再认识:功夫重在论外[J].课程·教材·教法,2013(5).
② 原绿色.导学案,不用行不行[N].中国教师报,2012－2－8,006 版.

二、难以突破他主的课堂模式

如果说"体例"是导学案教学控制课堂的一种宏观手段,那么,问题则是这种教学形态用以控制学生学习过程的微观手段。整体而言,导学案教学仍旧是以他主学习为主的内控式教学,与自主学习的应然状态差距甚远。与传统课堂教学相比,导学案教学控制学习进程靠的不是教师的讲授语言,而是借助对学生学习问题的诱生过程来实现的。在"问题驱动"的外衣下,导学案教学掩饰了其"他主学习"为主的课堂本质,只不过是控制的方式更为隐蔽罢了。从导学案教学的设计意图来看,"预习—展示—反馈"是其核心教学行程,其中任意两个环节间的衔接都是借助"问题"来关联的。如在"预习—展示"之间,学生通过预习导学案生成问题,问题的解决构成了展示的内容;在"展示—反馈"之间,学生通过展示中暴露出来的问题与教师展开反馈。从表面上看,似乎"知识建构"的形式完美无缺,但深而思之,这绝非真正的以"问题"为基础的知识建构过程,而是以"问题"为手段的知识陈述过程。一方面,在导学案教学中,许多问题是教师、学生"制造"出来的而非在其最近发展区内形成的"真问题",如导学案上教师设计的问题、借助"学生"之口提出来的问题(主要体现在作秀式课堂教学中)等,都不一定能够代表学生学习的真实困境。另一方面,在问题生成、呈现与聚焦、提炼中,教师会利用自己的特权把那些与教学目标相关度不高的问题忽略掉或将之抑制在学生意识阈限之内,使之在课堂上得不到关注与重视。因此,导学案教学中学生学习问题的出现与关注几乎都处在教师的"暗箱控制"之下,真正自主的提问、解疑、研讨活动难以实现,学生学习中的生成性成分非常匮乏。进言之,所谓自主学习,它一定是学生基于个体生活经验与学习需要,"以一个'主人'的身份","以适于自己'个性'的方式",[1]以自己的思维进度、思考方式来感知学习问题,尝试解决问题的过程,其根本特点是个体亲身性、自觉自决性与自然生成性。在课堂教学中,学生不仅是"'对象''主体'",还是"教学'资源'的重要构成和生成者",[2]把学习自主权与课程资源创生权还给学生才是课堂教学走向实质性自主的关键。可以说,任务驱动、问题吸引、知识逻辑牵引是促成自主学习发生的三大动力,任何试图控制或取缔这些学习动力的课堂教学形态都可能成为扼杀学生自主学习,或试图"表演"

---

[1] 吴永军.关于"导学案"的一些理性思考[J].教育发展研究,2011(20).

[2] 叶澜.重建课堂教学价值观[J].教育研究,2002(5).

自主学习假象的行径。学习者亲身置于问题情境、吃透问题实质、寻求学习资源、制订学习方案、选择学习策略、得出学习结论,是自主学习的真实过程。导学案教学中的学生学习与这一自主学习应然状态相比,还有很大的差距。

三、难以突破教材的牵制

导学案与教材的关系问题自然是导学案教学的关节点之一,科学平衡二者间的关系是导学案教学科学化的体现。在传统教学中,"教材唯一"既有其优势,即学生学习的进程与方式具有较大的自由度;也有其弊端,极易滑入知识灌输、结论定向的漩涡,导致课堂教学成为知识结论的展示台与传输器;在导学案教学中,"以案代本(即教材)""案本合一"是常见现象,导学案要么把教材完全移植到课堂,导致教学从形式上完全脱离教材,实质上却在"穿新鞋走老路",要么完全把教辅资料、练习题集完全塞入课堂,致使课堂教学异化为"题型训练"过程,陷入应试教育的漩涡。应该说,这都是导学案与教材关系处置不当造成的现实问题。其实,导学案在教材与教学之间处于媒介位置,它既不能取代教材,也不能取代教学,导学案仅仅是改变、引导学生学习方式的一根拐杖、一座桥梁,或者说,它只是新型教学方式——自主、合作、探究式教学的向导与引子而已,导学案教学的两极化现象——要么后退到教材的翻版,要么完全改变教学全局、全貌、全程,这都是极端有害的。难以在教材与教学关系中实现平衡,依然是导学案教学面临的根本症结与关键困境。超越教材又不偏离教材,依托教材又不依附教材,正是导学案教学要追求的一种改革佳境。正如有学者所言,"导学案好比拐杖,一谈到'以案代本'我们就认为这是异端,就一棍子打死,这本身就是一个极大的错误,就会不自觉地走向极端。"[①]在导学案教学中,教材对导学案的"适度牵制""合理控制"是合理的,一旦超越了这一阈限,导学案教学随时可能走向病态的边缘。其实,导学案教学始终无法突破教材的牵制,仅凭导学案教学也不可能完全实现助推当代学生学习方式转型升级的使命,主要理由有二:

首先,导学案的编写过程与研发者实力决定了它只可能成为课堂教学的一个"小插件"或附件而已。从研发者来看,教材研发主体是结构合理、经验丰富、理念先进的专家队伍构成,而导学案研发主体主要是普通教师,研

---

① 原绿色.导学案,不用行不行[N].中国教师报,2012-2-8,006版.

发实力非常有限;从教材的研发过程看,它是经过科学的论证、精心的修剪、谨慎的验证之后编写而成的,导学案研发则是一个相对粗陋、简易的过程。这就决定了教材是高精度、高品质的助学材料,是一切导学案研发的重要基石,而导学案最多只能是教材的"衍生物"或"补充材料"而已。任何无视教材与导学案之间本末关系的教学最终必将接受实践的惩罚,脱离教材的导学案教学必然要陷入课改的绝境。

其次,导学案教学中的教学思维仍旧是典型的"教材思维",无法实现真正意义上的"导学思维"。所谓"教材思维",就是一切问题的争议与解决最终都希求"教材论述"来定论的思维,就是相信教材是教学内容中"最高权威"的思维,就是把学懂教材视为教学活动最终目的的思维,结论情结、笃信教材是"教材思维"的内核。在这种思维中,"唯一答案就成了学生的一种情结,这就限制了学生的思维,剥夺了学生自由发展的空间,久而久之学生的思维就会变成教学的荒漠。"①实际上,导学案教学的最终目的不是要让学生相信教材、膜拜教材,而是要从"学教材""研教材"走向"用教材""超教材",促使学生实现学习过程、学习方式上的全面解禁与开放超脱。这就是"导学思维"。在这一教学思维中,教学的目的是要让学生从教材的"图圈"中走出来,从结论、定论、定法、定势中走出来,真正实现学习过程的自主化、自由化与自助化。其实,导学案教学的真正内涵应该是"引导学生学习教材、超越教材",而非"引导学生进入教材的控制区"。而在实践中,导学案教学将一切课堂合作行为、探究活动都最终会落脚到"教材论断"上,导致课堂教学中的问题探究活动异化为教材"封锁"下的封闭性探讨,课堂教学的灵活度非常有限,真正创造性的结论在课堂中依然处在被漠视、被忽略、被抑制的境况。

四、难以突破教学模式的程控

从教学与教材间的关系看,导学案教学是基于导学案的间接教学,而传统教学则是基于教材的直接教学。正是如此,导学案教学对课堂教学进程与学生学习过程的控制更加细密化、流程化了,这与导学案教学"促使课堂教学自主化"的初衷背道而驰,这正是导学案教学具有程控性特点的表现之一。导学案及其教学流程模式就好似课堂教学的一道程序,一个流程图,导学案教学就好似在"导学案"这一道程序控制下展开的一种程序教学,整个

---

① 张豫.谈"导学案"教学模式的功与过[J].劳动保障世界,2013(10).

教学中学生的自由度、自主性不升反降的原因正是在此。对导学案教学实施者而言，这可能是他们难以接受的一个事实，他们从未想到过原本解放学生的导学案反而成为限制学生思维自由的新枷锁。在导学案教学创造之始，中小学教师相信：给学生一个机会，还教师一个惊喜。诚如有教师所言，"只有创造机会让学生去言说和表现，教师才可能理解学生，学生也才可能相互理解，教师的讲授和其他教学行为也才有了可靠的基础。"①他们认为，导学案教学能够增加学生的课堂参与度，增加他们自我展示的机会，赋予他们更多表达自我的空间。从学习过程中的"教师控制"、流程控制走向学生的"自我控制"、自我生成，正是全部课改的重要意图之一。显然，这些观念是很科学的，但在实际运作中，由于导学案的嵌入，学生的整个学习过程变得模式化、程式化、机械化了——该按照什么程式参与课堂，该提出什么样的问题，该怎样组织课堂展示，该怎样进行课堂小结，等等，这些教学环节都是被导学案设计的流程"内控"的，学生真正自由的参与机会、自主的表达机会并没有被创造出来。"千课一面"现象的泛滥正是导学案教学内在痼疾的外显化表现。现代教学需要的是"生成"而非"控制"，它"不只局限于结果，更重要的是教学过程本身就应是生成的过程。"②正是在这一意义上，我们可以说，导学案教学只是实现了从"教师控制下的课堂"向"学生名义控制下的课堂""学案控制下的课堂"的转变，真正帮助学习者实现课堂自主参与、自由创生的"新课堂"途径并没有出现。

在导学案教学中，学生的学习过程被"程控"的另一重要体现是整个教学完全按照知识的逻辑主线来设计，即主要依据五大环节——"课前预习导学—课堂学习研讨—课内训练巩固—当堂检测评估—课后拓展延伸"③这一思路展开，其内在主线其实依然是传统知识教学的逻辑，即"感知新知—理解知识—巩固知识—运用知识"，这一传统知识教学思维依然在生效，知识理解与消化的主题没有改变。这就决定了导学案教学不可能突破知识习得的内在逻辑，难以将知识教学与丰富多彩的生活世界、个体经验关联起来，赋予学习者以广阔的自我生发空间。久而久之，导学案"有可能阻碍学生一系列能力的提升，例如自主能力、质疑能力、联想能力、探索能力、辨析能力、

① 张华.对话教学：涵义与价值[J].全球教育展望,2008(6).
② 叶澜.课堂教学过程再认识：功夫重在论外[J].课程·教材·教法,2013(5).
③ 佚名.应世而生"导学案"[N].中国教育报,2010－4－13,第006版.

创新能力、观察能力、判断能力、独立思考能力、自我突破能力等。"①这正是导学案教学从另一层面抑制学生自主发展的例证。可以说,导学案是导学案教学的显性控制程序,知识逻辑线则是导学案教学的隐性控制程序,两个程序的联手就将学生"钉"死在教学的流程图中,把他们的手脚、心灵、思维牢牢地捆缚起来,成为课堂剧当中扮演出来的"自主学习者"。正如有学者所言,导学案教学是"逼着学生自主"的一种教学形态,言外之意,"被逼"正是导学案教学所追求的一种"变态自主学习",它从深层决定了导学案教学还需要发生脱胎换骨的转变才可能创造出真正理想的一种教学形态。

五、难以突破教学的全效

导学案教学的最明显短板之一,是其在教学效果追求上体现出来的片面性,即单单关注学习者的认知与技能发展目标,难以实现新课程改革所倡导的"三维目标"与全面素质发展要求。这是与导学案教学自身的独特构架密切关联的,文本载体的存在形态就决定了导学案难以承载丰富多彩的教学内容,担负起多样化的教学效能。导学案教学的实质是基于知识技能主线展开的一种教学形态,是以知识的感知、理解、内化、迁移为主题的一种教学样式,知识技能教学成为导学案教学的另一实质,一切合作学习、问题探究、自主思考都被统摄在知识技能教学之下,都服从于学习者"消化知识""做题技能培养"这一核心目的。正是在"知识技能教学"的捆缚下,导学案教学在"育人"与"育分""全面发展"与"应试目的"之间迷失了方向,与促进学习者"三维发展"的目标相去甚远。

一方面,在"育人"与"育分"上,导学案教学过分倚重课时教学效能检测,师生对"分数"的期待逾越了对"素质"的追求。叶澜指出:知识教学的目的是要"充分发挥人类创造的文化、科学对学生'主动、健康发展'的教育价值,"②知识技能教学服从于"育人"这一终端教育目的。"育人"就如中药治病,是一个缓慢、长期、潜隐的见效过程,疗效慢但负效小是其主要优势,而"育分"就如西医治病,它见效快但不宜持久,且负效较大。在导学案教学中,教师特别倡导对学习效能的即时反馈、课堂检测、"日清月结"与"造分行动",甚至所谓的"课课练""课课清",这样,课堂教学的即时效能、测试分数成为教学效果的代表者,而那些难以即时显现、检测的隐性个人素质,如德

---

① 崔其升.取消导学案[N].中国教育报,2012-10-31,第006版.

② 叶澜.重建课堂教学价值观[J].教育研究,2002(5).

行、情意、人格等则被忽略,人性化的教学内涵被从课堂教学中抹掉,课堂教学成为育分、追分的手段与机器,健康、道德、和谐的课堂形态难以产生。"课程的目标就是要培养心智(mind)、心灵(heart)和精神,而不仅仅是学科知识的学习。"①教学所要培养的"完整人"一定是心智、心灵和精神同样健全的人,而导学案教学最多只能发展学习者的心智、思维品质而已。导学案教学全程导学的对象是知识、技能和分数,而非素质、育人与学习者的自我全面成长。

另一方面,在"全面发展"与"应试目的"上,导学案教学过分倚重导学案,甚至将之视为一切教学过程的凭借:在课前预习时,导学案就是预学案,它是学习者提前学习的导航仪;在学习新知时,导学案就是探究案,它是学习者开展问题学习的思维导图;在巩固旧知时,导学案就是训练案,它是学习者技能形成的加速器,等等。这样,整个教学过程被束缚在导学案上,凡是导学案能够呈现的内容就成为课堂学习的内容,导学案不能呈现的素质项目就会受到忽视。有学者指出,"知识是无限的、全新的、动态的,导学案只能是知识中的一部分,或说是九牛一毛、沧海一瓢。"②进言之,导学案只能呈现有限的课程知识内容,导学案教学将丰富多彩的教学主题、教学活动简化为可视化、可测化的知识点、考查点的教学,课堂教学活动由此被大大压缩,全面发展的"全效"教学目标自然无从实现。其结果,导学案教学与促进学习者全面发展的要求愈来愈远,而那些应试性的训练科目,如典型考题、结论性知识等鱼贯而入,占据了导学案的大部分篇幅,促使学生"三维"发展的目标在教学中被顺势窄化为"知识习得""应试能力提升"等狭隘教学目标,学习过程的育人环节成为一种摆设,最终"'沦落'为应试教育的捕兽'陷阱',成为升学必备的有效工具。"③

第四节　导学案教学的历史重建

导学案教学的"五难"构成了其重生、改进的着手点,如何在新的历史时期有效诊治其弊端,就成为后续教学改革的创新点与新生点。其实,导学案教学的优势是"导学案"这一新型助教助学工具的引入,在其潜在优势没有

---

① 吴永军.关于"导学案"的一些理性思考[J].教育发展研究,2011(20).
② 崔其升.取消导学案[N].中国教育报,2012－10－31,第006版。
③ 李炳亭.我对导学案的认识与建议[J].基础教育论坛,2012(12).

充分释放之前,改革的重点是进一步改进导学案的结构构架、呈现形式与使用方式,创造更有利于导学案教学效能提升的外在条件,而非轻易地摈弃导学案,推进所谓的"第三代课程改革"(李炳亭语)。我们认为,导学案教学改革必须从以下五个方面持续努力,切入改革关节点,力促导学案教学迅速走出实践困境。

一、导学案编写意图的清理

导学案编写意图的清理是整个教学改革的奠基工程,决定着导学案教学的根本走向问题。导学案的根本功能定位首先是助教,是将教师的部分教学引导职责转嫁给学生,让学生承担起部分学习的职责与任务,实现教学重心下移的目的。其次,导学案的另一基本功能是助学,即代替了部分学生自学教材的任务与工作,借助学案导学来提高学生对教材自学的深度与能力。正是如此,导学案既不能取代学生的教材学习环节,也不能取代教师的点拨引导环节,而是在二者之间架设了一道桥梁。其实,导学案所承载的期待与功能构成了最为纯正的导学案编写意图,任何歪曲或误传这一意图的极端教学改革举措都可能是欠妥的。例如,依赖导学案,把教材撇到一边;不用导学案,一切由教师代理,这都是一些无助于课堂教学效能提升的举动。导学案不是教材的"影子""旗子",而是教材的"再生子",对"教学内容的深度开发、重新组合和多向激活"①是导学案研发的根基。在教材与教师之间,导学案只能起到润滑剂、助推器、脚手架的功能,无法取代教师与教材的根本功能,导学案的加入不可能真正冲击教材与教师作为教学活动的轴心地位,只会对二者功能的进一步释放提供辅佐。正如有教师所言,"导学案应该是源于课本、高于课本的二次创作,而不是课本和教案的'替代品',更不能成为习题集和练习册。"②在这一意义上,导学案只是教师对教材进行"二次开发"中产出的一个中间产品而已,这正是导学案研发的"原意"所在。

进言之,对任何助学工具而言,它只是实现教师教学意图、教学目标、教学理念的物质载体而已,我们意欲让导学案承载的各种助学功能集合就成了导学案研发的原初意图。但在实际运行中,教师的教学意图与助学工具的现实功能之间是有差距的:在当代课改背景下,改革者期待导学案能够承

---

① 叶澜.重建课堂教学价值观[J].教育研究,2002(5).
② 谭瑞军.数学"导学案"教学的再思考[J].教学与管理,2013(1).

载的功能(即教学意图)是解放学习者,让他们自己承担起更多的学习活动,如自学、互学、研学等,促使课堂中学生学习活动数量的最大化、学习质量的最优化。但现实中,单靠文本式的导学案还难以完全达成教师赋予导学案的功能期待,多样化导学案的研发就显得尤为迫切。相对于国外翻转课堂而言,导学案的替代品——微视频与在线作业则比此有效得多,导学案必须通过自身变革,搭载一些新功能,如借助网络媒体、现代信息媒体来传载导学案,提高导学案的智能化、交互性、可视化水平等,借助动画、Flash 等来增加导学案的动态表现力等。这些"附加功能"的加入能在更大程度上实现师生对导学案的功能期待,达到延续导学案生命力的功效。因此,在意图与功能、期待与现实之间相互转化、动态调适是导学案不断科学化的内在动力,课程改革者只有在清晰廓清导学案研发意图,并将之不断实体化、细节化,努力创造出更适合当代高效课堂改革要求的导学案之后,导学案教学才可能赢得更广阔的生存空间与发展希望。

二、走向网络式立体导学

在导学案教学中,教师基于导学案的导学行为无疑是尤为关键的,它是我们深层有效利用导学案的现实举措,是导学案教学迈向日益强劲发展势头的选择。"'教学'这个合词,也是指由教师的教与学生的学两类活动结合组成,教师的教承担着使人类创造的科学文化、精神财富世代相继和发展的重任,不是学生的学习能代替的任务",①教师的教学行为,即导学行为是释放导学案强大助学潜能的关键参量,导学责任是教师在教学中应当承担的专业责任。导学案研发一旦完成,就成为一个定型的实体,其内在助学潜能有待于教师、学生在利用中将之激活、释放。其实,对导学案的科学使用也是有效克服导学案痼疾的良策,对导学案的解读、剪裁、增删是教师使用好导学案的经常化手段,故教师导学行为是进一步激活导学案内能、再度加工优化导学案的关键环节。在导学案教学中,导学案的编制线路是决定课堂教学进程的"地形图",在导学案基础上的教师导学行为是决定课堂教学现实进程的"行动图"。在导学案教学中,教师的导学行为实际上包括两个层面:其一是导学的内容,其二是导学的线路。从内容上看,教师课堂导学的主要对象是学生的学习方向、学习重点、学习方法与学习行程,导学方向是否是朝着"促进学生学习自主"与"提升学生综合素质"的方向展开,导学重

---

① 叶澜.课堂教学过程再认识:功夫重在论外[J].课程·教材·教法,2013(5).

点是否抓住了学习中的核心知识与关键问题,导学方式能否给学习者提供科学可行的学习方法建议,导学进程是否采取了科学的教学模式,等等,这都是判断教师的导学行为科学性的直接依据。再从导学线路上看,基于导学案的课堂导学行为是四条导学线路纵横交错而成的网络化线路。在具体教学活动中,知识线是教师课堂导学的基线,知识逻辑线路是一切教学活动自由波动中万变不离其宗的中心轴线;学生学习活动依循的思维发展线是教师课堂导学的主线,让教师的导学行为正好处在学生的最近发展区内,与学生思维的方式与节奏相契合,持续促进学生学习能力、思维水平的发展,是教师引导学生突破导学案的文本限制,学会自由思考的重要一环;学习中学生的兴趣发展线,即他们对学习活动正面评价与积极心态的持续增长,是教师课堂导学的生命线,只有不断激发学生的学习兴趣与正向能量,导学行为才能够落地有声,成为引发、促进、加速学生学习活动的"力臂";学习中学生的精神发展线,即精神观念、价值立场、人格品性等的成长轨迹是教师课堂导学遵循的隐线,让学习者在课堂中实现知识收获与精神成长的双赢是教师导学成功的关键。

所以,在借助导学案进行课堂导学时,教师既要关注导学活动的具体内容、导学要点,包括知识点、能力点与素质点,又要关注导学活动的整个进程、导学线路,努力形成"点""线"结合的科学导学网络。在教学中,教师既要打破基于导学案教学模式的线路式导学,又要打破以知识点为单元的散点式导学,而要从"线路导学""要点导学"走向纵横交错的网络式导学,让学生在新型导学思路与框架中赢得更大的学习自由,为他们思维、精神、知识、智慧、兴趣的全面增长、全效增长铺路搭桥、提供引导。在网络式导学中,教师始终坚持把知识点、素质点放在整个导学案的知识网络中去导学,利用四条导学线路来串联知识点、素质点,努力形成"网""点"结合式的导学框架,打破单纯围绕知识点来设计导学案、开展专题研讨式的传统导学思路,确保学生在导学案教学中学到的是可以生发、延展的"活知识"。只有这样,导学案教学才能够走出导学案所预设的狭隘程式与固定套路,才能够为学生创造更大的思维空间与创生机会,让导学案成为诱生学习者知识、智慧、精神、兴趣的引线。

三、教学弹性空间的把握

其实,一切教学形态最终走向没落的原因只有一条,那就是教学活动自身的弹性空间失调。要么,这种教学形态被无限度地自由解读、自由建构、自由发挥,以致失去了其教学"大形";要么,这种教学被过度定型,被过分格式化、操作化、套路化,以致整个教学活动变成了高度封闭、高度呆板的系列化教学规定。导学案教学亦是如此。某一教学形态的自由度到底多大为宜,师生可以灵活掌控的范围有多大,这是决定导学案教学生命力的关节点。对导学案教学而言,决定其弹性空间的主要因素是导学案与教学流程模式,如何将导学案设计弹性化、教学流程模式柔性化、教学组织个性化,由此为课堂教学的生成、学生的创造性学习、教师的创意教学留足空间,就成为导学案教学必须思考的枢纽问题。有学者指出,"一种有效的模式总有其特定的适用范围,同时也有其局限性,充其量是一种'类模式'"。① 在导学案教学中,有两对矛盾动态决定着它的走向与最终形貌:一个是趋于封闭化、定型化的力量,即受制于导学案的框架、教学模式的程式,这一力量以教学方案的形式存在;一个是趋于开放化、无形化的力量,即学生的自主学习、教师的生成性教学,这一力量以课堂中学生学习问题的自然生成与解决为标志。在具体教学中,两种力量在博弈中推动着导学案教学向前发展,成熟的教师能够合理把控二者间的弹性范围,引导课堂教学走在一条健康、持续的发展路子上来。

叶澜指出,教学的实质是学习者对知识的"创生性的占有",它是"学生创造能力的开发、生成和积聚,以及对创造性活动的理解和体验过程",是"用科学、文化内涵的创造力,去激发、促进学生个体生命创造力的发展过程。"②这是我们确定知识教授与学生创生间伸缩阈限的认识前提。要合理掌控导学案教学的弹性,将之限制在大致合理的范围之内,教师就应该从以下方面入手来重建导学案教学。一方面,在导学案研发时要坚持粗线条原则、抓大放小原则,尽可能回避极端导学案研发思维的影响,即既切忌把导学案搞成课堂教学的定案、详案,甚至法案,又要回避将之变成随心所欲的教学思路、教学想法。所谓粗线条原则,就是指在导学案研发中要着力关注影响学生问题生成与解决的关节点,将之作为学生学程设计的核心元素与轴心来组织教学中的知识点,形成各个关键知识点之间的"珍珠链"结构。不过分关注知识点之间的逻辑过渡及学生学习中可能会面临的认知断层,而是将之作为教学"留白"的内容来处置,让这些过渡带、认知断层成为学习者产生学习问题、进行学习创造、凸显学习过程风险性的契机。无疑,这种

---

① 吕洪波,郑金洲.中小学课堂教学变革的基本认识[J].教育研究,2012(4).
② 叶澜.重建课堂教学价值观[J].教育研究,2002(5).

设计手段才是增强导学案弹性的科学举措。所谓抓大放小原则,就是在导学案研发中要抓住单元教学内容的核心知识、关键知识,将之作为学案研发的中轴与重点,将那些相对次要的知识组织在核心知识的轴线上,把那些略显次要的知识清除出导学案,留待学生自学教学主材——教材来完成,导学案只关注核心知识已发出来的核心问题的解决。另一方面,在导学案研发中要将模式与变式结合起来,为教学生成留足弹性空间。在课堂教学中,"预设与生成"是"完成课堂教学任务所必需的、前后相连、密切相关且相互构成的两个阶段。"①在教学实施中,教师要将模式与变式、格式与形势结合起来,不固守呆板的教学套路,不过分追求教学流程的完美,不拘泥于环环紧扣的教学进程,而应及时根据教学形势发展需要变革教学路径,推进教学方式创新,引入教学变式,丰富教学样式,开发教学流程的分支程序与子程序,让导学案教学模式具有适度的开放度与生成性。

四、教学功能的重新定位

相对于传统教学而言,导学案教学尽管难以实现教学活动"全效"与"三维"兼顾的教学目标,尽管难以从根本上落实素质教育的目标,但它对教学功能的延伸与拓展无疑是时代性的:导学案设计能够统观课堂教学全局,兼顾各个知识点,保证了知识教学目标的全面达成;在"少教多学"理念指导下,通过精化教学内容,借助大量练习,它能保证技能教学目标的顺利达成;在"先学后导"、问题主线、强调学程等理念的引导下,它一定程度上能确保学生能力发展目标的顺利达成;在学习为本、以生为本、关注过程理念的指引下,教学活动能够确保学生学习过程体验的获得,等等。有了这些新举措,导学案教学顺利实现了把课堂教学从"知识技能学习"向"能力体验学习"的纵深功能拓展。在现代教学情境中,导学案教学改革肩负的历史性任务是实现"最后一跃",即从"能力体验"为主目标的教学范式向"素质整合"为主目标的教学范式的根本转变。这就需要改革者细化教学功能定位,为导学案教学实现从"知本""能本"向"人本"的跨越创造条件。深而究之,目前导学案教学为何难以实现这一转变呢?这是因为它始终是"牵"着学生在导学案文本的圈子里面转,而非把学习者引出"文本世界",走向广漠的"生活世界",获得大量鲜活的生活经验。杜威指出,"在学校里,儿童的生活就

---

① 叶澜.课堂教学过程再认识:功夫重在论外[J].课程·教材·教法,2013(5).

成为决定一切的目的。凡促进儿童成长的必要措施都集中在这个方面。"①
由此,只有让导学案向学生生活经验世界开放,教师才可能实现对"基于文本"的知识技能学习、"基本问题学习"的能力体验教学的彻底超越,最终走向"基于生活经验"整合的全面素质教学,真正迈向以育人为中心的"全功能教学"。

其实,当代课堂教学正在发生着从"双基",即"基础知识""基本技能"向"四基",即"基础知识""基本技能""基本思想""基本经验"的历史性转变,课堂教学的活力日益彰显。在去生活语境的教学时空中,在导学案"文本"的框子里,教师的课堂教学难以深入学习者的心灵世界与智慧层面,因为知识、技能、能力只有在真实生活情境中才可能得到整合与熔炼,最终生成具有活性、灵性与迁移力的思想与智慧。正如有学者所言,"学习总是嵌入在一个社会性情境之中的,这种情境提供冲动,设定能够以及如何学习什么的框架"。② 导学案教学要突破去情境化的短板,走向"四基"并重的教学,就必须增加课堂教学的开放性,打破学案文本、封闭流程的局限,把鲜活的生活经验纳入课堂教学的范畴。为此,导学案教学应该在各个教学环节、维度、层面上融入生活情境因素,善于借助学习者生活画面、生活故事、生活经历、生活情境等向课堂的嵌入,让学习者突破知识技能教学、导学案文本所限定的那个"小圈子"。"'学习'总是浸润于社会的历史的情境之中,而这种情境形塑着思维内容与思维形式",其实,学习的实质就是"学生通过社会的交互作用、意义的社会交换、意义的共同建构,构筑起种种情境所固有的知识索引"。③ 教学的实质是为学生学习活动提供优质的学习咨询服务,促使学生在生活情境中将知识关联起来,是教学活动的职能之一。应该说,导学案教学对生活情境的开放度和对生活经验的吸容力是我们判断这种教学形态未来发展前景的重要指标之一。善于利用生活的情境导入教学,从生活的故事中汲取解决课堂知识问题、学习难题的思维原型,从生活的需要中找到课堂知识技能的生长点,沿着生活的主线、主题来设计课堂知识教学的体系,这正是未来导学案教学必须努力的方向。生活是开放、流转的,经

---

① 赵祥麟、王承绪.杜威教育名篇[M].北京:教育科学出版社,2006:28.

② 克努兹.伊列雷斯,著.孙玫璐,译.我们如何学习[M].北京:教育科学出版社,2010:20.

③ 钟启泉.为每一个学生的成长而教——基于"学的课程"的教学设计探析[J].北京大学教育评论,2009(3).

验是生成、涌现的,用运动中的经验来矫治静态学案文本及其承载的封闭知识技能体系,是导学案教学生机重现的必由之路。

五、建立多媒介导学

实际上,在教材与学生、教与学之间还要有多样化的导学介质存在,这些介质的共同功能是"将预设的教材转化成生成的教材",把"从侧重教的'教材'转化成儿童学的'学材'。"①文本形式的导学案只是其一而已,创新导学案的载体类型是当代导学案教学重建的路径之一。显然,基于信息媒体的导学介质具有诸多优势,预示着当代课堂教学改革的重要方向。在当代欧美,以微视频为导学载体的翻转课堂日益流行,无疑是导学案教学的崭新形态之一,课前借助微视频课程资源学习与在线作业练习等形式来提高课堂导学效能正成为一种其他教学媒体难以比拟的导学形态。显然,文本形态的导学案是一种相对传统的导学介质,这一学习信息承载形式的优点是:便于随时提取利用、成本低廉、制作方便、容易普及、携带方便、无须其他设备,如电脑、iPad 等的搭载,受无效信息干扰较小。其缺点是:形式单一、静态呈现、互动性差、信息量有限等。相对而言,以微视频课程资源形态存在的导学介质也有许多优点,如直观性强、表现力强、信息感知深刻、课程资源丰富、可视化程度高等,但制作不便、成本较高、技术性强、容易携带干扰信息、对人体有辐射性等则是这种课程资源走向寻常百姓家的最大障碍。正是受这些原因所限,单单依托微视频媒介来承载导学案教学的现实性并不高,实现传统导学媒体与信息化导学媒体间的优势整合显得尤为迫切。其实,在这两种教学媒体之间还存在许多类似的导学媒介,如普通声像设备媒介——摄像机、录音机、幻灯机、手机,电视、动画、电影等,以及日常信息沟通手段——QQ、微信、微博等,凭借这些媒介,教师可轻易传输音频、视频、图片等课程资源。除此而外,还有一些传统导学媒介,如可以课外阅读的相关图书,可以现场观察的相关教学图片、活动现场等,都可以作为导学媒介来使用。应该说,一切能够用于信息传播的物质载体与符号形态,只要能够用于辅助学生学习、教师教学的需要,都可能成为导学案的替代性形态。在教学中,那些被用于承载教学信息的教学媒体都以信息符号形态存在于课堂教学中,例如,课堂挂图、文本材料、课件、录音、录像、网络课程等,都作为教学符号形态而存在,都可以衍生出一种导学案的变体形态。进言之,每

---

① 钟启泉."优化教材"——教师专业成长的标尺[J].上海教育科研,2008(1).

一种信息符号都有其自身的优势与缺陷，都有独一无二性与不可替代性。例如，文本形态存在的导学案与视频形态存在的教学微视频，其各自优缺点如上所言。在当代课堂教学中，要提高课堂教学的效能，我们就不能局限在某一单一导学媒体上，而应在混合学习理念的支撑下，尽可能使用各种教学媒体来共同辅助课堂教学，努力体现多媒体导学的导学理念。面向未来，导学案教学如何与微视频导学、电视电影导学、课外参观导学、操作性作业导学、生活调研导学等导学形式整合起来，努力实现课堂导学效能的最优化，克服文本学案导学的劣势与不足，才是需要改革者深入探讨的一个实践性课题。反之，一味依赖导学案，依附文本导学，学习者参与课堂学习的感官类型有限，多媒体导学的组合效应无法彰显，最终，导学案就难以实现解放学生学习，促使课堂教学效能全面化、最大化的目标。

第四章　高效课堂与翻转课堂

翻转课堂与高效课堂一西一中、异曲同工、相辅相成、极为相似,非常值得课改实践界去关注与深究。在当代高效课堂改革中,引入西方翻转课堂理念与知识导图助学理念堪称两个重要发展方向。对高效课堂与翻转课堂的理念与套路加以对照,充分发挥优势互补功能,是当代课改者面临的历史任务之一。本章中,笔者将对翻转课堂做以正本清源式的梳理,对二者间的异同做以深度对比,以期能丰富当代课改者的实践智慧。

第一节　翻转课堂的构架与创新

翻转课堂(Flipped Classroom)是主体性教学理念与现代教育技术恰当结合的一种教学范型,是对当代教学改革最有冲击力的实践形态之一。从萨尔曼·可汗到韦斯利·贝克,从可汗学院到慕课课程,从翻转课堂到高效课堂,当代课堂教学改革无疑迈出了最具挑战意义的一步。然而,无论教学形态如何变换,万变不离其宗的是课堂教学的同一本性,翻转课堂只是对当代教学本性更为贴切的一种表达而已,而不可能真正撼动课堂教学的本质内涵。所谓翻转课堂,是指学生在课前学习新课程视频的基础上,在课内参与问题讨论,达到对课程内容深入理解的一种教学模式。故此,许多学者认为,"翻转"的具体内容就是:翻转教与学的地位、翻转师与生的角色、翻转学习的时空(即课前与课中的翻转、教室与家庭的翻转)。更有甚者,有学者还指出:翻转课堂应该更名为"翻转'教''学'","关键是教师和学生之间的关系、地位和作用发生了本质的变化。"①就我们来看,翻转教学绝不可能"翻

---

① 赵兴龙.翻转课堂中知识内化过程及教学模式设计[J].现代远程教育研究,2014(2).

转"教学活动的本质,至多只是某些教学环节的微妙"前置"或教学重心的"后移"罢了。当然,翻转课堂对教学活动局部本质的冲击与改写是无疑的,本文将对这些变革做以剖析,以求深入透视翻转课堂的"理念优势"①。

一、翻转课堂的核心构架

当前,学者对翻转课堂实践模式的介绍已不鲜见,加拿大穆斯乔草原高中的雪莱的"教学短片"、美国高地村小学的"星巴克式教室"、美国加州河畔联合学区"基于 iPad 的数字化互动教材"、重庆聚奎中学的"三四五六"模式②等,无不体现着翻转教学的多样化变式。究其主要流程,大同小异,一般都是:课前自学教学视频—完成课前练习题—课堂探讨疑难问题—学习成果展示与小结。可见,"观看视频基础上生成问题"、"课中研讨中解决问题"构成了整个教学进程的两个基本元素与环节。深而思之,翻转教学所采取的基本课堂增效手段无非是七大举措,即知识组块化、呈现微课化、讲授前置化、回馈及时化、教学问题化、重心后移化、学习社会化。基于这一理解,我们从目的、流程、手段、关键与实质等层面对翻转课堂的核心框架做以剖析。

(一)目的:自主学习环境的创设

翻转课堂的首要目的是借助信息媒体技术为学生搭建一个便于开展自主学习的环境,以此提高学生自身对学习活动的掌控力,促使他们自觉承担起学习责任,尽可能实现学习活动的自助化、个性化。为了实现这一目的,翻转课堂引入了一些"非常规手段",它们主要是:录制课堂教学微视频,打破传统课堂教学的时空限制,学生可以自由、灵活选择学习新授课的时间;为学生研制了配套检测题,学生可以随时监测自己的教学效能,调控教学的步调;建立了学生自由参与讨论的网络学习社区,学生有问题可以随时从群内师生、家长、爱心人士等中获取帮助;在课堂上,学生可以向班级提交自己遇到的学习难题,借助师生共同体、学生共同体的合力对这些难题进行攻克,等等。可以说,微视频、网上虚拟社区、实体课堂环境、师生共同体、学生共同体构成了自主学习环境的五大关节点,它们相互勾连,形成了一个个接力式的助学平台,为学生解决学习中遭遇到的种种问题提供了系列化的支

---

① 朱宏洁,朱赟.翻转课堂及其有效实施策略刍议[J].电化教育研究,2013(8).
② 赵兴龙.翻转课堂中知识内化过程及教学模式设计[J].现代远程教育研究,2014(2).

撑。所以,翻转课堂的三个关键要素是"流程要素、技术要素和环境要素",[①]后两者存在的根本目的就是要为学生自主学习流程的展开提供硬件环境。

(二)流程:问题取向的学程设计

显然,"流程"是翻转课堂的主体构成,教学流程是否具有唤醒学习者的问题意识、探究愿望与学习热情是确保翻转课堂持续展开的命脉,由"教程设计"走向"学程设计",由"教授线路设计"走向"问题线路设计"是翻转课堂设计的关键创新点。当前,翻转课堂"已经由关注信息技术的使用转变为关注信息技术与教学全过程的自觉融合甚至是学生课堂精神生命的唤醒",[②]这是翻转课堂具有无限发展潜力的根源所在,是打造快乐学习、高效教学的有力依托。其实,有效的教学流程设计不仅仅应该关注整个流程的科学性,即是否符合知识内在逻辑、是否适合认知规律,更应该关注整个流程对学习者的吸引力、激励性,即能否和学生的人生经验、学习需要产生共鸣,促使其产生学习的欲望与要求。从形式上看,翻转课堂的基本教学流程是"(问题前导)—欣赏视频—课前检测—课中讨论"的过程;从实质上看,却是一个"问题催生—问题探究—问题解决"的过程。显然,其主线不单单是知识形成过程,更是一个问题提出与解决的过程。进言之,翻转课堂其实就是一个"学习问题催生与解决"的教学装置,一旦学生进入这一"装置",问题导向就会诱使他"身不由己"地进入学习流程,由不得他随意偏离学习的方向。从这一角度来看,翻转课堂可以拆解成为两部分:学习问题催生阶段("视频学习 + 课前检测")和学习问题解决阶段(网上与课中师生合作研讨)。与讲授学习相比,问题学习的最大优势是能够赋予学生以强大学习热情与学习动力,能够激发学生学习的潜能,故它属于一种高级学习,即以批判性思维、元认知为媒介的创造性学习的有效形式。正如英特尔(INTEL)公司全球教育总监 Brian Gonzalez 所言,翻转课堂的确"可以迅速帮助学生提高学习积极性。"[③]因此,学习活动自主化、问题化是翻转课堂的根本内涵所在。

(三)手段:教学内容的组块化移置

翻转课堂改变当代课堂教学景观的重要手段是变革教学内容的组织形

---

① 王红,赵蔚,孙立会,刘红. 翻转课堂教学模型的设计[J]. 现代教育技术,2013(8).

② 赵兴龙. 翻转课堂中知识内化过程及教学模式设计[J]. 现代远程教育研究,2014(2).

③ 邹景平. 教育的"破坏式创新"上场了. 中小学信息技术教育,2012(3).

式与呈现方式。从组织形式来看,翻转课堂利用技术载体把核心课堂教学内容及其教学进程进行了"固化",实现了课堂讲授内容的组块化处理,这就是微视频技术。在录制短小精悍的视频时,教师一般选取的是单元教学中的核心知识教学环节或教学重难点内容,这一做法不仅有助于聚焦教学重难点、直击教学靶心,还有助于教师强化该部分的教学效果,达到"好钢用在刀刃上"的奇效。在可汗学院中,教学视频中只能看到授课教师的手的演示过程,这就把该教学环节更加突出了。从呈现形式来看,微视频具有便于学生随时随地开展学习活动的优点,故这些组块化的课堂教学内容可以在教学流程中随意移置,如可以将新授课内容移到课前,达到学生先学的目的;还可以把教学内容按照知识点进行分割分块,达到分步学习新知识的目的;学生遇到疑难时还可以再次查阅某段教学视频,达到在课堂中多次重现教学重点内容的目的。借助微视频对核心教学内容进行组块化处置,翻转课堂由此实现了在教学中凸显教学重点、多次分步呈现教学内容的目的,实现了对新知识"一次内化"向"渐进式的内化"的转变,实现了课堂教学的梯度性推进方式。这正是翻转课堂的内在合理性所在。所以,某学者指出,"翻转课堂主要通过教学流程翻转,分解知识内化的难度,增加知识内化的次数,促进学习者知识获得。"①

(四)关键:教学重心的整体下移

翻转课堂的根本举措是教学重心下移,即由"教"向"学"、由"师"向"生"、由"讲"向"练"的下移。翻转课堂对传统教学的重要改变就体现在"将原先课堂讲授的内容转移到课下,在不减少基本知识展示量的基础上,增强课堂中学生的交互性。"②这样,学生在课堂教学中扮演了主角,学习活动成了课堂教学的主题。有了优质教学视频的辅助,学校优秀教师共同体的"组合效应"与互补优势在教学中得以充分体现,授课教师的主功能发生了由"讲学""教授"向"导学""助学"的转变,学生及其群体的独立学习与合作学习的地位随之上升,教师与学生在课堂教学中的地位与角色发生了戏剧化的"翻转"。由此,教师的重要性开始减弱,教学的重点变成了"学生如何学好"的问题。如果说教学一般由两个阶段构成,即"信息传递"与"吸收内化",那么,在教学重心向"学"下移的形势下,学生对新知识的"吸收内

---

① 赵兴龙.翻转课堂中知识内化过程及教学模式设计[J].现代远程教育研究,2014(2).

② 张金磊,王颖,张宝辉.翻转课堂教学模式研究[J].远程教育杂志,2011(6).

化"成为教学活动的重心,激发学生学习动力、提供问题解决服务、引控学生讨论方向成为教师工作的新重点。无疑,从讲授为本走向学习为本、教师为本走向学生为本,既是当代课堂教学改革的主流,又是提高教学效能的重要思路。① 毕竟,学生才是学习的主人,离开了学生的学习活动,任何课堂教学都难以达到预定的蓝图与目标。教学的目的是教学生去学,学习、学生才是教学活动的依托与基点,建立基于"学"的低重心教学模式是翻转课堂的根本旨趣所在。

(五)实质:学习个性化、自主化与社会化

翻转课堂给课堂教学带来的最大变革无疑是学习文化了。不同于传统教学,翻转课堂倡导的学习文化是以自主、合作、探究为主题的课改新文化,倡导的是以学习个性化、自主化与社会化为主调的立体学习文化。在这一课堂模式中,学生是学习的主人、主体、主角,研讨、合作、交流是学习的主活动,整个课堂教学活动体现出来的是学习为本、学生为主的精神,它与我国新课程改革倡导的教改理念不谋而合。当然,这种新型学习文化更接近学习的三维本质,即学习是一个自我对话、文化交流与经验生成的立体过程。在翻转课堂中,学生基于"视频欣赏 + 练习自测"的学习活动属于自主化学习活动,是一个学生与自我对话的过程;学生对各种学习方式,如视频学习、研讨学习、独立学习等的自由选择充分考虑到了学生的个性化学习要求;学生在课堂中基于学习共同体的合作学习与基于虚拟学习社区的疑难问题研讨充分考虑到了学习的社会化属性。尤其是在第二个学习环节——课中研讨环节,"由于缺少教师的支持和同伴的帮助,'吸收内化'阶段常常会让学生感到挫败,丧失学习的动机和成就感",②而翻转课堂正好解决了这一难题,把真实学习过程中的"难关"凸显出来并予以重点攻克。在这一过程中,人际的协作与竞争、知识问题化的挑战、测试结果的反馈等,都使整个学习过程具有了探索性、波澜性与挑战性,学习由此成为一个知识认知线、学习动力线与情感波动线缠绕互促的复杂过程,学生的心情、体验与学习问题的生成解决过程起起落落。在翻转课堂中,学生不仅获得了来自社会文化的间接知识经验,生成了真实的学习活动经验,而且还获得了来自问题探究过程、与问题解决成败一起起伏的情感生活经验。应该说,翻转课堂是对真实学习过程的自觉模拟与主动回归。

① 龙宝新,张立昌.论当代我国高效课堂改革的成因与走向[J].教育科学,2014(1).
② 王雪峰,赵阳.慕课:一场已经到来的教学革命[N].苍梧晚报,2014 - 02 - 20.

在此,我们把翻转课堂与传统教学加以表格式的比较,大家从中就可能对两种课堂间的主要差异形成更为清晰的认识。

表4-1　传统课堂与翻转课堂基本框架比较

项目类型	传统课堂	翻转课堂
教学目标	吃透文本	超越文本
主体教学任务	知识呈现	问题探究
主学习活动	感知理解	练习讨论
知识形成	一次内化	分步内化
学程设计思路	知识逻辑化、系统化	知识问题化、节段化
教学过程	教—问—学	学—研—教
教学环节组织	流水线式	可随意拆解、灵活组装、反复呈现(借助媒体技术)
教学进程控制	教师他控	学生自控
教学重心	教	学
教学增效途径	课后作业练习	制作核心知识教学微视频,强化知识内化与讨论

二、翻转课堂对传统课堂的新突破

翻转课堂的出现无疑标志着当代课堂教学理念与实践的新突破,其对教学组织形式、课堂结构、教学设计、教学理念的变革无疑具有历史性意义。翻转课堂中承载的一些新理念、新思维、新做法预示着未来课堂教学改革的走向。尽管我们已经看到,翻转课堂对学校硬件设施的要求是贵族化的,其对学生主体性素质的要求是高标准的,但我们应该清楚,翻转课堂给世界教育教学思维的变革具有较强的启示意义。

(一)打破了流水线式教学设计的神话

在传统课堂中,整个教学是流水线式的,即"组织教学—复习旧知—教授新知—巩固知识—布置作业"。教师普遍认为,这是循序渐进的学习规律使然,是知识经验内化的科学流程。这一教学流水线在世界中小学课堂上长期处于统治地位,历史上发生过的任何教学改革都难能将之撼动,甚至它被视为课堂教学的"正统",被视为课堂的"法定结构",在教师心目中根深蒂固。翻转课堂的出现恰恰打碎了这一"神话",促使教师放弃对教学流水线的迷恋,呼吁教育工作者接受教学环节可以"自由移置、反复再现、灵活嵌入"的新设计思维。正是有了微视频技术,教师的精辟教授环节可以经过"录制"处理而被固化,实现教学过程与内容的节段化或组块化,由此,这些内容与环节可以在教学流程中自由"位移",随意嵌入学生的学习过程。在这一意义上看,翻转课堂突破了传统教学的流水线的"封锁",为满足学生"想学就学"的个性化要求,为实现教与学间的灵活配置创造了条件。进言之,翻转课堂启示我们,好教学、好课堂在流程上应该具有三个特征:其一,教授活动应该有可回归性,即在学生学习需要时,它可以随时回到先前任何教授环节上去,随时防止学习变成"夹生饭";其二,教学流程应拆解成以知识点为主体的组块,使之具有可组装、可配置的性能,这样,教学就可以采取"搭积木"的思路进行灵活组织,渐进式地达成教学目标;其三,教学流程应该赋予学习者更多的自主权,学习者可以按照自己的意愿与学习状态自由选择教学流程切入点,进入任一教学环节开始学习。一句话,教学流程应该由可以灵活移动的教授活动组块组成,教师应该防止教学活动过程被箱格化、线条化,退化为限制教、学活动自由的牢狱。

(二)强化了教学的助学本性

如前所言,翻转课堂是最贴近本真学习形态的课堂形态之一,回归教学的助学本性是提高课堂教学效能的内在要求。在翻转课堂中,教与学间的地位、组织、关系都发生了深刻的变化,"学生""学习"成为主题词,"教学"真正变成了"学习"。在这一教学模式中,教学的助学属性异常明显,集中体现在两个方面:首先,教学真正成了一种服务。传统课堂教学中的教辅工作,如为学生学习而录制视频、设计自测题、组织学生参与讨论、为学生学习答疑、引导学生小结学习成果、营造探究学习的氛围,等等,在翻转课堂中都成了教师的主要工作。在传统课堂中,讲授、提问、组织教学、展示教具等才是教师的主要工作,而翻转课堂中,讲授的工作相当一部分由名师群体代理,"教师提问"变成了"学生自问",组织教学的部分工作由学生小组代理,展示教具变成了学生在教具超市的自选行为,由此,教师的教学工作所剩无几,学生的学习责任空前提高。其次,教学变成了参与。在翻转课堂中,课程知识的主要提供者不再是教师,而是视频资源的录制者、学生共同体、师生共同体、虚拟社区中的学习共同体等。进言之,只要学生参与了上述教学主体的活动,学习就会自然发生,知识就可能获得。在传统课堂中,教学的主要形式是聆听教师讲授,学生知识的习得主要通过理解与内化来实现,而在翻转课堂中,学生参与任何一种学习活动就可能从视频的讲解、共同体的讨论中获取知识与经验,教学活动的灵活性与自由度由此增加。可见,正是由于教师地位的"下降"、学生学习形式的改变,才使翻转课堂变成了"学生的学堂"。

(三)凸显了学习过程的复杂性

在传统课堂中,学习过程是信息向人脑的输入过程:在强势的"教"的主导下,学生的"学"具有一定程度的被动性与单纯性,认知规律是学习过程的主导规律,学习活动关涉的复杂人际关系、活动领域与多维关联被简单化、机械化。在翻转课堂中,这些简单学习理解慢慢被克服,学习的复杂本性得以关注。具体而言,学习具有多样化的属性,如社会性、个体性、文化性与伦理性等,翻转课堂的成功在于它有效兼顾、兼容了这些属性,凸显了学生课堂学习过程的复杂性。

从社会性角度看,学习是人际关系介入的过程,教师与学生、学生与学生、学生与家长等关系的协调与支持是学习活动顺利推进、学习问题得以有效解决的依托。翻转课堂借助在家学习视频、遇到问题参与社区与课堂讨论的方式构筑起了一个"超课堂"的学习共同体,多重社会关系被卷入课堂,教学活动变成了一个社会化实践,课堂学习获得了强有力的社会力量支持。

从个体性角度来看,学习是学习者自觉承担学习责任、积极展开思维、进行自我对话的过程。无疑,学习也是一种个体行为,学生自我的全身心参与至关重要。学习是学生内化社会知识、形成个体经验、生成个体价值观念的过程,是学生借助自己的脑力智力、经验结构与认知图式来内化外来信息的过程。该过程无法由他人来代理,进言之,外界的力量,如教师的点拨、家长的督促等只是学生内化新知识的外因与辅助力量。在翻转课堂中,整个学习过程是学生自主学习、生发学习问题、寻求学习资源、解决学习问题的过程,它打破了整齐划一式的传统课堂局限,为学生个体化学习提供了舞台,故更有助于个体学习的发生与展开。尤其是借助核心知识视频录制技术,整个课堂教学实现了"抽芯"式处理,由此变得高度精简、提纯浓缩,由此释放出了大量学习时空,为学生个体化学习提供了充足的物质保证。

从文化性角度来看,学习是学习者与人类文化双向互动的过程,获取社会共同经验、建构个人知识是学生课堂学习活动的实质,是课堂教学存在的客观理由。客观地看,课堂教学是社会文化与个体经验间的一个转换点与交接点,能否保证学生在课堂上获得一定的文化知识检验着课堂教学的基本功能。在翻转课堂中,文化知识引入课堂的主载体是微视频,学习共同体对微视频的解读既是这些文化知识在课堂中被"活化"的过程,又是这些知识被学习主体进一步拓展的过程。微视频是激活人类文化的诱因,师生围绕这些视频的解读与讨论是社会文化知识在课堂上被再生产、再创造的过程。

从伦理性角度来看,学习是弘扬伦理精神的过程,是基于知识生产伦理的实践。知识的生成是一个被社会逐步认可的过程,权威与对话是知识生成的两大机理。专家权威生产的知识也可能被社会认可,但知识生产的方式是违背伦理精神的;借助专业共同体对话渠道生产的知识是民主的知识生产方式,是更容易得到社会认同的一种知识生产渠道。在传统课堂中,学习者脑中知识的形成主要依靠的是教师的权威,只要出自教师嘴中或教材上写着的知识就是合法知识,教师与教材是知识对错的仲裁者,学生知识形成有悖于伦理精神。在翻转课堂中,学生知识的形成有赖于学习共同体的讨论与自己独立的理性思考,这种知识生成方式是合乎伦理精神的。因此,翻转课堂的科学性还在于其对民主学习伦理的坚守与践行。

三、翻转课堂对教学本质的改写

翻转课堂的出现是触动教学本质的一次变革,是现代媒体技术与课堂教学间的一次融合式创造,但我们绝不能高估这一"变革"的地位,因为这一"变革"只是在一定当代教学本质的阈限内发生的,它既不可能完全颠覆传统课堂教学,也不可能彻底翻转"教"与"学"之间的位次。正如有学者所言,翻转课堂"替代不了真实的师生互动的教学过程,也还不足以让教和学的关系发生本质变化"。[①] 即便如此,翻转课堂对现代教学活动本质的有限改写也具有时代性意义。

(一)教学的认识本质不变,但认识的流程是可"倒叙"进行的

任何课堂教学的本质都是一次由教师来执导,以学生为主体的特殊认识活动,翻转课堂没有改变这一本质,它改变了的只是教学活动的环节组织与呈现方式而已。课堂教学是以间接知识经验为主要认识对象的实践活动,这就决定了在学习这些知识经验时必须经历一个"将知识打开,内化、外化"[②]。翻转课堂只是采取了一种"非常规"的知识"打开"与"内化"方式而

---

① 赵兴龙.翻转课堂中知识内化过程及教学模式设计[J].现代远程教育研究,2014(2).

② 王策三.认真对待"轻视知识"的教育思潮——再评由"应试教育"向素质教育转轨提法的讨论[J].北京大学教育评论,2004(3).

已,即采取"微视频技术"来精妙地打开课程知识,用"课堂讨论疑难"的途径来内化知识。在这一意义上,翻转课堂的确开辟了一条独特的引导学生步入知识世界的轨道。同时,翻转课堂对教学认识(即教学环境中的学生认识活动)的流程进行了微调,即借助微视频技术将教学认识活动进行了节段化的拆解与重组,借此打破了传统的"从已知到未知"的顺序式常规认识路径,改变了"感知—理解—巩固—运用"的传统认识线路,而是通过微视频的辅助改变了教学认识的一般道路,转而采取"呈现核心知识—引发认识问题—课堂集中研讨"的新认识线路。这就使其教学认识线路采取"倒叙"的手法,"先呈现知识结论,再讨论相关问题"成为翻转课堂的经典教学认识流程。

(二)教学的双主体性不变,但"偏学"型教学更利于教学目标的达成

课堂教学是双主体交互推进的过程,师生间是以对话、交往为内容的主体间关系,双主体性是当代课堂教学的核心本质。传统课堂正是因为看到了这一点,才致力于师生关系的建设与经营,努力构筑师生间信息、知识、情感与心灵的多通道关联,为课堂教学的有效开展搭建桥梁。翻转课堂亦是如此,它依然承认并遵循教学活动的双主体性,义无反顾地推动学生的教学参与活动,强调优质精悍的微型教学视频对教学活动的重要性。不同的是,翻转课堂在双主体间更加偏向"学习"的一端,更强调学习对教学活动的基础性、主体性地位,大力倡导"以学定教""以学带教"的教学思维。正如有学者所言,"翻转课堂使得教师从传统课堂中的知识传授者变成了学习的促进者和指导者。"[①]相对教授而言,翻转课堂的实践者更加相信自学、群学、研学的威力,其倡导的主流理念正是我国当前高效课堂改革的理念——"多学少教"与"先学后教",[②]他们竭力通过"促学型"教学环境的建构来变革课堂教学,故它走的不是"教学平衡"的第三条路线。因此,翻转课堂并没有彻底放弃对"教"的强调,尽管在这一教学环境中"教师不再是知识交互和应用的中心,但他们仍然是学生进行学习的主要推动者,当学生需要指导的时候,教师便会向他们提供必要的支持。"[③]翻转课堂没有也不可能改变课堂教学的双主体性本质,它对教学本质的改写仍旧停留在"双主体"的框架之内。

---

① 张金磊,王颖,张宝辉.翻转课堂教学模式研究[J].远程教育杂志,2011(6).
② 龙宝新.论"新课堂"视野下的高效课堂改革线路图[J].江苏教育研究,2014(1).
③ 张金磊,王颖,张宝辉.翻转课堂教学模式研究[J].远程教育杂志,2011(6).

（三）教学的双边性不变，但媒介能够改变双边性的呈现形式

课堂教学是教与学、师与生之间的双边互动实践，双主体共在互动体现着课堂教学的本质所在。在传统课堂中，师生间的双边性有多重表现，如师讲生听、师问生答、师做生看等，师生在教学活动中的遥相呼应、双向互动、交响共鸣，在彼此配合中共同演奏了一曲"双簧"。这种双边性特征体现着教与学相互依存、共生共长的关系。在翻转课堂中，似乎这种双边性关系被改变：教师退到幕后，退到视频中，退回到学习共同体中的"平等中的首席"角色，学生面对视频的学习、面向问题的学习、面对同学与家长的学习比重迅速提高，课堂教学的主画面是学生。但这并不能改变教学的双边性本质。无疑，由于微视频的利用，教学双边性的表现有所变化：师生以视频、学习问题为中介的双边互动占据了主导地位，而在课堂中师生的直接双边交流开始减弱；教学的双边性痕迹被弱化，教学活动的主体形态是学生基于视频与讨论的自主学习，教师的教授的"一边"随之变得模糊不清，视频研发、组织服务、咨询向导成为教师"一边"的主要存在形式，但整个课堂教学活动仍然离不开教师"一边"的幕后规导，离不开教师更为科学、周密的筹划与制导，教学活动没有变成全由学生随性而为的"独角戏"或"乱弹琴"。可见，在翻转课堂中，教学的双边性没有发生实质变化，教学缺了师生任何一方都不行，它只是向我们证明，在富媒介环境中，优质传媒介质的研发与运用很大程度上会改变教学双边互动的形态，致使"教"的一边退居幕后，"学"的一边被强化凸显。

（四）教学的发展性不变，但问题驱动有助于发展目标的实现

教学的本质是学生在课堂环境中的发展过程，尤其是学生在知识技能、学习方法、情感态度等方面的多维发展过程。从某种意义上，教学与发展是相互缠绕、相依相随的关系：有效的教学总是走在学生发展的前面来带动、促进学生的发展，在学生的"最近发展区"内撬动学生的发展；无效的教学常常滞后于学生发展，要么被学生的学习"牵着鼻子走"，要么强迫学生就范于讲授的"轨道"，最终抑制或延误学生的发展。传统课堂促进学生发展的方式是用循序渐进、逻辑清晰、层次分明的讲授来帮助学生搭建理解之路，"动机诱导、讲授开道、知识内化、课堂练习"是其促进学生认知、思维、心灵发展的基本方式。翻转课堂也以促进学生"三维发展"为目标，但其采用的基本思路有所变化，"新知前行、问题生发、合作研学、建构结论"是其促进学生发展的一般思路。相对而言，传统课堂按照"知识逻辑"来组织教学，努力构筑知识同化的坦途，而翻转课堂则用"问题逻辑"组织教学，努力构筑尽可能真

实、完整的学习轨道;前者的结果是学生主要在认知领域获得发展,而后者的结果是学生在学习相关领域,如学习方法、问题解决、学习态度等方面都得到了相对全面的发展。实践证明,相对完整、问题驱动的学习过程能够让学生得到更多维度的发展,更利于"三维目标"的全面落实。这正是翻转课堂更有利于教学目标达成的内在优势。

(五)教学的建构性不变,但自主学习环境更有助于新知的建构

教学的另一重要本质是建构性,即在认知图式的中介下,在旧经验基础上建构新经验的属性。皮亚杰认为,学习者建构新经验的途径有两条,即同化、顺应,其最终目的都是要形成人的认知结构与外在世界间的平衡。在传统课堂中,新知识的建构主要是通过同化来实现的,即学习者通过对新知识的理解、消化来实现内外经验之间的平衡,教师可以利用新知识、新信息向课堂的输入来实现这种平衡;而在翻转课堂中,教师不再是主动者,而几乎是一个被动者角色,学生要实现主体内外经验、信息间的平衡必须求诸自己的主动探究来实现。在这种情况下,自主学习环境的建立就显得尤为重要。翻转课堂帮助学习者实现内外经验平衡的方式不是被动平衡,即利用教学知识的直接供给与学习者的心理同化来实现;而是主动平衡,即借助于学习者的自觉探究与探索性操作来完成。例如,学生可以在便于回放的视频与开放的网络学习空间中寻求自己问题的答案。因此,传统课堂帮助学生建构新经验的方式是改变知识教授的方式与数量,促进学习者对知识的理解与消化,翻转课堂则是努力为学习者提供一个知识探究的环境,即基本知识资源与新知衍生平台(课堂讨论环境),促使学生借助自己的潜能与智慧来生产新知识、新信息,消除他们主体内外经验间的"不平衡",即学习问题。"授之以鱼,不如授之以渔"。翻转课堂重在为学习者建构新知识经验提供必要的手段、信息与平台、资源与素材(如微视频),重在为学生自主学习搭建平台、提供条件,至于会产生什么问题,会把讨论与结论带向何方,只要不逃逸出课堂的主话题,教师都不会给予过分的规限,因为在翻转课堂的视域中,讨论的持续比讨论的结论更重要,建构的过程比建构的结果更重要!

第二节　翻转课堂与高效课堂间的异同与整合

1998 年,山东杜郎口中学开始了基于导学案的教学增效改革,标志着高效课堂形态在中华大地上的形成;2007 年,美国化学老师 Jonathan Bergmann

和 Aaron Sams 在课堂中首先采用基于微视频与教师导学相结合的新型混合教学模式,标志着"翻转课堂"的诞生。两种课改思路表面上相差甚远、诞生地相隔万里,好似属于两种截然不同的课改类型,难以存在渊源关联,其实,在这个全球化、信息化的时代,没有任何关联的两种课堂形态是不存在的。既然同处"地球村",就不可能不发生彼此的关联与影响。深而究之,两种课改形态的理念内核其实是相同的,两者间的差异只是实现"高效"的路径不同而已。有学者所言,"'导学案教学'与'翻转课堂'的互依共生是解决当代高效课堂改革难题的重要路径之一。"①对上述两种课改形态之间的差异加以剖析,找到两种理念间的相通点与结合带,努力实现两种异国课改形态间的优化整合,是当代世界课改创造新范例的实践路径。

一、翻转课堂与高效课堂间的时代关联

世纪之交,整个世界都在为课程与教学改革问题而奔忙,教学效能一跃成为一个世界性的教改话题。20 世纪 80 年代末期,欧美国家强烈要求提高学生学术成绩(academic achievement),英国推出国家课程,美国总统批准《不让一个孩子掉队》法案,科学主义取向的有效教学理念在国外课堂中颇受推崇②;在我国,新一轮的基础教育课程改革发起,对西方有效教学理念的吸收热情空前高涨,洋思中学等一批课改名校迅速崭露头角。在这种形势下,作为有效教学的升级版或本土化中国版本——高效课堂改革在中国大地悄然兴趣,引发了全国范围内高效课堂改革的浪潮,几乎找不到不谈"高效课堂"的中小学了。③ 尤其值得关注的是,在当前西方国家,可汗学院(The Khan Academy)创立、慕课课程接踵而生、云课程大规模上市,用"视频再造教育"国际化狂飙迅速掀起,"翻转课堂"瞬间走红,成为世界各国炙手可热的一个词,引导着世界中小学未来课堂建设的标的与航向。应该说,正是身处同一个教育时代,面临同一个课改话题,世界各国中小学教学改革的千帆竞发与全球协同才成为一个必然的教育事件:一方面,西方依靠其得天独厚的信息技术优势大力推进教学改革,努力实现教学"直观化、个性化、自主化"的主题改革目标,翻转课堂的产生自然迎合了西方对优质教育形态的需

① 张旸,蒙泽察."导学案教学"与"翻转课堂"的价值、限度与共生[J].全球教育展望,2013(7).
② 陈晓端等.有效教学的理论与方法[M].长春:东北师范大学出版社,2010:2.
③ 龙宝新.高效课堂的理念与行动[M].西安:陕西师范大学出版社,2010:95.

求,以信息技术媒体为主载体的高效课堂理念自然成为西方的时代版本;另一方面,我国由于教育资源的相对短缺,在班级授课框架内提高教学效能,推进课堂结构流程优化的教改思路自然是最适合国情的一种课改形态,调动学习者的自学热情、提高学生学习过程的自助化水平,走生本化的课改方向,满足人民群众对优质教育资源的需求,自然成为我国教改因应自身情势的选择。同一个课改目标、相同的时代背景、相异的教改手段等为翻转课堂与高效课堂之间"同中求异""异中求同"提供了依据。我们甚至可以说,翻转课堂就是西方的"高效课堂",高效课堂就是中国的"翻转课堂":我国的高效课堂"翻转"了一般意义上的传统课堂流程,"课前导学—生成问题—课堂探究—展示点拨"构成了的"中国翻转课堂";西方的翻转课堂"翻转"了课内外教学时空、师生角色地位,以其"视频预学—在线作业—课堂研讨—教师点拨"的大致形态构成了别具特色的"西方高效课堂"样态。正是如此,我们有理由相信,翻转课堂与高效课堂之间的时代关联是两种教改形态之间高度相通的物质根源,是二者可以相互阐释、相互补充的内在线索。实践也表明,近年来,我国上海、南京、重庆等地中小学相继引入西方翻转课堂理念,创造了一些具有中国特色、立足中国国情的翻转课堂形态,如重庆聚奎中学提出的"三四五六"式翻转课堂模式等,正是我国高效课堂实践与西方翻转课堂理念中西合璧、交融共生的产物,是中西方共同孕育出来的一种混血式高效课堂形态。

二、翻转课堂与高效课堂间的内在差异剖析

翻转课堂与高效课堂间的内在差异是我们深入剖析二者间异同,认清其内部结构关联的切入点。显然,任何一种课堂形态都可以从五个方面来剖析它,即构成要件、教学流程、课堂结构、教学策略以及适用条件。其中,构成要件、教学策略的差异是不同课堂形态所采取的基本教学手段差异,教学流程与课堂结构是这些教学要件在教学活动中的组织方式差异,而适用条件差异则体现着不同课堂形态间的功能差异。有学者指出,"翻转课堂包含三个基本构成要素:一是技术要素,主要为微视频;二是流程要素,主要为'课前—课中—课后'的教学活动;三是环境要素,主要为带有智能诊断功能的学习分析系统。"[①]这一论断为我们确立两种课堂形态比较框架提供了

---

① 赵兴龙. 翻转课堂中知识内化过程及教学模式设计[J]. 现代远程教育研究,2014(2).

启迪。

(一)构成要件比较

对高效课堂与翻转课堂而言,二者的直观独特性源自其所采取的主要教学手段差异,与主要教学手段相适配的其他教学手段组合起来,就构成了两种课堂教学形态间的物质构成要件差异。所有课堂形态都有一定的共通性,如离不开教师、学生的参与,离不开教学材料、资源的支持,离不开一定的教学活动形式等。相对而言,决定这一教学活动形式的物质要素是师生间信息互动所采取的手段。就高效课堂而言,它采取的主要信息承载手段是导学案,其特点是:学习目标明确,便于指导学生有效预习,有助于让学生产生问题,能够拓展学生的知识经验等。[①] 从这一角度来看,导学案的主要功能是引导学生清楚课堂学习活动的目的、内容、问题,它具有明显的助学功能。实际上,在主要教学手段的基础上,国内高效课堂还引入了一系列的辅助性教学手段,如训练案、"一案三单"(导学案与活动单、训练单、问题单)、"学习三宝"(李炳亭)等,这些教学手段都是为了充分利用导学案功能而延伸出来的。

相对而言,翻转课堂主要采用的是教学短视频,即微视频,其主要特点是:短小精悍,可以回放,便于检索,使用方便,可随意组合,以问题为单位设计,符合学生注意规律[②],便于学生自主学习等。与之相应,它还采取了一些辅助视频学习的手段,如在线作业练习、虚拟学习社区等,借助这两个手段,学生可以随时获得答案,实现在线反馈。从功能组合角度来看,"微视频 +在线作业 = 课前导学案(即预学案)",而"教材 + 导学案 = 微视频"。就其二者间的关系而言,微视频与导学案都只是教材再现的一种形式而已,都只是课前导学的一种手段而已。在学习原理上,二者大同小异,即都是为了实现"课堂学习活动前置、生成学习问题"这一目的。换言之,这些教学手段都只是学习问题的诱导装置而已。进言之,它们只是改变了教学基本手段——教材、信息传递手段之间的组合方式而已。自然,翻转课堂的相对优势来自现代信息技术手段——微视频的优势,它具备了更具活力的信息呈现形式,是从阅读教材文本实践中难以体验到的优势。借助微视频学习与

① 张志勇.回到教育的原点看"高效课堂"———基于省庄二中课堂教学改革的思考[J].当代教育科学,2010(16).

② 朱峰.翻转课堂"翻转"了什么? [J].北京日报,2014－6－11.

在线练习之间的交互循环,学生很容易达到理想的学习效果,这种技术优势在国内高效课堂中是很难找到的。如果国内能借助网络学习社区建设也建立起一种在线学习与讨论制度,其教学效果很可能达到与翻转课堂相当的水平。正如有学者所言,"建立以网络信息技术为支撑、以'导学案'为指导的'视频'平台,实现学生、教师和家长之间的有效互动,同时也实现课堂与课外在时间和空间上有效延伸和衔接。"①

总言之,翻转课堂与高效课堂间的主要物质构件差异体现在教学前端上,体现在对教材的呈现与利用形式上。无论是导学案还是微视频,它们都是以教材为中心,都是引导学习者"深读"教材的一种手段。

(二)教学流程比较

无疑,教学流程间的差异是高效课堂与翻转课堂间人人皆知的差异。国内教师自然会认为,课堂教学之间的效能差异主要来自教学流程差异,形形色色的"数字化模式",如杜郎口中学的"336 模式"、兖州一中的"271 模式"、李炳亭倡导的"五步三查模式"等。这些模式其实就是对课堂教学流程的描述,国内教师争相奔赴高效课堂名校学习的就是此类模式。相对而言,翻转课堂也是因教学流程差异而著名的,"翻转"的实质就是教学活动中"教"与"学"间的进程翻转,即以前是先教后学,现在是先学后教;以前主要是在校上课,现在主要是在家上课、在校讨论;以前是教师主导学习过程,现在是学生主导学习过程。在此,我们对这种异同做以深入剖析。

首先,两种课堂教学模式的主要差异体现在"课前学习设计"与"课内展示交流"环节上。国内高效课堂的主流程一般是"导学案学习→小组合学(课堂研讨)→课内展示→问题反馈→达标检测",而翻转课堂的主流程是"微视频导学→在线作业→生成问题→课堂研讨→教师点拨→课堂小结"。两种教学流程之间差异微妙,值得探究。显然,两者间的流程差异主要体现在"课内展示"与"课堂研讨"两个环节上。以杜郎口中学为例,其"336 模式"的大致流程是"预习交流→明确目标→分组合作→展现提升→穿插巩固—达标测评",该流程的核心环节是"预习→展示→反馈"。再如昌乐二中的"271 模式",其倡导的教学流程是"预习自学·自主探究→完成学案·训练应用→分组合作·讨论解疑→展示点评·总结升华→清理过关·当堂检

---

① 张旸,蒙泽察."导学案教学"与"翻转课堂"的价值、限度与共生[J].全球教育展望,2013(7).

测"。两种高效课堂流程基本相同,即都按照"学案导学→生成问题→展示研讨→检测评估"这一流程进行的。相对而言,翻转课堂的教学流程则主要是按照"课前微视频导学→在线作业→课内研讨→知识巩固"来设计的,例如 Robert Talbert 提出的翻转课堂流程为"(课前)观看视频→针对性练习→(课中)快速检测→问题解决→总结反馈"。[1] 国内学者还对该模式进行了优化,其构思出来的理想翻转课堂流程为"(课前)视频观赏→课前练习→(课中)确定问题→创建环境→独立探索→协作学习→成果交流→反馈评价"[2],其主流程可以简化为学习程度依次加深的三个阶段,即"课前预学→课中探究→反馈交流"。在此,我们把两种教学流程图示如下:

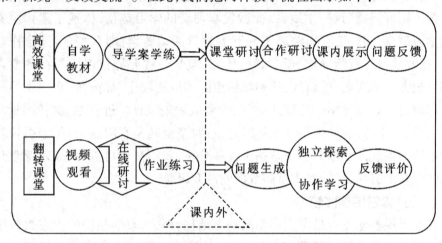

图 4-1　翻转课堂与高效课堂间的流程差异

由上图可见,在两种课堂教学流程中,高效课堂的特色教学环节是课堂展示,它不仅是激励学生课堂合作学习热情、生成学习问题的枢纽链环,还是师生间信息互动、教学反馈的关键一环,正是因此,许多学者把预学、展示、群学视为高效课堂的三个鲜明特征;翻转课堂的特色教学环节是基于微视频的预学与在线研讨,它是整个课堂后续教学活动的基石,此环节的学习活动效果事关整个教学活动的成败。两种教学流程都将课内的许多教学任务适当前移到课外,相对而言,翻转课堂前移的教学任务较多,甚至只给课堂留下了知识内化与拓展任务,而高效课堂只是有限前移了少量教学任务,

① 张金磊,王颖,张宝辉. 翻转课堂教学模式研究[J]. 远程教育杂志,2011(6).
② 张金磊,王颖,张宝辉. 翻转课堂教学模式研究[J]. 远程教育杂志,2011(6).

课堂作为教学活动的重心没有发生根本改变。从这一点来看,翻转课堂对传统教学模式的变革更加深刻,学生在家、课外学习承担的教学任务要更重。

其次,两种教学流程相比而言共性大于个性,集中体现在三个方面:其一,它们都采取的是"先学后教""学习任务前移"的思路,与传统教学中的"教授为本"特点相比差异悬殊。只不过是高效课堂采取的是一种较为原始的学案助学手段,翻转课堂则是借助先进的信息技术媒体手段,进而创造了一种"在线学习+面授点拨"的混合式学习。其二,它们都采取的是问题导向式教学设计,即按照"预学教材·引发问题—课堂研讨·解决问题—教师点拨·拓展问题"这一主线,以此激发学习者的学习热情,体现了建构主义的学习理念。其三,它们都离不开五大教学活动要素,即自主学习、合作学习、探究学习与教师导学、反馈评价等,其教学流程差异仅仅体现在各要素的组配方式不同而已,而且,这种灵活组配的空间较小,都按照"自主学习—合作研讨—教师导学—反馈评价"的大致流程来设计。进言之,翻转课堂对教与学、家学与校学、生与师之间的地位、时空翻转是有限的,不可能引发教学本质的彻底性变革。也正是基于这一分析,我们甚至可以说,高效课堂是翻转课堂的雏形,翻转课堂是高效课堂的升级版。

(三)课堂结构比较

如果说教学流程是课堂形态的动态结构,那么,教学活动的内在组织则构成了一种课堂教学的静态结构,对高效课堂与翻转课堂的内在组织架构进行考察,同样有助于我们深入洞察两种课堂形态间的细微差异。任何课堂形态的实质都是师生间围绕知识信息而展开的一次互动,其互动的方式微妙反映着课堂构成要素间的个性化组合形式。

在高效课堂中,导学案具有多功能性,既可以放在课前来使用(即预学案),也可以放在课中来使用(即学习方案),师生之间信息交互的主要媒体是导学案,围绕导学案展开的自学研讨、结果展示、评价反馈构成了课堂活动的基本内容。应该说,导学案是诱发问题的酵素,师生共同体是问题解决的装置,以学习目标为内核的效能检测是高效课堂的落脚点,整个教学活动由三个循序渐进的层次性互动构成:表面是围绕导学案的互动,核心是围绕问题解决的互动,实质是围绕教学效能的互动。在此,我们把高效课堂的内部结构图示如下:

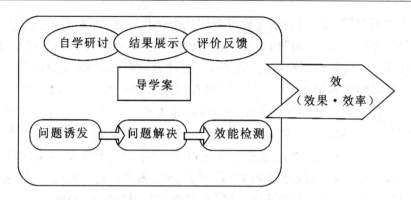

图 4-2　高效课堂的课堂结构分析

相对而言,在翻转课堂中,师生之间信息互动的主要媒介是视频观看与在线练习,因为这两项活动都在课外、家里进行,留在课堂中的主要是初步成形的学习问题,它不像国内高效课堂那样,导学案始终出现在课堂教学的全程中,问题可以随时从导学案中延伸出来,问题必须经历课堂群学的再聚焦环节才能更加清晰。由于课前视频学习与在线练习较为深入,所以,在翻转课堂中,学习问题已经相当聚焦,围绕问题展开的自主学习、深入研讨成了课堂教学的轴心,课堂成了学生自主学习的重要环境,成了学生开展合作学习的重要阵地,课堂中学生拥有足够的学习研讨时间。在此,我们也把翻转课堂的课堂结构做以剖析:

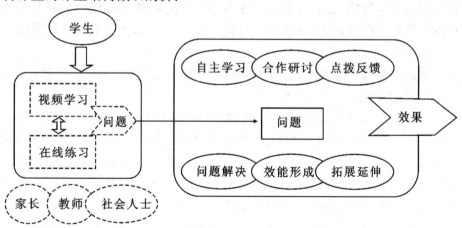

图 4-3　翻转课堂的课堂结构分析

进言之,高效课堂与翻转课堂中课堂教学的基本构架不变,即都是一种"教师、学生、课程资源"组成的三体互动形式;组织形式上大同小异,都旨在创造一种"生进师退、生本师导"的新型课堂教学结构,促进"课堂教学"向

"课堂学习"的转变,尽力实现教学组织的个性化转变;师生角色关系上相似点颇多,都在试图"颠倒"传统课堂中的师生关系,把学习的权利、机会、活动尽量还给学生,教师只担负起"组织者、促进者、辅导者"的辅助角色。相比而言,其间的差异是微妙的,主要体现在课堂教学的伸缩度与教学"三体结构"的微调上。翻转课堂的教学伸缩度明显大于高效课堂,它将教学活动的许多实质性学习任务有效地转移到课前完成,而高效课堂借助学生预习来实现教学任务前移的能力是极为脆弱的,课堂依旧是教学活动的实质性空间,教师的课堂结构依然比较紧凑、紧张,故"效率"成为高效课堂追求的"效"的重要含义之一①,"又快又好"是高效课堂对"效"的经典解读,而翻转课堂则把教学活动目标全心地集中在了"效果"上,"效"的核心含义是课堂中对知识的内化程度。同时,翻转课堂中,在课前师生借助在线学习与家庭学习成功地把"教学三体结构"改成了"教学多主体结构",即将家长、社会人士、作为视频开发者的优秀教师等也引入了课前学习环节,加深了学生学习的社会化程度,有利于扩大教学的主体群,强化课前学习的效果。

(四)教学策略比较

高效课堂与翻转课堂不再是简单的传统课堂教学形态,它们各自引入了一些新型的教学增效手段与技术性策略,这就使整个课堂结构变得复杂了。应该说,选用什么样的教学增效手段及其组合,取决于教学实施者意在使用哪些教学策略,在多变的教学手段、教学结构、教学流程背后是其所采取的各种教学增效策略,对这种策略的深度分析有助于我们探明两种课堂形态的根本性差异。

就国内高效课堂而言,它所采取的教学增效策略主要有以下四种:

1. 直接学习

直接学习是高效课堂的主要增效策略,其主要假定是:不相信在教师"教"的前提、条件、环境下的"学"的效果,相信只有学生亲自、亲身学习过预定教学内容,亲历学习过程及其面临的问题挑战之后,才可能获得全面、深刻的学习效果,才能彻底解决学生学习积极性不高的社会难题。正是如此,"先学后教"(洋思理念)、"少教多学"(杜郎口理念)、"学生代教"(即由学生主持基于导学案的学习过程)成了高效课堂的主要教学增效思维。

2. 循环学习

所谓循环学习,就是对同一教学内容在课堂教学中多次变式的重现,以

---

① 王敏勤. 高效课堂的四个要件[J]. 人民教育,2010(6).

此达到熟能生巧的学习效果。循环学习是高效课堂实现增效的常规策略，杜郎口提出"大容量、快节奏"的教学理念直接与此相关。正如有学者所言，"一个朋友做过统计，在这种学习模式中，孩子们在相关知识点的学习和应用中要达到六次循环———学案预习是一次，小组内部交流是一次，小组展示准备是一次，小组展示是一次，倾听其他组展示和对其他组的质疑一次，最后总结反馈一次。"①借此实现了循环式学习。

3. 学习增量

高效课堂实践者认为，在课堂教学中学生的有效学习量越大，教学的效能就可能增加；增加学习的信息量、活动量、思维量、练习量，课堂教学的效能就可能大幅提升。在具体操作中，教师实现学习增量的手段是：压缩课堂时间结构，实施"抑教扬学"措施，严格规定讲授时间，如杜郎口的"10+35"时间控制标准；一切"教"的活动尽量由学生来代替或代理，以此相应扩大学生的相对课堂学习时间；把学生课堂学习向课外延伸，即通过学习前移到课外，提前预学预习，增加课外作业等方式来增加学生的绝对学习时间。

4. 生生互学

小组合作学习是高效课堂采取的重要组织形式，甚至具有高效课堂"形象代言人"之称，其隐含的教学增效策略是为每一位同学配置更多的"小先生"，实现学生学习信息、渠道的多元化，为学生的自主学习、个性化学习提供教师条件支持。同时，学生在胜任"小先生"时也能够促进他本人"元学习"意识的形成，加深学习的深度，同时还能实现对身边同学的学习辅导，可谓"一箭双雕"。

相对而言，翻转课堂采取的教学增效策略是以下四种：

1. 教学"翻转"

翻转课堂的基本增效策略就是"翻转"，如翻转教学时空，实现家学与校学之间的教学任务互换；翻转师生关系，打破"师本生次"的传统教学关系；翻转教学时间，把课堂教学时间转变为学生课堂学习时间；翻转作业位置，改课后作业为课前作业；等等。这些"翻转"策略无疑是翻转课堂的革命性所在。

2. 扩大教学时空

借助微视频与在线学习，翻转课堂有效地把课堂教学中的初级学习、浅层学习活动向学生课前、学生家里，甚至学生虚拟学习空间转移，达到变相

---

① 闻待.杜郎口"高效课堂"的效率性特征[J].上海教育科研,2009(9).

扩大学生的学习时间、学习对象、学习资源的意图,实现学校教学、家庭学习与社会化学习之间的并用与兼顾,增加学生学习活动的频次。

3. 混合学习

翻转课堂主要采取的是在线学习与教师面授指导相混合的学习形式,充分发挥了信息媒体教学与传统教学的组合优势。在这种混合学习中,教师可以充分利用微视频的直观性、动态性保持学习者集中注意力,确保学生将主要精力集中在教学内容上。同时,教师还可以利用师生面授时间来帮助学生强化学习重点,点拨学习中遭遇的新问题,加深对知识的理解。应该说,在这种混合学习中,教学生效的两大要素——学生爱学与教师精教实现了有机融合。

4. 自主学习环境搭建

自主学习的发生需要两大条件支持,即学习动力与学习资源,促成二者的创造与结合是翻转课堂努力的方向。翻转课堂在这一策略使用上具有自身优势:其一,有了学习任务的驱动、微视频的吸引,教学激发了学习者的自主学习愿望;其二,有了在线学习平台的搭建,以及课堂内师生、学生共同体建设,学习者就能够及时实现学习水平与效能的自检,使他们及时了解学习结果,激发他们持续学习的动力;其三,借助富媒体环境,如网络学习社区、在线作业平台、微视频等学习资源,以及学生手中的书本教材,学生就可能获得自己需要的各种学习资源。一旦积极的学习动力与丰富的学习资源在学习空间相汇合,学生的自主学习就能够发生。

其实,两种课堂形态所采取的教学策略差异是微小的,如学习任务前置、生本师导、学习增量、重视自学群学等都是其共同采取的教学策略,二者间的差异只是实现形式上的细微变形而已。正如有学者所言,翻转课堂"仅仅是偷换概念,简单地转换了时间,基础都是相同的说教、讲座的教学法,正所谓'旧壶装新酒',根本就是'换汤不换药',只是陈旧教学方法(讲授)的一个高科技版本。"[①]这一观点不无道理。

(五)适用环境比较

总言之,翻转课堂是一种高成本、高技术含量的课堂形态,其对教学视频资源提出的技术要求与授课要求,对学生学习时间投入的要求,对在线网络平台建设的要求,对学习者家庭的教育成本投入的要求,对学习者自身的学习自觉性要求,以及对支持性社会学习环境的要求等都是较高的,这就决

---

① Ash, Katie. Educators View 'Flipped' Model With a More Critical Eye[J]. Education Week, 2012(2).

定了它具有有限的社会适应性。正是如此,重庆聚奎中学在引进翻转课堂模式时对之进行了因地制宜的改造,并形成了"三四五六"模式,以此适当降低其对课堂教学活动的某些技术性要求与成本投入。这种改造是必需的。相对而言,高效课堂对上述方面的要求较低,这就决定了它在任何地区、课堂、学科中的适应性较广,是可以大面积推广的一种课堂教学形态。进言之,高效课堂的质量更多取决于教师的教学能力,如学案编写能力、教学设计能力、课堂组织能力等,教师培训是高效课堂顺利实施的关键环节,不像翻转课堂那样,视频开发、网络学习成为决定课堂教学成败的枢纽环节。

三、翻转课堂与高效课堂的整合方向

基于上述分析,我们不难发现,翻转课堂与高效课堂间的差异是相对的,共通性是主要的。因此,对二者进行优化组合、优势共享、互补整合就显得尤为必要。我们可以肯定:翻转课堂的最大优势是微视频录制、自主学习环境创设、学业任务有效前置、学习形式社会化、深入的课堂讨论,而高效课堂的最大优势是导学案开发、学习结果课堂展示、课堂结构紧凑、教学适应性广等。要想对其优势进行综合,对其各自缺陷加以克服,需要我们重构一种更为理想的本土化翻转课堂形态,创造一种对学生更有吸引力的高效课堂形态。我们认为,未来我国高效课堂与翻转课堂间的整合方向大致如下:综合利用两种导学工具——导学案与教学视频的优势,科学优化学生课内外学习间的关系,以问题导向为教学设计主线,以学习动机激发为重点,以自主学习环境建设为目的,努力打造一种生本师导、适应面广的低重心课堂架构。在此,我们把这种课堂构架称之为"技术环境下的本土高效课堂"。这种高效课堂的理想架构如下图所示:

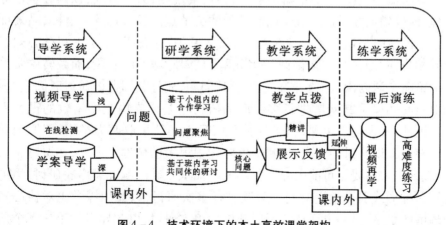

图4-4　技术环境下的本土高效课堂架构

139

上图表明,技术环境下的中国本土高效课堂主要由课内外依次衔接的四个教学系统组成,即导学系统、研学系统、教学系统与练学系统,由此构成了一个基于问题线路的教学进程。其中,导学系统的主要任务是问题催生,研学系统的任务是问题聚焦,教学系统的任务是问题解决,练学系统的任务是问题深化。在这一课堂教学构架中,三种学习形态即基于导学案与教学视频的自主学习、基于两个共同体——小组与全班的合作学习与基于教师核心知识点拨的接受学习相互辅助、交互缠结,构成了一个环环紧扣的学习链条。在教学中,学生的展示反馈、合作研讨等活动有力地加大了课内学习的深度,增加了课内学习的分量,为课内知识深化、能力形成提供了有力的支持。借助上述教学构架,我们不难发现,高效课堂与翻转课堂的未来整合方向主要是:

（一）提高课外学习水平,确保课前预学的质量

由上可见,国内高效课堂的弱势是课前预学质量难以保证,学生预习任务难以落实,导致课内教学活动仓促紧张,课堂增效压力较大。相对而言,翻转课堂的最大优势正是利用微视频学习与在线练习提高了课外预学的效果,为课堂教学实施了有效的"分压",由此强化了课内学习的深度、知识内化的水平。因此,利用导学案预学与视频导学的各自优势,将课堂内的初级学习有效地迁置到课前、课外,这是充分利用课前预学环节的有效手段。同时,借助视频讲解与学案导学,学习者就可能从"浅学"走向"深学",整个学习的水平与层次必将依次加深,学习者新问题的生成将变得更加顺畅。

（二）科学定位课内教学职能,提高课堂学习的深度

课内学习是教学增效的根本环节,是教学改革的关键环节。一方面,为课内教学活动减压是增加课内教学自由度的前提,另一方面,课内教学任务聚焦、深度增加才是课堂教学内涵发展的关节点。要实现这一意图,高效课堂采取的策略是让学生直接学习、循环学习等,它表明,让学生在核心知识及其相应核心问题上"多徘徊""多驻留"是课堂增效的手段,而翻转课堂采取的策略是课内深入探究核心知识及其问题,充分利用课内研讨时间,它表明对核心知识及其问题进行多维度的研讨也是课堂内教学增效的得力手段。因此,要提高学生课内学习的深度,我们必须采取两大举措,即增加学生对核心知识研讨的频次,拓展学生对知识思考的角度。因此,在课堂研讨中,教师一方面要尽可能引导学生对核心知识及其问题开展多轮研讨,尽可能用多种形式引导学生对同一问题进行多次研讨,以此加深学生对核心知识理解的水平;另一方面还要开展开放性组内研讨,以此导引学生从多个角

度来理解核心知识,并在相互辩论中提高学习效果。

(三)创新知识呈现方式,增加学生知识习得的自由度

这两种课堂教学结构的共同特点是强调学生、学习、导学在教学增效过程中的重要性,重视打破传统的知识呈现方式的局限,努力创建一种形式多样、气氛活跃的课堂新形态。每一种知识呈现形式都需要学生用相应的感官去接受,如基于教学视频的知识呈现形式需要学生同时用眼睛、耳朵等感官去接受,而基于书本的知识呈现形式仅仅需要学生用眼睛去接受即可,等等。翻转课堂的优势是充分利用微视频这一立体知识呈现形式,从而有效提高课前导学效能,而国内高效课堂则缺乏这一优势,它激发学生学习积极性的手段是尽可能为学生自由、自主学习活动创造条件,增加学生在学习过程中的自由度,导学案就发挥了这一功能。其实,从教师按部就班地向学生"讲知识",转变到按照原始知识形成过程来"探索知识",是当代课堂结构改进的基本思路。从上一课堂结构构架中,我们不难发现,翻转课堂与高效课堂的共同作用是为学生自主学习修筑一条"自行道""快行道"。围绕这一学习道路修建,课堂中综合利用知识呈现多媒体的优势与放大学生知识习得自由度的组合优势,是实现翻转课堂与高效课堂有机整合的现实选择。

第五章　高效课堂的反思

当前,高效课堂探索在实践中正处进行时,尽管人们对之非议与责难颇多,但无法改变的一个事实是:课堂改革始终是教育改革的主题,每一项被炒热的课改背后总是隐藏着教育改革的关键与纽结,预示着教育改革进入了核心区! 进言之,高效课堂改革之所以能够在基础教育领域掀起轩然大波,是因为它为当代教学改革提供了一种崭新而又富有冲击力的路径——从"效"这一根子上去破解课堂教学的瓶颈问题。"热销"的教学理念尽管能够聚合源自社会各界的课改能量,但不一定是最完美、最科学的课改方案。高效课堂正是如此。如何在本真教育视野下赋予当代高效课堂改革一种更为稳健的价值内涵与发展向度,据此导引课改能量的正向、有序释放,自然成为呵护高效课堂改革生命的选择。正是如此,本章中将对高效课堂的理念、实践做以全面反省,以供当代课改实践者参考。

第一节　高效课堂理念审视

任何合法的理念反思行动都需要合法的标准与参照系,对高效课堂理念反思而言,这一标准就是国家立德树人的宗旨与《基础教育课程改革纲要》的精神。我们认为,高效课堂改革必须坚持立体育人的主题,坚守教学共进的立场,积极构建有机生态、主体协同的高效课堂,努力达到让教学之"效"全面发酵、持续延伸的目的。这才是高效课堂,甚至一切课堂改革实践的至高追求!

一、当代高效课堂改革的全景透视

当前,我国教育体制正处在应试教育向素质教育的转轨期,努力打造学生满意、家长满意与社会满意的教育形态是学校教育改革者肩负的历史使命。无疑,高效课堂改革正是打造这种"三满意"教育形态的一种积极努力与尝试。从家长角度来看,他们的教育满意度主要来自教育活动的"后效",即孩子在"关键考试"中能否赢得比较优势,这就需要一节节课的教学效果叠加来保证;从学生角度来看,他们的教育满意度直接来自教育过程的意义与感受,来自学习过程的挑战与体验,把"任务型教学"还原为"真实的学习"是学生素质全面生成的内在诉求;从社会角度来看,全面提高教育质量与教学效果,需要把优秀教师创造的优质教育经验社会化,这就需要借助一系列固定模式把科学的教学活动技术化、大众化。因此,效果至上主义、学习还原主义、技术万能主义就成为当代高效课堂改革的基本特征与全景式描绘。

(一)效果至上主义

无疑,"效"既是高效课堂实践的关键词,又是整个课堂改革的根本旨趣。关注结果、围绕效果、追逐成果是高效课堂改革的内核与主题。从什么是"效"开始对教学目标的探寻,锁定教学活动的终端目标,确保课堂教学聚焦目标、直击靶心是高效课堂探讨的入手点;从怎样达成预定之"效"来找思路、想办法、变流程是高效课堂改革的主体工作;从评定教学结果是否奏效、达标来评定课堂教学是否"有效""高效"是高效课堂改革的标志性环节。可以说,开展"效果"辨析、实施过程控制、确保课堂"生效",打造向"高效"汇聚的闭合型课堂结构,是高效课堂改革的关键举措。

许多学者认为,我们追求的"高效"有四个特征:其一是全面性,即让学生在"三维目标"上全面收获,高效课堂的"效度""不仅要考虑到一堂课的教学目标,而且要考虑到学科长远目标;不仅要关注认知、能力目标,而且要关注到新课程要求课堂实现的三维目标"[1];其二是全体性,即尽可能使课堂教学活动个性化、灵活化,以学生个体或小组为单位组织教学,让每个学生在课堂中收获学习结果,赢获学习成果,实现"在保证高效果、高效率的前提下最大限度地追求公平"[2];其三是最优性,即提高课堂教学目标的达成度,确保学生在知识技能考核中取得最优异成绩,甚至为了达到好效果、好成绩,教师可以采取一切学习手段,压缩一切教学环节,不惜面临自身在教学过程中"被边缘化"的危机;其四是快捷性,即试图按照"快餐模式"来重组

---

① 陈杰.高效课堂读解的六个维度[J].江苏教育研究,2010(12B).
② 张明.高效课堂实施障碍与改进策略[J].中国教育学刊,2011(11).

教学活动的过程与结构,力求使学生学习过程便捷化,即让学生直接面对学习内容,直奔学习结果,简缩教师的烦冗讲授,让学生不经历"受教"环节而直达教学活动的终点与结果。正如有教师所言,高效课堂关注的就是四个问题:"这节课让学生获得什么,获得多少?""让学生用多长时间获得?""让学生怎样获得?"以及"是否每个学生都达成了教学目标?"[1]……足以看出,为"效果"而疲于奔命,把整个课堂教学活动绑架在"逐效"的战车上,导致教学过程魅力与探索价值难以充分释放。

进言之,教学活动"结果"的形成需要一个过程,而且,这种"结果"中既有自然生成的"结果"又有人为可控的"结果"。正如有学者所言,"课堂生成是课堂上按预设的教学计划实施时出现的非预设思维火花,是'无法预约的美丽',而且在火花充分燃放后一般又回到预设的程序和轨道。"[2]对于前者,这种教学"结果"我们只能等待;对于后者,我们可以通过高效教学来获得这种"结果"。进言之,教育研究者不是算命先生,他们根本不可能对教学的全部结果进行预测,"三维目标"也不可能完全概括课堂教学的全部结果。换个角度看,"三维目标"恰恰是"虚化"了教学目标,它只是课堂教学的部分教学目标而已,故也不可能成为确保课堂教学进程高效的稳妥凭据。所以,高效课堂既是一个"结果"(动词意义)过程,又是一个"生效"过程,正如叶澜所言,"'发展'作为一种开放的生成性的动态过程,不是外铄的,也不是内发的,人的发展只有在人的各种关系与活动的交互作用中才能实现。"[3]教学效果的"高效"必须经由"两条腿走路",即静心等待与主动变革两种途径去实现,据此构筑一种表里兼顾、知智并举的立体学习形态,否则,我们借助教学活动所取得的"效果"只可能是昙花一现、浮光掠影式的"表面效果",无法利用"效果获取"这一诱因"勾带"出学生的深层心智学习活动。

(二)学习还原主义

杜郎口中学的"多学少教"、洋思中学的"先学后教"、泗阳中学的"学习前移·作业前置",强调"以学定教"教学评价观,积极推进合作学习,等等,都体现着当代高效课堂的"学本"实质。正如有教师所言,高效课堂改革的核心旨趣是把"教室"变"学室"、把"教材"变"学材"、把"教案"变"学案"、

---

① 王敏勤. 高效课堂的四个要件[J]. 人民教育,2010(6).

② 陈杰. 高效课堂读解的六个维度[J]. 江苏教育研究,2010(12B).

③ 叶澜. 重建课堂教学价值观[J]. 教育研究,2002(5).

把"教学目标"变"学习目标"、把"讲堂"变"学堂"。① 无疑,没有学习就没有教学,学习是教学活动的本质所在,助学、促学、扬学是教学存在的使命与理由。但在高效课堂改革中,学习甚至成为课堂教学活动的唯一,"把教学简化为学习"②的倾向尤为突出,自主学习、合作学习、课堂展示、导学案学习等成了课堂教学的主画面,整个教学活动退化到原始形态,即学生学习辅助的水平,教师退化到服务员、顾问的地步,学习还原主义论调大肆横行。尤其是随着翻转教学、慕课课程理念向高效课堂实践的推演,教、学换位,师、生倒置,家、校互换等教改理念迅速占领了课改阵地,高效课堂最终异化为"高效学习"的代名词。其实,尽管教学的产生是学习活动内在发展的结果,教学的立足点在学习,但"教学"绝不等于"学习",教学产生于学习却又比学习高明得多,教学的最终目的是超越任何学习形态,包括自学、群学、对学、创学等所能达到的最佳学习效果。与学习相比,教学活动的高明性在于:一方面,教学是师生共同体及其双边活动,是"师生一体化"的行动与参与,双主体协同、双边联动、智慧经验融合互生是教学活动开掘学生学习潜能、激发他们学习核能量的秘密武器,教师在学习内容方面呈现出来的先学优势、知识优势、经验优势是教学活动之所以能超越一般学习活动的物质基础;另一方面,真正的教学活动是教与学相伴互生、师生互学共进的活动,是具有增值性与扩展力的活动,它不会停留在简单告诉、知识贩卖(杜威,1991)的层面,而是通过唤醒学习者的学习责任意识、自我超越意识来帮助学生超越师生各自的水平,实现师生身份的根本转变——由"教者""学习者"向"学者"的身份转变。杜威提出,"学习就是要学会思维"③。从水平上看,现实中存在两种学习:一个是基于一般原生态生活经验的原始学习,它类似于学生自学活动;一个是基于教师认识水平与间接生活经验的高级学习,它是课堂中的学习。在这一意义上,高效课堂面向学习化的还原只会让学生的学习活动停留在原生态学习、朴素问题解决式学习的层面,顶多只能进行一种简单的多主体学习经验集合活动,它始终难以达到以教师的"教"为起点的高水平学习状态。在课堂中,教师不仅作为一个"主体人"在参与教学活动,还代表着一个"知识人"参与教学活动,他们就是一个时代知识经验的"活载体",教师参与学生课堂学习活动的目的正是为了促进学生的"个

① 李炳亭.高效课堂九大"教学范式"[N].中国教师报,2010-4 14,B02版.
② 叶澜.课堂教学过程再认识:功夫重在论外[J].课程·教材·教法,2013(9).
③ 杜威.我们怎样思维·经验与教育[M].姜文闵译.北京:人民教育出版社,1991:64.

体知识"与"时代知识"间的汇合、碰撞与新生。正是在这一意义上,我们认为,教学是由师生共同参演的一次知识研究活动,而非简单的知识同化与再生产活动。教师参与学生的研究性学习实践是教学活动的实质所在,高效课堂只有依托于师生间的精神协同与知识研修活动才可能存在。

(三)技术万能主义

国内高效课堂的第三个鲜明特征是技术化,即试图找到一套万能的方案与普适的模式来支撑课改,企图复制课改名校的成功经验与实践范例,甚至将课堂教学效能寄托在导学案、训练案等的编写上,从而走向了对抗"改革艺术""教学艺术"的一端。高效课堂建构中的技术万能主义主要体现在以下三个方面:

1. 教学结构技术化

在高效课堂实践中,师生热衷于推进结构化的课堂改革思维,其典型做法就是将课堂中的各种事项与程序,如教与学的时间结构、教学内容的组织结构、教师空间结构与教学开展流程等定型化、模式化,借助教育媒体打造课改"典范"的热情高涨。改革者笃信:"通过'建模',可以统一教学指导思想,规范课堂教学模式,有利于教师形成规范有效的教学风格;而明确操作步骤,有利于学生学习习惯的养成和学习能力的提升,从而减轻师生负担,提高课堂教学的有效性…"①显然,这些模式的形成常常是教师基于工作经验与学习心理的一次教学结构创制过程,其教育理论基础相对薄弱,且有大同小异的特点。例如,昌乐二中的"271"模式,它明确规定了课堂教学中的时间结构、学习内容结构、学生层次结构:在学习内容上,20%的知识是通过自学能掌握的,70%的知识是合作学会的,10%的知识是老师教会的;在学生组成上,20%是特优生,70%是优秀生,10%是待优生;课时时间分配上,20%用于教师组织教学、激励点拨,70%用于学生分组合作、展示点评;10%的时间用于学生总结反馈、当堂检测。这就是高效课堂的"数字技术"。同时,高效课堂的"流程技术"也值得我们关注:所有高效课堂的通用模式就是"导学—展示—反馈"。即使在不同学校中它的表现有所差异,其基本流程都是大同小异,这显然是人的学习心理向高效课堂迁移的结果。通过这些技术化的"固定"与常模化的操作,教师的课堂教学便具有了更多的确定性成分与有形性框架。随之,教师教学活动的推进变得程式化、机械化,整个

---

① 迟学为.高效课堂教学模式构建的文化思考与行动策略[J].课程·教材·教法,2012(5).

教学活动异化为按部就班的"展演"过程,即便是一般教师也能轻易掌握这一套极易操作麻烦的"课堂技术"。也正是如此,高效课堂改革制造出了大批的"粉丝学校""粉丝教师",瞄准高效课堂名校的学习参观活动应接不暇。

2. 学习过程技术化

如前所言,高效课堂改革关注的焦点是学生的"学路""学程",将具有生成性、涌现性与易变性的学习过程技术化是高效课堂改革的另一重要套路。改革者实现这一技术化的路径就是研制导学案、问题单与训练案,使之成为规限学生学习过程的轨道,让学习者在这一轨道上实现自助式的学习。与学习过程技术化相同步的是教学过程变得简单化,即便是一般学生也能够主持课堂教学,正如山东省庄二中的课堂,学生成了课堂教学的"主持""主讲",[①]教师的地位被彻底边缘化。显然,教案控制的是教学的线路,学案控制的是学习的线路,"两案"合谋下的高效课堂自然会抑制学生自由学习的权利与创意学习的念头,学习过程的探索性与个体性特点被抹杀。这正是学习过程技术化的后果。

3. 课改思维技术化

其实,全国高效课堂改革在有形无形地遵循着一些固化的教学思维,它们成为整个课改中最具稳定性的思维内核。例如,相信教学"效果"是可测量的,一切教学目标都可以落实为教学的"结果",忽视了"目标"向"效果"转化过程中的复杂性与多中介性;相信名校的教学经验具有普适性,争相照搬课改名校的教学举动层出不穷,甚至无视自身教情、学情与校情的特殊性;相信高效课堂改革是一场套路化的行动,无须课改智慧与个体创意的介入;相信高效课堂改革是一场以"经验移植"为主的学习运动,无视课改经验的持续积累、课改主体的实践创造与因地制宜的变通策略,等等。我们在调研中发现,几乎所有学校的高效课堂实践都离不开三大改革手法,即"展示""群学"与"学案",整个高效课堂改革思维几乎都是围绕这三个词汇展开的。这些课改思维严重误导了高效课堂改革,致使整个课改挣扎在"名校中心"、原创力不足、从众主义盛行的漩涡中,千帆竞发、百花争艳的改革局面难以形成。

在"技术崇拜"的课改理念统领下,高效课堂改革走向了去情境化、平庸

---

① 张志勇. 回到教育的原点看"高效课堂"———基于省庄二中课堂教学改革的思考[J]. 当代教育科学,2010(16).

化、模式化的危险边缘,真正对教学活动有真效、对教师发展有特效、对学校改革见实效的课改形态亟待形成。所谓"效果",绝非"经由效仿求取到的一种结果",而是"经由自我变革与原创性实践而引发的一种合目的、合规律的结果"。理想的课改效果既是因循课堂教学自身规律而发展出来的一种"结果",更是一种自觉干预学习过程的人为性"成果"。理想课改效果的形成一定是自然"结果"与人为"成果"的统一,是教学两大主体——师与生合力共创的"硕果"。课堂教学的养分来自课改理论与实践的滋养,教学改革的动力来自一线教师的课堂原创力,课堂变革的秘诀是因地制宜、因校制宜、因课制宜的创造。在高效课堂中,每个参与者都不是机器人,每个教学活动都没有定序可循、定型可仿,一切听任技术摆布的课改实践都是短命、庸俗的课改,都只会成为课改史上的败笔。教师也只有在珍视课改主体的创造力,推进课改行动的个性化的实践中才可能创造出一种更为理想的高效课堂改革图景。

二、树立高效课堂的"三体观"

高效课堂改革不仅是实践层面的作为与行动,更是理念层面的运思与创造,从"如何有效进行教学(教学设计与实施)"转向"教学是什么和为什么(教学理解)"[1]是当代高效课堂改革转型升级的必由之路。因此,当代高效课堂改革的攻坚环节是课堂观、教学观的根本转变。一个好理念就好似一颗改革的良种,它向课堂教学实践的播种与生长很容易引发课堂教学全局的变革。这就是观念的力量。遗憾的是,当代高效课堂改革最为缺乏的正是这种基因式的理念。进言之,理念是"体"、实践是"用",思想是"根本"、实践是"效用"。合理摆正课堂教学中的体用关系,确立高效课堂的本位意识,是高效课堂改革的枢纽链环。我们认为,当代高效课堂改革最缺乏的三种本位意识是立体效果观、关联主体观与有机课堂观,它们是有效克服"效果崇拜论"、"学习还原论"与"技术万能论"的一剂良药。

(一)关注过程的立体效果观

课堂教学既是"结果"(动词)、"生效"的自然开放过程,又是向"效果"、"成效"回归的聚合过程。真正的课堂是开放性与封闭性、生成性与预成性的统一:一方面,教学实践的"不确定性""价值多元性"与多向度性总会使课堂呈现出"放荡不羁"的特点,它为学生的自由、全面和多种素质共同发展

---

① 张华. 我国普遍主义教学方法论:反思与超越[J]. 全球教育展望,2009(9).

提供了依托与温床,甚至许多还未被研究者识别、命名的"无名素质"也在这一过程中孕育发展着,它是教师实现诸多效果追求的公共平台,倘若对之明确定向,课堂教学很可能走上"捡了芝麻丢了西瓜"的歧途;另一方面,教学实践具有一定的"确凿性",可知晓、可预见、可规划是其另一特点,根据社会需要选取重要素质点进行针对性培养是课堂教学的价值所在,追求确定效果是教学活动的理性所在,一定程度上我们不允许课堂教学陷入放任自流的境地。教育活动具有"长期性"与"长效性",许多"长效"在当下课堂中体现为"未知之效"或"无名之效",它们都寄生在"教学过程"这一母体中,教师不可小视它们的存在。

因此,高效课堂的艺术是在二者之间寻求一种平衡,以此确保"未知之效"与"已知之效"都得到协调、健康发展。而在当前,为了追求可知的"知识技能效果"而轻易放弃或直接轻视对隐性教学效果,如学生在学习过程、情感态度价值观方面的发展效果等现象大量存在,由此演变为当代高效课堂的"效果误区"。在实践中,压缩教学过程,直击"学习目标"这一主题,直达"学习结论"这一终点,秉持功利主义的教学效果观等,都是这一教学误区的现实体现。其实,在教学过程中,师生追求的教学效果总是立体多样的,我们不妨在此绘制一下课堂教学的"立体效果图",看看本真的课堂教学到底应该关注教学活动的哪些"过程功能"。

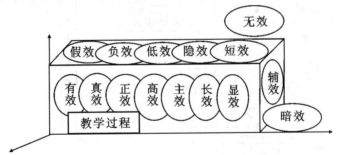

图 5 - 1 教学过程的"立体效果图"

由上图可见,教学过程是课堂的"万效之源",是一切教学效果的公共载体,是课堂效果控制的共同切入点。从某种意义上说,特定教学过程好似一个黑箱装置,从中到底会生发出哪些教学效果,我们难以一一明知。应该说,效果是教学的本体与社会的需要相遇耦合的结果,课堂教学在人身上培养出的某种素质点一旦在社会上找到了市场或用途,教学的效果就会出现;否则,教学活动在人身上培育带来的素质再好,那也只能是一种潜在素质或待用素质,现实的教学效果始终不会出现。显然,课堂教学只能控制学生素质点的形成方向,却不能控制它的最终效果,因而,当代高效课堂直接把教学目标视为检验教学效果的"法定标准"实在是可笑的,坚守立体、本然、多效的课堂教学才是高效课堂的明智选择。进言之,以社会需要这一参照系来衡量,现实的教学效果不仅在表现形态上有明效与暗效、正效与负效、主效与辅效之分,在性能上有低效与高效、长效与短效之分,而且还会随着时代与社会的变化而变化:在前一时代中教学活动的主效、明效、正效可能在后一时代中转变成为辅效、暗效、负效,在前一时代中有真效的教学活动在后一时代中可能演变成为一种假效教学活动。艾斯纳指出,教学目标有"行为目标、问题解决目标、表现性目标"[①]之分,教学目标是多层次、多水平、多样态的,与之相应,教学效果也应该如此,在具体的教学过程中它们被统合一体。实际上,我们很难一一道明课堂教学过程会产生哪些教学效果,也难以预见这一效果在未来社会中会处于什么地位,具有什么价值,甚至难以预见这种教学的效果会持续多长时间。在实践中,我们可以按照以下线路来对课堂教学过程的多样化效果进行逐层逐级地分析:

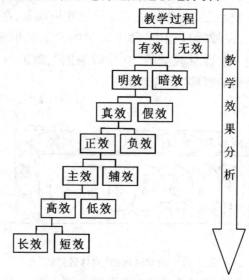

图 5-2 基于过程的教学效果分析图

以上教学效果衍生图谱为我们科学分析一节课的教学过程效果提供了一张导航图。借助这一效果图谱,利用逐级逐层的逻辑思维,我们就可能对

---

① 艾斯纳.教育想象——学校课程设计与评价[M].北京:教育科学出版社,2008. 113 -130.

教学过程中隐藏的各种现实效果与可能效果、生成中的效果与既定效果进行全面分析与细化评量,从而达到灵活、谨慎地驾驭课堂教学过程的目的。

(二)教学协同的教学主体观

高效课堂迷恋的是学习,学习主体的地位被大幅度抬升,导致"主持、主讲"成为学生在课堂中的新角色,教学似乎又退回到了粗陋的"小先生"时代,退回到了原始的生活学习、自学主导时代。无疑,教学始于学习,但绝不能后退到前教学时代——"无教之学"时代;教学的前身是教授,但绝不能回到"唯师是从"的传统教授时代。高效课堂时代一定是善于利用两个优势——"教"的优势与"学"的优势的大综合时代,善于集合、荟萃、匹配两个优势是现代教学活动的核心艺术所在,是高效课堂顺应教学改革主流的选择。因之,学习还原论绝非课堂改革的理想归宿与标的,而是刻意回避教与学的双主体矛盾的怯懦行径与平庸思维。

课堂教学效能生成的"核武库"是师生双主体优势的激活、利用与耦合,只有双主体的协同、协力与协调才是放大课堂教学能量的科学思维,这是教学活动的本性使然。"教师与学生是教育活动(包括教学在内)的复合主体,双方在各自承担的不同活动中又互为主客体",二者的关系就好似"连体婴儿般一同呈现",①教学协同的主体观则是实现这一教学能量激活的必由之路。相反,单纯求助于学生与学习,忽视教与学间的互促、互构、协同,就难以体现"以教促学""以教统学""以教领学"的教学本质。"教通过学呈现自己"。② 在高效课堂中,教学活动的表面可能是学生的学习活动,如展示、表演、独学、研讨等活动,但在其幕后一定是教师有力的教学活动,如教学设计、教学组织、教学控制、教学决策、教学引领、问题导航、情境创设、作业策划等活动,它们是教学质量管理的主导力量。即便是这种"教"的活动被隐匿在幕后,被打到台下,它也不能成为教授活动被弱化、被轻视、被边缘化的借口。在课堂教学中,教师在台下还是台上、前台还是幕后并不重要,重要的是教师能否继续有力参与学生的学习,发挥"让学生的课堂学习超越任何其他学习形式的最优效能"的特殊功能。对高效课堂而言,教学的关键问题同样是如何促进教师与学生、教与学两种力量在教学活动内部的联手、合作与共创、共强的问题,绝非喋喋不休的"谁主谁次""谁本谁末"的论辩。因之,最大化地放大教学"共生"的力量才是高效课堂应该真正去考虑的问题,

---

① 叶澜.课堂教学过程再认识:功夫重在论外[J].课程·教材·教法,2013(9).
② 张华.对话教学:涵义与价值[J].全球教育展望,2008(6).

面向学习化的教学还原活动是高效课堂的"退化"行径而非"进化"表现。进言之,教学协同的双主体观强调,在高效课堂的未来改革中,我们更应该关注教与学之间的三重关联:

1. 扩大教与学之间的"公共区"

既然"教"意味着"让学生去学",意味着"让学生与教师一道去探究学问、探究世界",那么,"教学"活动就始终是一个"关系"概念,一个"教"与"学"合体、连体、共体、共在、共存、复合的概念。我们应把"'教学'(非教与学两件事的组合)作为一个分析单位,来认识教学过程中师生活动关系的内在不可分割性、相互规定性和交互生成性。"①任何单单有"教"的活动,如教师在课堂上滔滔不绝,学生却没有身体在场、心思在意、精神投入的活动绝非真正意义上的教学活动;单单有"学"的活动,如全程由班长主持、小组操办、学生自助的活动也绝非真正的教学活动。真正的教学一定是教师与学生身体共在教室情境,心思共在学习问题上,精神上达到志同道合水平的教、学共在活动。"学习活动既不是取决于个体的内在特性,也不是取决于外部环境的影响,而是取决于两者在实践中相交的场域。"②进言之,教与学之间的公共交叉区越大,一体化程度越高,才说明教学活动的水平越高,师生之间信息流通、情感交融、精神交汇的水平越高,学生也才可能从教学活动中受益更多、收效更高。教学是"教"与"学"之间发生的一场交际与互动,扩大师生之间的经验重合区,增加师生间的认识交合区,扩展师生间的行动一致区,尽可能实现师生之间认识视域的融合,这才是高效课堂改革的科学增效路径。

2. 增进教与学之间的"共鸣区"

即便是师生之间有认识经验、行动实践、生活时空的重合,他们之间也不一定会发生相互间的认可、认同,要达到这种"认可"、"认同"目的需要师生在课堂交往、教学对话中发生共鸣。师生间的共鸣主要不是因为他们拥有共享的经验、认识、视野等方面的重合区,尽管这些重合区是进一步产生相互间情感、信念共鸣的基础,而是因为他们之间在想法上的相互理解、人格上的相互欣赏、精神上的相互感应与心灵上的相互通灵。什么是"共鸣"?它是因为人与人之间由于价值立场、思维方式、情感反应的大致相似而产生

---

① 叶澜.课堂教学过程再认识:功夫重在论外[J].课程·教材·教法,2013(9).

② 钟启泉.为每一个学生的成长而教——基于"学的课程"的教学设计探析[J].北京大学教育评论,2009(3).

的一种精神共振现象。在教学活动中,每个学生都会提出自己个性化的观点立场,生发出自己独特的情感期待,他们期待得到教师的认同与支持。如若此时教师也恰好具有这种要求,师生在课堂上会达到心心相印、息息相通、高度默契、心灵融合的水平。无疑,这是一种"教、学合一,师生共体"的最佳境界,休戚与共、精神通联的教学共同体在此瞬间内形成,教学高效目标的达成会变得轻而易举。

3. 拓展教与学之间的"共生区"

教、学间的"重合区"是课堂生效的物质基础,教与学之间的"共鸣区"是课堂迈向高效的精神基础,而教与学之间"共生区"的形成与扩展则是课堂迈向高效的内在机制。换言之,走向教、学之间的双向互生、对流共生是高效课堂的增效枢纽。这与学习还原论控制下的当代高效课堂对比而言,旨趣相差悬殊。"上课就是进修。"①这一进修活动的主体是教师与学生。教、学间的"共生"是指在教学活动中师生相互交流信息经验,进行思想观点碰撞,开展"求同求异"②、百家争鸣式的论争对话,进而创生出一系列的新观点、新思想、新价值观。应该说,在这种师生共同参与的课堂中,每一个新观点、新价值观的产生都是所有师生创意的聚合、创新成果的合成,它们代表着整个教学共同体的共生成果。"教学即研究,而非现成知识技能的传递与训练",把教学和研究割裂开来,"必然会异化教学,进而异化教师和学生"。③ 因此,教学研究与学习研究共同构成了本真教学的两个支点,教师的实质就是师生在共同体内进行的一次学问研究、学习研究、教学研究活动。"共生"在课堂中的真实含义就是"共同研究""共同创造",即教师在学生学习过程中研究教学,学生在教师教学情境中研究学习,真正实现对教与学两种活动的双双突破与双赢互促。有学者指出,"走出'教学即传授、教育即宣传'误区的基本出路是恢复教学的研究性、创造性,让教学建立在理性自由和理智行动之上。"④课堂教学活动的研究性体现在两个方面:其一是教师在师生"共生区"中研究如何提高教学活动的原创性、变革性,让教学活动在关注学生学习、研究学生成长中走出自我封闭的囹圄,走出"教学即教授"的误区;其二是学生在教师指导下学会开展研究性学习,充分利用元认知来驾驭

---

① 朱卫民,陈艳. 打造高效课堂探索黄冈模式[N]. 黄冈日报,2011 – 11 – 6(第4版).

② 钟启泉. 教学实践与教师专业发展[J]. 全球教育展望,2007(10).

③ 张华. 试论教学中的知识问题[J]. 全球教育展望,2008(11).

④ 张华. 我国普遍主义教学方法论:反思与超越[J]. 全球教育展望,2009(9).

自身的学习活动,利用研究的眼光来看待学习,在课堂教学活动中最终"学会学习",成为学习活动的主人。显然,课堂教学的研究性特点正是教学共生实践的具体体现,是创造性地执行教学、促使教学活动走向高效的秘诀。

(三)循环创生的有机课堂观

教学的职能是促使学生"实现个人的经验世界与社会共有的'精神文化世界'的沟通和富有创造性的转换,逐渐完成个人精神世界对社会共有精神财富富有个性化和创生性的占有",[①]"创生""创造""创新"是优质课堂教学活动的核心构成与本质特征。在整个教学过程中,尽管离不开师生对旧知识、旧经验、旧思维、旧价值的复述、重现与感知,但这些知识、经验、思维、价值只有在和学生创造性的学习状态、创造新事物的愿望、创造个性化的学习方式相结合时,对这些课程内容的学习才可能达到真正消化、深入掌握的水平。教学活动是一个"将知识打开、内化、外化"[②]的过程,其内核是对旧知识进行再研究、个体化与时代化重构的过程,这一学习的结果是赋予旧知识以新内涵、新意义、新精神。显然,这是一个再创造过程,是新旧知识转生的重要环节,所以,我们绝不能"把所教知识的已知性混同于教育活动的非创造性"。[③] 当然,学生参与课堂学习的主要目的绝不是创造超越人类文化与科技水平的原创成果,而是要创造出相对既定课程知识或自身水平而言的原创性成果,没有这种个性化理解与再度创造活动的介入,高效课堂的实现几乎毫无可能。进言之,高效能教学不仅需要创生,而且需要持续推进、周期循环的创生,这就需要我们把高效课堂视为一种"有机体"或"生命体",牢固确立循环创生的有机课堂观。

所谓有机课堂,它是一种将课堂教学的实体与转变、过程与创造有机结合起来,将整个课堂视为一个持续转生的"连续体"的课堂形态。与技术性课堂不同,在这种课堂中整个教学活动每经历一个实施环节,都会发生一次创造性转变,实现课堂教学效能的点滴提升,每一个教学环节对参与者而言都是一次"奇遇",一次成长的经历;而在技术性课堂中,每一个教学环节都是"程控"式的,教育学心理学规律、各种教学模式都以"程序"的形式有形无形地规导着课堂教学的进程。每一节课都是一个有机体,都是一个生命

---

① 叶澜.重建课堂教学过程观[J].教育研究,2002(10).

② 张华.我国普遍主义教学方法论:反思与超越[J].全球教育展望,2009(9).

③ 叶澜.一个真实的假问题——"师范性"与"学术性"之争的辨析[J].高等师范教育研究,1999(2).

体,其整合力、生命力来自课堂内部各环节间的有序链接与合理组合。从构成上看,课堂都是有机体,它是各个教学要素的有序链接,师生、课程与环境在其中共同维系着一种平衡态,一旦外来的信息、问题或挑战打破了这一平衡态,课堂机体会发生自组织,最终依靠自己的能力恢复到另一新平衡态。从发展上看,课堂是一个生命体,学生学习的热情与教师乐教的心态是课堂活力的源泉与能量,正向的价值观导引着课堂前进的方向,不断地创生与变革展示着课堂的生命迹象。杜威指出,"生物与非生物之间最明显的区别,在于前者以更新维持自己",①课堂作为生命体的本意就在于它具有自我维护与更新机能。我们还可以从另外两个角度来理解有机课堂:从学生学习角度来看,高效课堂不仅应该追求学生"学会"这一知识技能目标的达成,还要让学生在"会学"这一层面实现学习方法目标的达成,更要在"想学"这一层面培养学生的学习欲望与兴趣,努力构建"学会—会学—想学……"的持续循环,不断提高学生学习活动的自主性与自控力;从教师教学角度来看,教师要以行动研究的精神来开展自己的教学活动,坚守教学事业的"学术性"本质,确保每一次授课能获得一些有关教学活动的新感悟、新理解、新经验,并据此赋予课堂教学一定的新质与气象,让教学活动在点滴创新中逼近理想的课堂改革图景。"教学既是一项人生设计(project),又是一个不断创造新的可能性的过程(process)。"②应该说,高效课堂的生命就在于不断赋予课堂教学一种"可能性"的向度,并不断将这种"可能性"实在化、实体化的过程。

基于循环创生理念的有机课堂观告诉我们,创生与循环是高效课堂的生命内涵,构筑课堂教学的"连续体"是效能永续再生、持续攀升的命脉。生命就是"向世界积极做出新颖反应的那种能力"。③课堂教学中的任何一点创生与改变,无论是学生的还是教师的,都会赋予课堂教学活动一份亮点与精彩,都会激起师生进一步创造新型教学形态的热情,由此向课堂教学实践中嵌入一种全新的内涵与精神,赋予其生命的意义。课堂教学的生命就是在这些点点滴滴的"亮点"中得以彰显的,作为"生命体"的高效课堂与作为"有机体"的高效课堂具有同一性与同理性。仅仅关注学生知识技能目标实现的课堂是不可能永久高效的,因为它忽视了学习过程的"三维性",即认知

---

① 杜威.民主主义与教育[M].北京:人民教育出版社,2001:6.

② 张华.对话教学:涵义与价值[J].全球教育展望,2008(6).

③ 怀特海.过程与实在(上)[M].贵阳:贵州人民出版社,2006:97.

过程、社会过程、伦理过程的"三位一体",学生的学习难以在"为什么要学习",即"社会意义"层面得到一种持续的动力支持。进言之,仅仅关注当前学习效果的高效课堂同样是危险的,它难以确保学生学习活动"终身高效"。科学的"高效"一定是关注学习活动的生命性与社会性的持久"高效",因为我们不需要片面、短命的临时性"高效"。

三、迈向"三体归一"的高效课堂实践

课堂效果的立体性、教学过程的协同主体性与课堂结构的有机性都有一个共享、共在、共通的实践平台——课堂实践,迈向"三体归一"的高效课堂形态需要我们认真审视课堂实践,理解课堂实践,并在其中找到落实课堂"三体观"的路径与依托。

(一)课改策略的调适:确立"内效外延"的课堂增效策略

多维、立体、综合性的课堂效果的体现与实现不可能单单通过应试的手段、知识的授受与技能的训练来获得,更重要的是,它需要教师系统、全面地探究课堂教学,找到实现理想教学效果的有力抓手。如前所见,教学效果的实现不仅包括外在、显性的教学效果,如知识技能教学质量,还包括内在、隐性教学效果,如学生在情感、态度、价值观方面的收获与成长。那种直接朝向"考试分数"的应试型教学是不可能收获教学活动的"全效""全目标"的,我们必须从能够统摄全局、全部教学目标的焦点教学链环入手,才可能达到素质教育所期待的立体教学效果。"目标一旦确定,过程(流程)也就决定了,同时,也就获得了在过程(流程)中重建目标的地盘。"[①]教学目标即教学活动的预期效果,它对课堂教学过程具有统率性与制约性,要全面实现课堂教学的"三维目标",我们就必须走出"知识目标为本""显性效果唯一"的高效课堂改革误区。教学活动具有"多效性",正如有学者所言,教学效果可以分为三类,即"促进学生身心的健康成长""促进教师的专业发展"与"促进经济社会的发展",后一效果是"前两种效果的自然延伸"。[②] 无疑,几乎全部教学的效果都与课堂教学的过程紧密相关,并最终导源于教学过程,把课堂教学的关注点从"结果"转向"过程",从"知识技能"转向"课堂实践"具有其科学性。

因之,过程取向的高效课堂理念关注的是课堂教学的组织方式与展开

---

① 钟启泉. "三维目标"论[J]. 教育研究,2011(9).
② 吕洪波,郑金洲. 中小学课堂教学变革的基本认识[J]. 教育研究,2012(4).

线路,即课堂结构与教学过程,前者关注的是课堂教学的静态品质,后者关注的是课堂教学的动态品质,其共同点是都不直接和教学的效果相关,却是课堂教学效果形成的关键一环,它们与教学效果形成之间构成了多线路、双向式的复杂对应关系。例如,一种理想的课堂结构与学生高成绩之间既可能是"歪打正着"的关系,也可能是"正打正着"的关系,我们只能基于一种实践预期,即"符合学习规律与学生需求的课堂结构一般情况下是有助于学生学习成绩提高的"这一预期来优化课堂结构。在这一视野中,高效课堂实现"高效"的基本路径是:在科学教学理论的指引下,在学习需要的引导下,全力提高课堂教学结构与过程的合理性、合情性、合规律性,凸显课堂教学内在的"结构品质"与"过程质量",即内在效能,促使课堂教学的多样化正向效果不断显现,顺便带动课堂教学的外在显性效果——学生的知识技能学习成绩向着更高的水平发展。这是一种典型的"内效外延"式的高效课堂生效策略,与当前立足于反复训练、少教多学的课堂增效策略根本不同。正如一位老师所言,高效课堂的绝招是借助学生的多次循环学习来实现高效的追求,"在这种学习模式中,孩子们在相关知识点的学习和应用中要达到六次循环——学案预习是一次,小组内部交流是一次,小组展示准备是一次,小组展示是一次,倾听其他组展示和对其他组的质疑是一次,最后总结反馈还有一次。"[1]显然,这种建基于知识点多次循环反复的高效课堂思路是不值得我们效仿的,因为其所言的"少教多学"其实只不过是单单关注学生分数的一次次"显性教学结果强化术"而已,更多的教学效果在"教学过程压缩"中被取缔、被放弃了。杜威指出,"反应和刺激的相互适应愈加专门化,所获得的训练就愈加刻板,愈加不易普遍应用"。[2] 可以预知,在这种高效课堂环境中,学生所获得的知识技能就徒具"应试"功能了,这些知识向社会实践的应用难度被加大了,知识技能、学习的最终意义随之丧失。

可见,"内效外延"式课堂增效策略的最大优势是保证了"课堂教学过程"这一"多效"生成机制,为课堂教学的非知识技能型教学效果培育提供了空间与舞台。在这一课堂生效策略中,"知识技能习得"这一教学效果的形成是科学教学结构与教学过程自然衍生出来的,学生成绩的提高具有自然而然性。人的发展更多表现为一种无法一时论定、即刻判断优劣的种种"结果",这一理念笃信:按照当下社会评价标准,它可能是无效或低效的,但如

---

① 闻待.杜郎口"高效课堂"的效率性特征[J].上海教育科研,2009(9).

② 杜威.民主主义与教育[M].北京:人民教育出版社,2001:73.

若换一个时代、换一个标准、换一种情境,这些结果很可能被评定为有效或高效。任何教学效果是社会判断标准与现实教学效果相遇的产物。加之,教育活动具有长效性,社会对人才的标准具有多元性,在这一意义上,坚持全面教育理念、呵护优质课堂实践的多效性,才是当代高效课堂应该坚持的一种生态型课堂增效思维。

(二)课改原点的转换:构筑"教学通联"的教学主体链

从课堂教学的"效源"上讲,其基础效源是学生学习活动在课堂上的发生:只要学习活动在课堂上发生了,无论是哪种学习形式——自学、群学、导学、研学、创学等,只要是实质意义上的学习,即学生身体、心思、精神三者共同在场的学习,课堂效果必然会发生。正如有学者所言,"学习即人与其从事的事物在本质上相遇、一致、融合。"①但问题是,这种教学效果只是课堂教学的最低效果,高效课堂追求的绝非这种效果,而是在教与学共在、共研、共鸣、共创中追求的更高教学效果——超越学生学习效果之上的"教学协同效果"。显然,这种教学效果只有求助于教与学、师与生的联盟联动来实现,构筑"教学通联"的教学主体链就成为高效课堂的坚实依托。

其实,在课堂教学中,我们更为关注的是师生在教学双边互动中产生的"边际教学效果"、教学增值效果。这种教学效果的取得需要教学双主体——师生之间实现三种"联通",即组织联通、信息联通、心灵联通才可能实现。有学者指出:"只有当教师和学生之间相互关切、彼此呵护、心心相印,才可能有教学和学习发生","一切生存教学本质上是教师和学生的生存性关系"。也就是说,面对共同教学任务的实现,师生之间始终是被捆缚在同一链条上,他们必须通过共同体意义上的组织建设、信息经验的底部联通与心灵精神层面的默契汇通来构建这种"教学主体链"。在课堂教学这一层面上,师生之间形成了一种同舟共济的关系,这种关系才是课堂教学的本体性依托。经营、强化、延伸这种"关系",发掘这一"关系资源"对教学效果的促进力才是高效课堂的必由之路。

在课堂中,"教学主体链"的形成依赖于师生之间重合区、共鸣区与共生区的建立与扩展,依赖于师生对共同教学任务的共同担当、荣辱与共意识。课堂教学效能的取得不依赖于教师对课程知识传递的速率,也不依赖于教师自身对传授知识理解的水平,因为学生对新知识的每一次习得都是一次创造性的转换,都是师生之间针对新知识发生的一次"视域融合"过程。因

---

① ② 张华.学习哲学论[J].全球教育展望,2010(6).

此,每一次真正教学活动都始于师生"主体链"的完整介入,而非"师授生受""无师自通"的单一主体实践。如若课堂教学追求的是师生对课程文本的表面理解,学生及其群学活动就能完成;如果课堂教学追求的是师生对课程文本的深层理解,教师的讲授与导学即可实现;如果课堂教学追求的是师生对课程文本的创造性理解与研究性体会,必需师生之间围绕课程文本展开深度对话与交往实践。在这一意义上,高效课堂关注的效源生发点不应是学生学习或课堂讲授,而是师生在教学互生、互动、互联中结成的"主体链",它才是高效课堂改革的原点与基点。实现由"学本""生本"向"双主体协同""链条式介入",力促教与学在课堂中的"内部联通"、"深度对接",是高效课堂提高效能基线的坚实依托。

(三)课改蓝图的调整:教学生态的经营与优化

在过程为本理念的影响下,高效课堂改革绝不能仅仅停留在某一些具体、显性环节上,而应以系统、生态、自组织、连续体的眼光来重建课堂生态,努力搭建课堂改革的新蓝图。高效课堂改革的最终目的是构筑有机体课堂与生命体课堂,是维护课堂教学的生态体系,实现课堂教学活动的自运转、自组织与自平衡。什么是生态? 它是指各个课堂构成要素在"全面兼顾、多向互动、有序链接、自由生成、良性循环"中形成了一个动态平衡体。从组织结构角度看,这一平衡体是一个有机体,即各个构成要素在交互作用中找到了一个临时的、动态的平衡点,各要素之间实现了最佳配置;从发展状态来看,这一平衡体是一个连续体,即整个平衡体时刻随着外界环境的改变而不断发展着自组织与自创造,其对外界环境的适应力与变革力在持续增强。高效课堂改革的最终目的就是要构建、维系、经营这种教学生态,力求从宏观上、整体上实现课堂教学内部要素的综合平衡与动态创生。

有学者指出,当代课堂教学改革实质是一种文化转型,即"原有的课堂封闭文化正在为开放文化所取代,简单的教案执行文化正在为动态生成文化所取代,单一的教师主导文化正在为师生共生互动文化所取代,呈现出文化转型的良好态势。"[①]要实现这一转型,就必须树立"课堂生态管理"的意识。在课堂生态中,最重要的是四大要素,即教师、学生、课程与环境之间的平衡与互生。在当前高效课堂改革中,教师非常关注的是在知识技能目标主导下学生对课程学习任务的完成,对"教师—学生""教师—环境""学

---

① 杨宏丽.课堂文化冲突的多视角审视[J].东北师范大学学报(哲学社会科学版),2006(5).

生—环境"之间的平衡关注甚少,致使整个课程改革中师生对外界社会环境的应变力下降,导致师生之间的情感黏合力与精神契合度不够。进而,教学异化为帮助学生应对知识学习的附庸,教师退化为学生的助学工具,教学过程缩水为知识技能的传输导管,动态平衡、自然关联的教学生态被破坏。

实际上,生态的根本含义是"自平衡""自组织",是事物各要素在充分发挥各自功能基础上实现相互制衡的过程。在课堂生态中,一切教学活动的发生都源自应对外部社会环境的需要,这一"需要"的直接体现就是教学目标体系,师生在课堂教学中正是依据这一目标体系来直接展开基于课程文本的教学活动的。由此,课堂教学活动就自然形成了一个相互制约、相互促进的教学生态系统(见图5-3)。

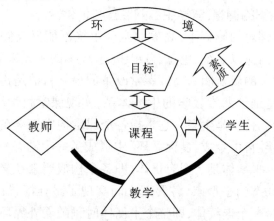

图5-3 高效课堂的教学生态系统

在上述课堂生态中,课程只是师生解读、探究的文本与素材,这一"解读""探究"不会停留在文本自身,即单单满足于应试的目的,而要围绕时代与社会环境的需要对之进行"向社会""向环境"式的解读,这才是教学活动的实质。显然,这一解读是一个研究过程——教师研究学生、教学与课程,学生研究课程、学习与教师的过程。学生是这一过程的直接受益者,在他们身心上会生成多样化的素质,增强他们应对社会环境、社会变革的能力是教学活动的直接目的。在该教学系统中,教学活动在一系列相互制约中实现了自身的平衡:师生对课程文本的研究与解读是否合理要接受社会生活与环境的检验,学生对课程文本的理解与认识是否准确要接受教师的判断,整个教学活动中对课程形成的共同理解生成方向受制于师生"主体链"的牵引,等等。而且,每一组教学生态要素之间,如社会环境与教学目标、教师与课程、学生与课程、教学目标与课程之间都是双向互动、寻求平衡的过程。

例如,教师对课程的理解是否合适需要多次反复才可能完成。这种理解正是检验教师课程理解力的一把尺子,而教师对课程的合理理解会以"教材研究"的形式进入课程内容,二者之间存在着一种相互注释的关系。

在高效课堂改革中,教学的目的是维护、经营这一生态,使之良性运转、持续延伸,努力趋向一种模糊平衡态的过程。基于这一理念的教学改革具有一个明显特点,即教学活动不会因为过分关注应试的"短效"、知识技能的"片效"、课堂表面活跃的"显效"而疯狂压缩课堂教学的流程,甚至把教学活动交由学生来代理,无视教学过程作为"多元素质生成载体"的主功能。

总之,强化教学的"双主体"本性,回归课堂教学的交往本质,彰显教学的"过程魅力",才是高效课堂走向"全面高效"的现实要求。

第二节　高效课堂实践反思

高效课堂改革无疑是当代中国教改领域中的重要现象之一。在国外翻转课堂、有效教学理念的直接推动下,在国内一批课改钟情者的推波助澜下,高效课堂改革引发了全国范围内的一次重要变革:《基础教育课程改革纲要》倡导的学习方式转变要求付诸实施,许多农村学校的课改面貌焕然一新,一批课改先锋学校、课改精英人士脱颖而现,让世纪之初倡导的"新课改精神"在我国中小学大地中找到了生根之地……真正有生命力的课改都是在反思、创造、坚持中持续前行的事业,对这场课改的业绩与经验进行系统反思,进而瞄准焦点、乘胜追击,是导引高效课堂改革创新发展、持续发展的科学思路。

一、当代高效课堂探索的历史经验

自新世纪之初,以杜郎口、洋思等学校的课改发动为标志,当代高效课堂改革已经走过了近 20 年的历程,形成的改革经验丰富而深刻,如深入推进合作学习、课堂展示、课堂效能即时检测、课堂学习目标导航等,成为践行其核心课改理念——"先学后教""少教多学""以学定教"理念的有力抓手。在这些课改举措的背后,我们可以透视出一些相对成熟的理性经验,在此将之大致归结为三点。

(一)教学模式去留因地制宜

当代高效课堂改革最痴迷的莫过于教学模式了,对模式的关注、探寻与批判贯穿于课改全程,由此成为课改实践者热议的话题之一。显然,模式是固化课改经验,分享课改成果,满足教师学习要求的有效途径,但如何科学理解模式、对待模式、应用模式,在高效课堂改革中才是一个真正的大问题。在课改初期,尤其是在 2010 年前后,数字化模式满天飞,其显著标志是《中国教师报》推出的"高效课堂九大范式",随之,"一校一模式""一区一模式"成为高效课堂迅速进入正题,进入情境的桥梁;在课改中期,大致 2013 年前后,去模式、反模式的声音日渐高涨,对模式的崇拜迅速冷却,"千课一面"、机械复制成为许多教师、行政官员反对高效课堂的凭据;在当前,教学模式去留的论争在高效课堂改革中终于尘埃落定,关于教学模式的三大共识日渐形成,这就是:

其一,模式是科学教学理念走向实践的必要媒介。模式是新教师、新学校顺利进入课改高地的拐杖或跳板,因为任何完整的课堂改革都应该包括三个重要阶段,即"入模—建模—出模"。正如有学者所言,"通过'建模',可以统一教学指导思想,规范课堂教学模式,有利于教师形成规范有效的教学风格;而明确操作步骤,有利于学生学习习惯的养成和学习能力的提升,从而减轻师生负担,提高课堂教学的有效性。"①基于最优化模式基础上的课改才是高屋建瓴的改革,才是有起点的改革,才是有历史经验做支撑的改革,随意反对教学模式的言论与举动实在是不明智的。

其二,模式具有多样性、时效性、差异性。每一个地区、学校、教师、学科都应该有自己的特色教学模式,只要它体现了高效课堂的精髓——"先学后教、少教多学、以学定教",都可以在课堂教学中自由创制、灵活变通、大胆使用。每一种模式都有自己的生命周期,即一种模式在使用后会很快进入高原期,不改进它就会陷入课改绝境。也就是说,一种教学模式的使用过程同时也是对之进行个性化、情境化改造的过程,就是模式被变形、被修改的过程;模式使用的最高阶段是摆脱旧模式、死模式的限制,走向教学实践的自由与创造,因地制宜地形成更具个性化特质的"小模式"。

其三,模式应该具有伸缩范围。这个伸缩范围取决于诸多影响因素,如学科特点、教师水平、学生学情等,绝对定型、死板、刚性、故步自封的模式才是课改的大敌与障碍。有学者指出,"别人的教育模式和管理模式可以借鉴,但不能照搬,否则就有可能造成'水土不服'"。②

---

① 迟学为.高效课堂教学模式构建的文化思考与行动策略[J].课程·教材·教法,2012(5).

② 李德胜.打造高效课堂力求抓住"五要"[J].中小学教师培训,2010(8).

所以,因地制宜地创造才是教学模式活的灵魂。一种课堂教学模式的生命力在于其向一切先进课改理念、课改经验的开放度、适应性,而非其能否作为向外标榜的谈资。

模式论争的结束标志着高效课堂改革的日渐成熟,标志着课改独特理念与核心经验正在形成中。在当前,中小学创模、树模、建模的热情明显下降,取而代之的是一系列全新课堂理念形态的涌现,如"卓越课堂""活跃课堂""自主课堂""灵动课堂""实效课堂"等,尽管其称谓上已经不见"高效课堂"的字眼,但其实质上都是当代高效课堂改革的延伸或变形,自主学习、合作学习、课堂展示、导学案运用等仍旧是其课堂改革的核心手段与标志性元素。

(二)课改重点准确定位

在课改中,对"课改"的理解直接决定着实践者对课改重点的选择。人们认为,课改就是"改课",就是"教学改革",就是"课程改革",这些看法都有其合理性。显然,课改首先是"课程改革",是对课程开发、课程内容、课程实施、课程管理、课程评价的全程全面改革,几乎涉及基础教育改革的全部领域,对整个教育改革具有宏观性、指导性意义。相对而言,"改课"即"课堂结构改革""教学流程改革",是指对教学活动流程、结构、方法、模式、手段的改革,这是最为微观的一个教育实践领域。其实,完整意义上的"课改"具有三个层面,即"课程改革""课堂改革"与"教学改革",三个层次协同推进才是一次完整的课改。就我国来讲,课程改革是当代课改的目标与宗旨,教学改革是当代课改的关键与实质,而课堂改革则是整个改革的现场与舞台,所有课程改革、教学改革都必须在"课堂改革""课堂"现场与"课堂改革"操作中完成。进言之,所谓"改革",就是"改变 + 革新","改变"属于中性、量性、手段的变化,如改变教学的方法、手段、模式、流程、内容等,而"革新"则属于理念性、系统性、根本性、创新性的改变,如改变课堂教学理念,改变课堂教学系统,改变课堂教学传统等。在这一意义上,高效课堂改革的灵魂在于"课程改革",其改革路径在于"教学改革",而理念更新与实践改变的结合点、融合点则是"课堂改革"。毕竟,"课堂"不同于"教学",尽管课堂活动的核心是教学,但除此之外,课堂还包括教学的组织与情境,也就是说"课堂 = 教学(结构 + 流程) + 组织 + 情境",其中,"教学情境"是指一切影响课堂教学活动发生发展的因素总和,它是将"课堂"与"教学"区分开来的关键要素,是赋予课堂教学活动以复杂性、多变性的根源所在。显然,高效课堂改革在称谓上定位在"课堂改革"而非"教学改革",是其高明性所在。它准确定位了课改的关键部位,有利于改革者在课堂中全面应对各种教学问题,构建一种真实、灵活、多变、创生的课堂形态。正是如此,在高效课堂改革中,改革者重点关注的是师生课堂生活的改进,如学生参与、课堂展示、合作探究等,其意图在于赋予传统课堂以生气、活力与品质,促使当下课堂生活发生全局意义上的质变。这一课改立场与课改重点的选择显然是科学的,是有利于当代课改理念全面走向实践的,也是当代高效课堂改革创造的一个重要经验。

(三)教学形态内在生成

教学形态是教学活动的具体展开形式与样态,是教与学在课堂时空中的独特结构、实施程序与组织架构的有机统一。在实践中,客观存在着两种基本教学形态:其一是以教为主的形态,教师、讲授是其主体构成,它具有较强的自觉性、可控性、人为性,教师是整个教学形态的筹划者与主导者。其缺陷是容易脱离学生的学情与要求,导致一种教与学相脱离的僵化教学形态,不利于教学效能的提高。其二是以学为主的形态,学生、学习是其主体构成,它具有较强的随意性、建构性、自然性,能够让学生学习的方式与要求得到最大化的尊重,学生群体及其自主学习活动决定着整个教学形态的具体面貌。其缺陷是容易使教学活动发展成为任由学生操控、变得随波逐流的过程。在高效课堂改革中,随着改革者对学生、学习地位的日益强调,其教学形态发生了"教中心"向"学中心"的缓慢转移,教学活动的生成性成分不断增加,教师控制性成分日渐减少,一种与师生实情、个性化要求相契合的量身定制型教学形态逐渐形成,师生成为教学形态的共同决定者。正如有学者所言,高效课堂改革追求的两个重要目标是"量"与"动",前者即"信息量、思维量、训练量",后者即"身动、心动、神动",[①]其共同特点是强调学生课堂参与的重要地位,强调学生课堂学习中的获得感。因此,坚守教学形态的内生性,即教与学、教师与学生反复磨合中生成一种自然教学形态的机理,尽可能同时克服上述两种教学形态的各自弊端,实现教与学之间的有机匹配,是高效课堂实践的内在追求与重要经验。客观地讲,教学活动的最终目的是为了帮助学习者找到一种最优化的学习与发展方式。显然,教师、学生都不可能预知这种方式,而只能在教学活动中去摸索、尝试,逐渐自然形成:一方面,自主学习是学生最佳学习方式的呈现者,毕竟最了解学习活动要求与方式的是学生自己,最充分、最深刻、最合理的学习活动必须建基于

---

① 张明.高效课堂实施障碍与改进策略[J].中国教育学刊,2011(11).

学生自主学习活动之上,学生自主寻求学习资源、自选自构学习方式是课堂教学深入推进的现实要求;另一方面,教师只有积极影响学生自主学习活动,帮助其反思学习活动、优选学习方式,才可能有效回避学生自主学习的缺陷,让学生学习方式的形成向着科学、有效的方向发展。可见,真正合理的教学形态不是跳板一块,而是有柔性、弹性与可塑性的,是师生在积极应对教学情境、学生反应中灵活变通、自然生成的。所以,教学过程的内在展开逻辑是"多向互动、动态生成",而非事先预制、教师主宰的。促进最合身的教学形态生成是师生的共同使命。① 基于这一思考,我们认为,坚持教学形态在磨合中内生的理念是高效课堂改革之所以在实践中结出"高效"成果的缘由之一,是其之所以能够代表当代课堂教学改革方向的原因之一。

二、高效课堂改革缺陷对课改本质观的新启示

课改绝非课堂教学构架、程序、方式的改革,它涉及"课堂教学相关"领域与层面的序列化改革,真正的课改必将触及课改灵魂、思维的深层变革。就当代高效课堂改革而言,它强调更多的是形式、模式、内容、流程、操作、技术、微观等方面的改革,没有将之放在课堂教学的"大系统"中去考察,没有深入到课改灵魂省视的层面,这正是导致其灵活性与科学性不足的根源所在。我们相信,有生命力的课改一定是涉及灵魂与理念层面的改革,一定是能渗透到课改人骨子里去的改革,只有深入到灵魂层面的课改才可能创造一种全身性的课改。在过去,高效课堂改革在这一方面教训颇多,如常常将课改理解为一场课改操作模式的移植与克隆戏法,导致国内复制杜郎口、克隆洋思、临摹昌乐的做法屡见不鲜,漠视课改的生长本质观;轻视课改的"破旧",一味倡导课改的"立新",致使课改扎根肤浅,难以有力应对旧课堂势力的复辟与反击;将课改视为校长、教师的孤军奋战,忽视了与科研机构、行政部门、家长协会间的合作,致使许多学校的高效课堂改革走进了死胡同,课改需要的和谐氛围与协同机制难以产生;忽视对课改永续力量与生命意识的培育,无法在成功课改后适时固化理念、生成习惯、铸就文化,将之发展成为课改的新常态;信奉"效果至上主义""学习还原主义""技术万能主义",②无视教与学之间的有机结合,等等。这些都是未来高效课堂改革需要努力攻克的主题与难题。在高效课堂的败笔之处潜藏着对课改本质的新思维、

---

① 叶澜.略论"新基础教育"研究之路的若干特征[J].基础教育,2011(2).
② 龙宝新.论高效课堂的理念缺陷与实践超越[J].教育发展研究,2014(12).

新启示、新贡献,它赋予当代课改以全新的本质观,集中体现在以下四个方面:

(一)课改,是新理念种子的培育与生长

在高效课堂改革初期,"课改复制"现象较为普遍,尤其是在领头学校课堂模式、课改范例的参照下,许多改革者简单地认为,只要将这些做法与技术移植到自己的学校中去,课改就宣告成功。但后来,高效课堂改革中"胜者寡,败者多"的事实证明,这种课改观念是庸俗而又简陋的,非常值得深究与反省。在课改后期,许多学校渐渐意识到,任何课改都是一次因地制宜的再创造,他校的现成做法不一定能够轻易在本校文化生态中扎根、发育,真正的课改一定是课改理念与种子的移植、培育与生长过程,课改的生长本质不容小觑。鉴于此,未来高效课堂改革必须走出"复制观",走向"生长观",即在深入研究、揣摩、反省课改成功学校案例中把握课改的精髓与良种,判断这些课改理念种子与本校课改土壤的适切程度,筹划在本校中培育这些课改理念的具体方略,努力使这些课改良种在自己学校中生根发芽、结出硕果。

(二)课改,是一场破旧立新的行动

在课改失败学校中,我们很容易发现,有时候"破旧"比"立新"更难,应对旧课堂文化、理念、经验的复辟与抵制才是课改中最重要的一项工作。有学者指出,"建构和解构只能是一个交互过程,新知识只有在证明了自身有效之后才会被真正接受,而先有知识必须显得陈旧时才会被抛弃。"[①]在这一意义上,引导广大师生抛弃旧观念,为新理念发展腾出空间,是高效课堂改革成功的关键环节之一。显然,在旧课堂生态中,一切主体、因素、事物之间配合默契、有机关联、自成一体,要将新课改的理念、种子嵌入其中,必然会引发旧课堂生态的联合抵制与排异反应,任何课改首先要应对的是这些文化抵制性的因素与力量。在这些因素与力量中,传统课堂文化、应试教育实力根深蒂固,最为强大,前者将课改视为一种冒险行为,一种"穷折腾"的做法,抵制变革、追求平稳、固守常规正是传统课堂文化坚实者的常见心态;后者则将课改与教学质量,尤其是学生考试成绩提高对立起来,以为一旦课改被发动,师生会增加一些额外的装饰性教学工作量,教学工作中的"水分"会增加,与之相应,实质性成分,即那些提分、追分性的教学工作随之会受到挤压,课堂教学的"质量"必然会整体下降。正是由于这些因素与力量的存在,

---

① 安德烈·焦尔,著.杭零,译.学习的本质[M].上海:华东师范大学出版社,2015:30.

许多学校、领导、教师常常对高效课堂改革抱有两种心态:其一是"伪装改革",即表面上在观摩课、表演课中引入大量高效课堂改革的做法,如合作学习、课堂评价、学生展示,但实际上却在大量常规课堂中固守传统课堂教学模式,行应试教育、传统课堂之"实",其深层原因就在于:面对课改的"大趋势",这些校长、教师担心被人扣上"不搞课改""思想保守"的大帽子,这些行径其实是在实实在在地附应课改;其二是"设限改革",即只在课堂教学的部分环节、学科、领域中推进高效课堂改革,不愿意全面、整体地推进课改,将课改限制在局部推进的层面。在这种情况下,局部性课改始终处在"进退维谷"的境地:要么,被身边不改革的课堂、教师所同化,所俘虏,要么,孤军奋战、艰难向前! 在这种形势下,课改被画地为牢,时刻处在被围剿的状态,课改所需要的宽容环境与物质支持时刻难以得到保证。面向未来,高效课堂改革必须认真对待"破旧"工作,必须深入细致地分析课改面临的阻力与传统,善于从最顽固的课改力量入手来推进课改,有效降低课改的抑制力,为课改种子的培育提供宽松的环境与肥沃的土壤。

(三)课改,是一场多主体协同的创造

在高效课堂改革推进以来,课改实践者渐渐意识到,课改不仅仅是课堂教学相关主体间的一场利益博弈与调适,更是多主体协同完成的一项创造性工程,它需要诸多利益相关主体间的联动、联合和联手。从课改常理出发来看,课改首先需要教师的深度参与介入,教师无疑是课改的中坚力量,许多高效课堂改革专家一致认为,教师才是课改一线的真正专家,而大学课改理论专家只是他们的高参而已,毕竟理论研究者提出的每一个高深课改理念都需要教师去付诸实施、改进完善,最终将之具体化为课改的做法与模式,转化为因地制宜的课改操作范例,这些工作是理念研发者难以越俎代庖的。但换个角度来看,一味按照一线教师的理解、经验、模式来搞课改,高效课堂改革必然最终流于形式、囿于传统,甚至陷入困境,课改的高潮点与突破点难以形成。进言之,课改还必须有理念专家的指导与介入,没有他们的理论研制与跟踪反思,整个课改实践只会与其初衷渐行渐远。其实,在课改中,理念专家始终是寄生在课改实践的链条上的,他们尽管不可能全盘决定课改的全景与路线,但可以借助理念研发与供给为课改实践者提供一种思考实践问题的全新眼光与思路,为他们突破课改困局找到一条"光明大道";理论专家尽管不可能胜任课改的"统帅"之位,但可以通过课改实践的参与式指导形成自己在课改中的权威,建构自己对课改的领导力,课改专家的指导力就是在切身服务课改实践者的行动中逐渐形成的,那些真正被教师所

否定、所拒斥的所谓的"专家",其实是在课改的"场外"评头论足,不沾半点泥土气息的"伪专家"。当然,从课改推进角度来看,无论是教师还是课改专家,都需要教育行政部门领导的支持,校长、局长、厅长等是为课改保驾护航的重要力量,甚至是操纵着课改生命的关键力量。更进一步看,决定课改生命的是带"长"字人物的教育观念、教育理解与执政理念,他们对课改内蕴的生产力、价值力、爆发力的呵护与激发是课改中压倒一切的力量。当然,即便是他们忠诚于课改,执着于课改,没有强大教师团队的支持与有力专家团队的配合,这些热情、念头顶多只是一种课改的梦想与奢望罢了。在这一意义上,我们不难得出,课改是一项真正意义上的协同创造工程,只有专家的创意、教师的创举、管理者的创造"三位一体",才可能共同培育出课改成功的硕果。

(四)课改,是建立课堂教学运转的新常规

应该说,每一场课改都不可能是一种常规性改变,都一定是打破常规的一次行动,是课堂教学新常态的建树过程。换个角度来看,真正的课改都不可能是昙花一现,而是具有一定生命周期的,是有生命力的生命体;在这一有限周期内,一切课改活动都体现为一种课堂常规活动。每一次完整的课改都是旧常规失效、新常规建立的交替循环与持续推进,都有一个"常规—改革—新常规……"的循环与周期。就课改周期转换而言,有效的课改都是一次生命周期转换实践,是摈弃旧常规、建立新常规的课改行动。在高效课堂改革中,许多失败课改的共同特征之一是:课改常常是在还没有打破旧常规的时候寿终正寝了,由此导致了许多半途而废的课改烂尾工程,新的课改行动都没有以恒定模式、稳态文化的形态被固着下来。因此,课改的实质是要建立一种新型的课堂常规、课堂文化,借助这一常规、文化的承载,那些全新的课改理念、做法与行动被融入其中,被临时固化,新的课改做法与实践由此找到了稳定的物质依托。可见,没有课堂常规的质变,没有新常规、新常态、新常理的形成,课改始终没有在预想的层面发育起来。对未来高效课堂改革而言,如何把课改初期所形成的公认有效的课改创意、课改创举沉淀下来,使之转变成为教师课堂生态体系中的新常态,这才是最值得关注的课改环节。我们相信,任何碎片化的课改实践都不会自然汇聚成为课改的大创意、大变革,只有那些文化沉淀、常规积累、常态突变的"课改定型"举动才是凝聚课改精髓的关键一举。正是如此,可以预见,未来高效课堂改革更应该关注课堂新常态的培育与建构活动,它才是课改成功的枢纽链环。

三、未来高效课堂实践走势的思考

高效课堂尽管从某种角度来看是"高效"的,但换个角度来看,这种"高效"并非完美无瑕的,而是缺憾与经验并存的。高效课堂的成功之处在于用一种风格独具的方式践行了新课程改革倡导的核心精神——推动学生学习方式转变,尽管如此,其自身需要攻克的难题仍然比比皆是,例如,如何深入推进"过程＋结果"式的课改精神,如何科学理解教与学的关系,如何有力协调三大课改主体——校长、教师与学生间的关系,如何让课改摆脱"华而不实"的流行病等,这都是高效课堂改革者后续改革的施力重点。鉴于此,我们可以预见,未来高效课堂改革的焦点将聚焦在以下三点上:

(一)教、学、研的融合

高效课堂的核心精神是引导学生转变学习方式,让学生自觉承担起学习的责任,实现这一"引导"的有力手段是改进教师的教授方式,而决定这一引导能否生效、是否生效的关键是二者间的匹配与磨合,这就取决于教师的"教学研究"环节。进言之,一个完整教学活动应由三个关键环节构成,即"学习""教授"与"研究",三者承担着各自特有的任务与职能:学生学习环节是课堂教学生效、有效的根基,是教学效果提升的源泉与动力,任何外部的教学增效手段都必须经由学生学习活动来实现,其原因就在于,"学习者不是单纯的学习'参与者',而是他所学的东西的'创造者',别人永远不可能替代他去学"[①];教师教授环节是课堂增效的关键环节,学生学习效能提升的主动权很大程度上掌控在教师的教授环节上,引爆学生学习的热情、改进学生学习的方式都始于教师创造性的教学活动,教学方式及其艺术的改进才是课堂教学的专业性所在;教师教学研究环节,包括反思、创造、揣摩、实验等活动,是提高课堂教学的科学性、效能性的秘密武器,担负着对课堂教学活动全程进行反思、反馈、调适、优化的重任,有效的教学研究活动是实现教与学有机配合,促进教学效能持续提升的元认知保障。在当前,高效课堂改革的关注点已经实现了两次转变:从"数字化教法"转向"课堂教学内容",其标志是改革者悟出了一个重要共识:"知道应该教什么比怎么教更重要";从"课堂教学内容"转向"学生学习动力",其标志是改革者深刻意识到"只要解决了学习动力问题,一切教学效能不再是问题"。这两次转变充分表明,反思、揣摩、实验、研究是高效课堂永恒有效、持续高效的生命之源,实

---

① 安德烈·焦尔,著.杭零,译.学习的本质[M].上海:华东师范大学出版社,2015:8.

现"教""学""研"三者间的有机配合是高效课堂的生命力所在。正如有学者所言,"为了提供知识中心的课堂环境,必须关注教什么(信息、学科知识)、为什么教(理解)和掌握什么能力。"①要达到这一目标,教师必须不断反思五个重要问题:学生是怎样学的? 学生为什么会去学习? 教师该怎样教,教师该教什么? 教师为什么要这样教? 这就需要教师把教学研究能力看得比"教学能力"更重要一些,否则,教与学之间的匹配与磨合可能成为天方夜谭的事情。

在课堂教学活动中,与知识、技能、态度、道德的教学相伴生的是相关经验,如学习经验、教授经验的形成与获得,这些经验的功能是实现学习与教授活动的自动化、习惯化,提高课堂教学活动的效率,减少教学活动的额外精力与成本投入。但其缺陷是过度依从教学经验容易导致课堂教学活动的抱残守缺,抑制教师教学变革的步伐。因此,教学研究活动正是经验型教学的解毒剂与活化剂,它能确保课堂教学改革持续前行的步伐。不同于日常教学活动中生成的经验,教学研究中生成的教学活动是新理念、新认识、新观点,它能为课堂教学的推进提供一种全新的视角与眼光,促使高效课堂改革走在一条持续改造的路子上来。其实,伴随课改全程的理念是,将课改视为"一个不断处理教育理论与教育实践关系的过程,是一个不断实现着理论与实践的交互创生和相互滋养的过程。"②教学研究向课堂教学活动嵌入的意义正系于此。面向未来,如果高效课堂改革试图保持强劲的发展势头与生命力,就必须强化教学研究在课堂教学实践中的职能,自觉将课改视为"理论与实践双重探索和交互作用的产物"③,全力构筑"教—学—研"相得益彰、交互促进、良性循环的课改之路。

(二)构建量身定制的教学样态

课堂教学的最佳状态是教与学科学匹配、无缝链接、有机融合的教学形态,这就是量身定做的教学样态。当然,教授活动对学生学情的适应绝非简单的机械适应、被动适应,更是基于对学生学情多角度解读之上的灵活适应、主动适应。其实,学生的学情有两种,即硬性学情与柔性学情,前者特指学生的个性、年龄、信仰、气质、学力、社会背景、经验结构等短期内不易发生

---

① 舒尔曼.实践智慧:论教学、学习与学会教学[M].上海:华东师范大学出版社,2014:21.

② 叶澜.略论"新基础教育"研究之路的若干特征[J].基础教育,2011(2).

③ 叶澜.略论"新基础教育"研究之路的若干特征[J].基础教育,2011(2).

变化的学情,对这些学情要素而言,教师及其教授活动只能尊重它、适应它;后者特指学生的学习态度、情感、经验、理智、认识、价值感等不断变化的学情,教师及其教授活动应该主动瞄准这些学情的最近发展区,实现对这些学情要素的主动适应与超越性引领。在这一意义上,量身定制的课堂教学并非相对学生硬性学情而言的定型形态,而是具有较大伸缩空间的动态形态。

其实,课堂教学根本没有完美无瑕的状态,只存在一种与学生学情、教师教情、学科实情、课堂情境间高度适应、紧密契合的现实教学样态,这种教学样态具有三个基本特点:其一,关注学生的多元学情,学生的知识、个性、态度、情感、社会背景、生活阅历等均在其教学活动的关注之列,并在教师教学的起点、过程、方法等层面得到充分考虑;其二,教学活动的较高个性化水平,体现为教师课堂教学的组织与实施不是基于个人想当然的想法、经验来展开的,而是富有一定柔性并能根据学生的学习要求、学情变化进行灵活调适,由此,教师个人主导、臆想的成分与色彩大幅度降低;其三,教学活动与学生水平间保持适度的最近发展空间,教师能够让教学在适应学生硬性学情(即被动适应)的基础上不断创建学生的最新发展区间,不断改变学习者的柔性学情,使其之间形成动态调适与适度引领机制(即主动适应),实现教授活动对学生学习活动的被动适应与主动适应的有机统一。

无疑,最佳的教学样态不是绝对的,而是教授与学习、教师与学生之间动态磨合调适的结果,正如舒尔曼所言,"教师对教学的思考就如同裁制一套衣服;适应就是缝制一套能够挂在衣架上的特定样式、颜色和尺码的衣服。而要把这套衣服出售给特定的顾客,仍然需要对衣服做出进一步的修整使它更合身。"①对高效课堂而言,它追求的绝不是最理想的所谓完美教学样态,而是要面向学生学情及其可能发展空间,借助教授活动的主动创新来适应学生多样化、发展中的学情与教学环境。在这一意义上,未来高效课堂改革必须确立一种基于"教—学"匹配关系的课堂教学改革理念,将学生学情观察、学情分析、学情评估、学情发展区间等作为课堂教学设计与实施的重要参照,不断提高教与学之间的适应性与契合度,切实实现教与学间的反思性平衡。

有学者认为,笃信"一定可以找到一种简单的、具有决定性的、完整的、有效的教学方法,在任何时候对任何人都适用(就像按一下开关便可以打开

① 舒尔曼.实践智慧:论教学、学习与学会教学[M].上海:华东师范大学出版社,2014:163.

灯一样)"①的想法绝对是错误的。未来高效课堂改革应该更加关注课堂教学形态的个性化水平,积极创造一种建基于学生发展性学情之上的量身定制型教学模式,尽可能实现课堂教学中教与学间的动态调适、灵活调适。

(三)课改合力的整合与集聚

任何课改都需要"力"的推动,对课改背后的发力者及其关系的平衡则是确保课改动力源源不断的关键所在。在高效课堂改革中,校长、教师、学生无疑是课改动力的三大主体与"力源",是课改亟须给予特别关注的三支力量。在这三个主体中,校长为课改提供的是领导力,这一力量来自校长课改理念的先进性,校长在教师社群中的专业权威,及其掌控学校教改事业全局的能力,有无一位强势、专业、权威的好校长,直接决定着整个课改的进程、全局与效果;教师为课改提供的是执行力与创造力,它来自教师对学校课改方向的认同度,对学校课改理念的领悟水平,以及因应教学情境灵活变通课改理念的创造力,作为课改的中间力量,教师的课改决心与智慧是增进其课改执行力的关键;学生为课改提供的是原动力,是一切课改力量的最终汇聚点,这一动力来自学生参与课改的热情,学生个体的学习力与领悟力,以及学生在课改中的收获感、成长感与成就感,一旦课改赢得了学生的认可、赞誉与好感,课改的生命力随之持续增强。一场好课改是上述"三力"叠加整合的结果,如何促使其相互作用中产生的最终课改合力最大化才是未来高效课堂改革要解决的关键问题。

在以前,成功的高效课堂改革几乎都是优秀校长鼎力推动的结果,杜郎口中学的崔其升校长、洛阳圣陶学校的王天民校长、昌乐二中的赵丰平校长等,他们都是助推学校课改成功的关键人物,成为学校高效课堂改革的灵魂性人物,但这种精英校长驱动型课改的缺陷是:课改重心偏高,对教师的课改执行力依赖较深,底层课改创造力释放不够,导致高效课堂改革的特色与个性化水平不够,要真正实现课堂教学与学生学情间的无缝对接尚有难度;学生在课堂中的形式化展示较多,发自学生内心的自然化展示、实质性展示较少,致使许多学生展示的成了"表演",课堂的真实性欠佳,学生课改动力的充分释放受到一定程度的抑制。在这种情况下,未来高效课堂改革必须大力推进三大课改主体间关系的再协调、再平衡,积极构建三者协同参与的课改共同体,促使校长、教师、学生从貌合神离式的合作走向真正意义、诚心诚意的合作,带动三者间的关系向"一心一意"、三位一体的方向迈进,以此

---

① 安德烈·焦尔,著.杭零,译.学习的本质[M].上海:华东师范大学出版社,2015:53.

最大化地增大课改总合力。

在高效课堂改革中,校长、教师、学生各自承担的责任是有差异的,只有各司其职、有机配合、内在整合,最大的课改合力才可能生成。在课改中,校长的主要任务是统筹课改的全局,创造课改的平台、制度与氛围,为学校整体推进课改提供愿景、支持、统筹与保障,让师生的课改热情得到呵护,课改创意得到肯定,课改行动得到鼓励;教师的主要任务是坚定课改的勇气与信心,践行课改的理念与思想,布设个性的课改场景,优化课改的策略与方案,生成具体的课改行动,在课改实践形态建立中发挥轴心骨作用;学生的主要任务是全面自主地参与学习活动,在真实学习中收获学习的成效、方法与积极感受,构筑"学会—会学—想学……"的可持续循环,不断强化学生自主学习的愿望与动机,真正成为学习活动的主人与中心。为此,未来高效课堂改革要在"协同、协作、协商"理念的指导下,以课改共同体为组织框架,以课改综合效力提升为目标,密切配合、相互支持、统力协作,积极构建"上下齐心、高度整合"的课改环境,让课改理念与蓝图真正沉入到课改底层中去,努力构筑一种低重心、可持续、能深入的课改新样态。

第六章　高效课堂走向展望

在高效课堂改革中,一条问题主线——"教师主导""学生主体"始终贯穿其中,非常值得人深究。这既是教学论的永恒主题,又是决定每一次课改走向的枢纽链环。在对师生"孰主孰辅"问题的回答中,一条条课改的轨迹、线路油然而现。我们相信,对师生间教学关系的深入探究才是理清未来课改思路,敞亮未来课改大道。在后续高效课堂实践中,我们应该大力倡导三个转变:在教学关系上,倡导"生本师主"、师生共生的师生关系;在教学组织上,倡导以价值、知识、制度共生为特征的教学共生体;在教学过程上,倡导强调经验、情景与创生的"Repack"过程观。本章中,我们将围绕高效课堂应然走向问题做以更宏观层面的把脉与思考!

第一节　走向"生本师主"型教学关系

显然,师生关系的内涵与定位不可能是恒定的,而是随着时代发展与教育背景不断变化更新的;只有在时代的坐标系中定位师生关系,我们才可能找到对教育实践变革最具指导意义的师生关系观。进一步看,师生关系具有多维度性、多层次性、多样态性,其中,教学关系是主要关系,因为"不管以何种形态出现的所有教学活动,皆包容在教与学的基本关系之中"①。任何其他师生关系,如情感关系、教育关系、自然关系、法律关系、社会关系等都围绕这一关系来旋转。故此,当代教学关系中师生的主辅位置定位问题必须交由当下教育时代需要与教学实践创新去解决。

---

① 张熊飞.对教师"主导作用"的再批判[J].中国教育学刊,2015(6).

一、当今教育时代期待的师生教学关系

当今教育时代期待哪种师生关系,教学关系,尤其是在高效得当的背景中,我们相结理论师生表现什么,这一点值得我们深思。

(一)立足学生主体地位的师生关系

长期以来,教育理论界习惯了用哲学分析思维来推演师生间的应然教学关系,其结果,大多论辩对教学实践改革而言收效甚微,主体论便是一例。及至目前,师生关系论争已经走过了从"单子式主体"到"双主体",从"中心论"到"主导主体论",从"主体变动论"到"主体交互论",从"双主体"到"主体间性"的嬗变,师生教学关系论争最终在"双主体平等对话"上止步。表面上看,师生关系谁主谁辅的论争似已经尘埃落定、达成共识,但实践上,我们并未从解决师生间的主体地位争执问题,因为师生双主体平等对话的模式并没有真正解决教学的核心矛盾:如何在课堂上实现教与学、师与生间的和谐共生问题? 进而思之,"主体性""主体地位""主导作用"是三个差异明显的术语,我们应该在科学辨析的基础上锁定师生关系论争的核心问题。其中,"主体性"与"被动性"相对,是人之为人、人人皆有的独立性、能动性与创造性;"主体地位"与"从属地位"相对,关注的是教学活动的主要承担者、发动者与实施者;"主导作用"与"辅导作用"相对,关注的是教学活动中的主要组织者、管理者与促进者,或教学功能的主要实现者。在张熊飞教授的视野中,它强调的是学生在教学活动中的"主体地位"而非"主体性",正所谓"学生是获得自身全面和谐发展的主体,这正是学生主体地位的真正内涵"[①]。这一观念自然是正确的,理应无所厚非,但教师如何在教学活动中尊重、落实这一主体地位呢? 这就关乎课堂教学中师生关系位置摆置的问题。进言之,我们如何构建一种立足于学生主体地位的师生关系成? 师生无疑是两个主体人,都具有主体性,教学活动存在的实质是借助教师的主体性来发展学生的主体性,诚如米尔顿·梅尔奥夫所言:"最严肃意义上的关怀就是帮助他人成长,帮助他人实现自我。"[②]课堂教学中,师生间构成了一种教育关怀关系,其实质是教师帮助学生去成长,去发展探明的主体性。在课堂上,师生间的主体性水平是有强弱之分的,学生的主体性处在成长之

---

① 张熊飞.对教师"主导作用"的再批判[J].中国教育学刊,2015(6).

② 内尔·诺丁斯,著.侯晶晶,译.始于家庭:关怀与社会政策[M].北京:教育科学出版社,2006:12.

中,而教师的主体性趋于成熟,故师生间的主体间对话不可能是完全平等的,而顶多只是对话权利意义上的"平等",课堂对话的实质走向是受教师牵引的。换言之,发展学生的主体性是教学活动的首要价值追求,这一发展任务的主要实现者是学生,学生在课堂教学中居于当然的主体地位,教师则处在引导、辅助的地位;建立尊重学生主体性发展要求的师生关系,落实学生在课堂教学活动中的主体地位,是当代课堂教学改革健康推进的内在要求。显然,当代课堂教学的核心目标是发展学生的主体性,培育学生的主体性素养,而并不能止步在知识技能传授的水平上,这一目标定位与当今教育事业面临的现实处境密切契合,所以,"从学生出发、通过学生展开,为了学生发展"是科学师生教学关系建立的坚实基点。

(二)承认教师主体身份的师生关系

师生关系首先是立足学生主体地位的教学地位关系,其次才是师生相依相生的教学互动关系,毕竟师生关系作为一种"关系",它必定是两个主体——教师与学生相遇、相处、相知、相生的产物,这种关系的水平与质量取决于双方用心经营的结果,二者间的配合水平与关系质量决定着课堂教学的终端效果,单单靠师或生一方的主动与投入,这种关系不仅难以持久、深入,更重要的是,它难以承担起促进学生主体性发展的根本责任。从这一角度来看,师生教学关系一定是建基于承认教师的教学主体身份的师生关系。正如有学者所言,"教学效果和质量能否得以有效提高,关键在于教师在教学实践活动中功能性作用的发挥"。① 毕竟学习者在教学活动中是被发展、被服务的对象,教学质量问责的首任主体是教师而非学生,教学效果的形成是教师自觉干预、深度介入学生学习过程的结果。换个角度看,如果说学生自学效果的责任主体是学生,那么,学生课堂学习效果的责任主体一定首先是教师,其次才是学生。正是在这一意义上,教师在课堂教学中的主体身份、"主导作用"不可小觑,如若剥夺或弱化了教师在课堂教学中的"主体身份",教学活动无异于自取灭亡。在此,"主体身份"不同于"主体地位":"身份"意指教师在课堂情境中的呈现方式,它具有较强的象征性意义,而"地位"意指教师在课堂中的存在方式,具有较强的实质意义;教师在课堂教学空间中更多以"主体身份"存在,因为学生才是课堂的当然主体;教师的课堂"主体身份"需要学生及课堂利益相关者去"承认"并"授予",必须通过"主

---

① 葛续华.教师"主导作用"岂容质疑?———与张熊飞先生商榷[J].中国教育学刊,2015(5).

导"课堂教学的途径来实现。学生在课堂中的"主体地位"获得具有天然性，它与课堂教学的天职密切相关。正是如此，有学者指出："教师与学生不是两个平行的主体，而是两个处于不同地位、起着不同作用的主体，他们之间的关系本质上是主导与主动的关系。"①

进言之，教师参与、主导教学活动的方式是多样化的，其中之一就是传播信息，因为"在学生的认识活动中，教师和课程是作为'信息源'而存在的，是信息的载体，人们称其为媒体。其中，教师是第一媒体。"②有学者提出的教师作为"第一教学媒体说"很吸引人眼球，但教师在课堂教学中主要作为信息媒体就能够实现其所言的"引导作用"吗？这一点的确令人生疑。如前所言，在课堂教学中教师一定是一个"主体"，但他不是学习的主体而是教学的主体，不是认识实践的主体而是课堂管理的主体，这种"主体身份"的体现具有多态性，如预设教学进程，激活学生学习动力，教给学生学习方法，帮助学生学会思考，等等。在"学生"这一不成熟主体面前，这些助推学生学习的努力与行动无疑能够加速学生主体性的成长，促使学生迅速站上人类既有文明巅峰的基础上开展高屋建瓴的思考，帮助其尽快成长为一个成熟、完善的主体人、社会人。所以，要全面履行教师的教学主体责任，教师仅仅作为"信息源"是不够的，他还必须走进学生的心灵世界，融入学生的学习生活，为学生学习提供自觉而又内在的指导、诱导与辅导。如果说教师对学生的影响主要有三种：信息供给型的指导、价值方向型的引导与思维情感型的诱导，那么，教师主体地位的体现也应该是指导、引导、诱导兼而有之的"教导"。毋庸置疑，教师为学习者提供的教导服务质量与学生主体性发展之间是交互催生的关系：学生主体性水平的提高会呼唤更高水平的教导服务，而教导服务质量的提高又会培育出学生更为优良的主体性表现。可见，在课堂上师生的主体性是共在的，尽管其课堂表现方式有"主体身份"与"主体地位"之别；在课堂教学中单单强调师生中一方的主体性是有问题的，因为两种主体性之间是相得益彰、共生共强的关系。在课堂教学中，承认教师的教学"主体身份"意味着赋予他们培育学习者主体性意识、能力与精神的责任，赋予其充分发挥、展现自身主体性的权利与自由！

（三）内在融合、有所侧重的师生关系

师生教学关系存在的前提是承认师生两大主体在课堂教学中的存在地

---

① 王道俊，扈中平. 教育学原理［M］.福州：福建教育出版社,1998:254－257.
② 张熊飞.对教师"主导作用"的再批判［J］.中国教育学刊,2015(6).

位与身份,认可师生间交互作用是推进课堂教学进程的根本机制,那么,我们会问:师生在教学关系中可以独立存在吗？我们所期待的师生关系到底是有主有从、内在融合的偏正性师生关系,还是绝对平等、貌合神离的双主体关系。

一方面,绝对平等、平行存在的师生关系只会把课堂变成一个政治学场域——双方为了各自的课堂存在权、主导权与话语权而展开不休止的辩论,导致我们无视课堂教学从属于教育学领域,服务于学生核心素养发展的本性,无助于课堂教学活动的顺利展开。进言之,为了体现"教学促进学生学习"的职能,加速学生素养的形成,课堂教学中师生之间必须具有某种主从关系的分工,而不能使之各自为政、平分秋色。总而言之,在课堂时空中教师主体性是依附、寄生于学生主体性之上的,其主体性发挥的效能只能间接通过学生学习的效果、效率、效益来体现。

另一方面,貌合神离、没有交集、无法交融的师生关系只会让课堂教学活动名存实亡,最终异化为学生的自学活动或教师的讲演活动。有学者指出,"教时,教师是主体,学生是客体;学时,学生是主体,教师是客体",[1]这种观念把教师的主体性与学生的主体性分离开来,导致了两种教、学分离的师生关系论,即去学生的师生关系论与去教师的师生关系论,前者表现为:教师在课堂上满堂灌,无视学生的学情、兴趣、动机、期待与最近发展区,课堂沦为教师的一言堂、独角戏,有效的教学活动无从产生;后者表现为:学生在课堂上完全独立自学,教师在一旁袖手旁观,课堂教学成为学生自演、自学、自纠的活动,教、学合作的潜能难以发挥出来。所以,科学的师生关系一定是师生间相互交融、合作联盟、交互催发,进而产生"1 + 1 > 2"效应的特殊人际互动关系,它一定意义上体现着课堂教学的互动互生本质。为此,叶澜教授指出:我们既不能"将教学归化为学习活动",也不能盲目强调教师的讲授活动,改革者应该"将'教学'(非教与学两件事的组合)作为一个分析单位,来认识教学过程中师生活动关系的内在不可分割性、相互规定性和交互生成性",[2]二者间的互依内生性代表着师生教学关系的本质。

基于这一理解,我们认为,师生在课堂上是并存、从属与内融的关系:承认并尊重二者主体性的存在是课堂教学顺利展开的前提,因为只有师生双

---

① 钟启泉.新课程师资培训精要[M].北京:北京大学出版社,2002:23.

② 叶澜.课堂教学过程再认识:功夫重在论外[J].课程·教材·教法,2013,(9):3 – 13.

方都在课堂上充分展示自己在教学活动中的主体性,教学活动才可能更富有生气与活力,师生也才能真正进入课堂教学活动、知识探究的世界,产生更大的活动交集与视域融合带;承认师生关系中存在主从性,即教师从属、服务于学生学习活动,这是落实学生作为学生主体地位的必需条件,因为学生是教学活动的价值主体和实践主体,这是毋庸置疑的教育常理;师生间在课堂教学活动中心灵、思维、认识的相互进入,在学生认知发展活动中联盟的形成,师生间心灵共通区、情感共鸣区、认识共生区的扩大,等等,必将带动师生关系不断走向深入、深化,师生关系最终将迈向"一体""一心"的水平,和谐共进的师生关系才可能形成。正是在这一意义上,我们认为,当代教育需要的是师生共存、主从有序、深度交融的师生关系。

(四)与学生主体性共生的师生关系

在辨明师生间的从属内融关系之后,我们还需进一步思考:在课堂中学生主体性的增长是源自教师主体性的自然释放、向外辐射,还是源自共同教学活动中师生间的交互催发? 在传统教育视野中,教学活动的最佳隐喻是"连通器",师生位于这一连通器的两端,教学活动就是教师这一高位主体性向学生低位主体性的自然流动的过程;在当代教育视野中,教学活动的最佳隐喻是"爆破筒",课堂教学活动就是一次"内爆"——师生在课堂知识讨论中点燃了对方的智慧灵光,激发了对方的思维火花,实现了交互催生,各自的主体性都在课堂上飞速成长。在这一意义上,当代课堂教学应该是一个"教学共生体",而非"连通器"。基于此,我们期待的是与学生主体性共生共长的师生关系,期待的是师生共赢共强的师生关系。诺丁斯指出:"任何自我都是相遇与回应的产物","它是在与世界上的他我、与事物及事件相遇的过程中建构起来的。"[①]在课堂教学中,教师主体性的存在形态就是其专业自我,这一"自我"的形成也是在与学生的互动,即"相遇—回应"关系中建构起来的,与其说课堂中教师在按照自我的想法、理解、思维来规导着学生主体性的发展,倒不如说是学生对教师的各种感应、反应、回应在无形引导着教师专业自我的形成与发展。显然,这种"相遇—回应"式的师生关系就是一种与学生主体性共生的师生关系,就是一种自然内生、相互牵连、共生共长的师生关系。在其中,教师对学生回应的方式直接决定着学生主体性发展的质量,学生对教师回应的频率与深度决定着教师主体性的发展水平;

---

① 内尔·诺丁斯,著.侯晶晶,译. 始于家庭:关怀与社会政策[M].北京:教育科学出版社,2006:162,118.

科学的课堂回应能够激发师生双方的发展动机与智慧,进而为学生主体性发展提供更好的营养。

更进一步看,学生的主体性是不可能自然获得的,其发展与成熟至少需要两个条件:其一是文化环境,其二是自主活动。这两个条件在课堂情境中都能得到满足。课堂,其实就是师生共同建立的一种学生发展环境。课堂生活的一切因素都内嵌于这一环境之中,都可能通过"渗透"的方式融入学生的身心中去,内化为学生主体性发展的营养,故共建这一环境是师生共同发展各自主体性的舞台与媒介。从另一角度来看,学生主动融身课堂环境,参与教学活动是其主体性发展的内在机制,因为只有在自主活动中学生才可能与环境融为一体,最终吸附教师这一主体性的影响。显然,师生间的主体性互构互生活动正是在课堂环境与教学活动中实现的。从微观角度来看,师生在教学活动中发生的主体性共生活动是借助课堂教学中的问题探究环节实现的。问题,是启动学生主体性的钥匙,是将师生都卷入课堂中来的利器。围绕学习问题解决,教师精心设计学程,学生全身心投入问题思考过程,师生相互启迪、共同求解,这一系列活动正是实现师生间主体性共生的直接途径。正是如此,变课堂教学为教学共生体、协同创新体,变教学问题解决为师生主体性互生的契机,正是当代课堂教学改革的应有之义。

二、教师主导:教学关系和谐运转的生命线

人的成长主要是主体性素养的成长,而不单单是知识技能的习得,从某种角度看,知识技能习得只是辅助学生主体性发展的手段,尤其是在当今时代,人得以生存的关键品质不是知识学历的水平,而是运用知识技能、创生知识技能、实现自我发展的能力。自然,这一能力代表着人的主体性的主要内涵。当然,人的主体性提升是终身的修炼,在以加速学生主体性成长为专责的学校教育阶段,教师的加入、学校环境的建构自然具有特殊意义。与学生日常生活相比而言,课堂教学存在的标识在于教师的参与与主导,在于教师手中掌控着发展学生主体性的绝门武器——教学,因此,利用教学活动发展学生主体性是课堂需要教师的根本理由。作为一个主体性成熟的人,作为掌握着"教学促进学生发展"规律的人,教师无疑在促进教与学有机整合、和谐运转中发挥着重要功能。我们认为,教师主导是实现师生教学关系和谐运转的生命线,如何利用教师主导作用来支撑学生主体性的发展着实是一门教学艺术。正如有学者所言,理想师生关系构建的目的是在师生间"寻

找一个平衡点达到和谐、共生,并最终实现其各自功能的最优发挥。"①在这一意义上,充分发挥教师主导作用,营建师生关系的良好生态,对于教、学和谐运转具有重要保障意义。

(一)教师主导是积极教育学的内在要求

在现代教学系统中,"教学"的时代性表达是"学教",即先学后教,以学为本、以教为辅,教学就是助学、促学、导学,然而,教师促学、导学、助学的方式是否科学,能否大幅度提高课堂学习的效能,这是一个事关学校教育、教育事业生存大计的大问题。正是如此,一个富有进取心的课改者决不会止步于"教学适应学习"的消极教育学,而会坚决地捍卫赞科夫"教学走在发展前面"的积极教育学立场,努力通过课改实践来加速学生主体性的发展。所谓积极教育学,就是从维果茨基的"最近发展区"理论出发,在课堂中向学生提出超越其一般发展状况的适宜性学习任务或教学要求,以此刺激、带动、引领学生主体性的发展,促使学生走上一条身心发展的"高速公路"。当然,"积极教育学"不同于"灌输教育学",二者间的根本区别在于:前者始终是立足于学习者现有学习水平,即学情基础上,后者则无视学生学习的水平与可能性,完全按照教师想当然的理解与看法来组织教学。在积极教育学的视野中,教师要胜任课堂教学,就必须充分发挥其对课堂教学的"主导作用",而非一般性的"引导作用",因为强调教师"主导作用"的教育理念才是积极教育学的范畴,而倡导教师"引导作用"的教育理念更多属于消极教育学的范畴。当然,无论是强调教师"主导作用"还是"引导作用",其前提都是充分尊重、利用学生的主体性,"因为只有在主体性最优发挥的前提下,师生之间的能量流动才能协调一致,师生的发展也才能和谐统一。"②简言之,离开学生主体性来谈教师对课堂教学的作用是无意义的,任何与学生主体性脱离的教师作用观都是荒谬的。即是说,学生主体性的存在与关照是课堂教学活动的奠基,教师主导作用只有扎根于其中才可能结出硕果。如前,教师主导作用与学生主体地位不属于同一个层级的问题——学生主体地位是课堂教学的根本问题,教师主导作用是教师主体地位落实中衍生出来的问题,二者之间是母子关系、从属关系而非平等关系、矛盾关系。学校教育的根本特点是专业性、超越性,它要在有限的学校学习阶段统观学生终身发展全局,并对这种谋划的结果承担专业责任;生活教育的根本特点是日常性、适应性,只要教育与学习活动能够满足人当下的生活需要即可。在学校

①② 张馨月.生态型师生关系的本质及其实现[J].教育理论与实践,2015(4).

教育的范畴内,我们必须坚持积极教育学的立场,这是社会赋予学校教育事业的特殊使命。在积极教育学中,仅仅讲教师的"引导作用"是不够的,毕竟"引导"更加关注的是教学活动对学生主体性及其成长规律的适应,即便是这种"引导"也会让学生主体性的发展超越自然发展水平,但在课堂教学中仅仅满足于这种发展效果是不够的,因为学校课堂教学存在的目的不仅仅是服务于当下,更重要的是它要服务于学生终身发展,为学生终身成功系统筹划、坚实奠基,故这种"引导"一定是在"决定并引导事物向某方面发展的作用",①即"主导"意义上使用的。否则,教育教学工作很可能因此而贻误学生的宝贵人生成长时机,最终影响课堂教学的品质。在这一点上,葛续华老师认为,"教学效果和质量能否得以有效提高,关键在于教师在教学实践活动中功能性作用的发挥",②这一理解是正确的,是对积极教育学立场的自觉坚守。

(二)教师主导是教学活动存在的标识

教师主导作用不仅是积极教育学的根本内涵,更是课堂教学活动存在的标识,因为"有学无教"的教学活动是不存在的。所谓"教学",它不是"教+学"的机械组合或相加运算,也不是"'教'从属于'学'"的辅导式教学,更不是"'学'从属于'教'"的灌输式知识授受活动,而是"教"与"学"的乘法运算,是"教"与"学"共存共生、内在融合的一体化实践,其准确表达方式应是"教—学",其意即师生两种活动在课堂中内融互生、有机化合的产物。正是如此,叶澜认为,"'教学'这个合词,也是指由教师的教与学生的学两类活动结合组成",③它是师生融为一体的合成词。因此,教学活动不可能是"教师跛脚、学生独行"的活动,不可能是教、学脱节的"伪教学",而是在"教师主导作用"这一黏合剂的作用下形成的整体存在,教师主导正是增加两种课堂活动——教与学间的黏合性、相融性、一体性、内联性的能动性因素,是构建真正意义上的"教学活动"的关键要素。

在教学实践中,之所以要肯定教师主导作用,这不仅是因为没有教师的"教",教学活动根本无法存在,还因为教与学只有协调共振、密切匹配、和合共生才可能生命持续、不断壮大、彰显存在意义。显然,要实现这一"匹配"

---

①② 葛续华.教师"主导作用"岂容质疑?———与张熊飞先生商榷[J].中国教育学刊,2015(5).

③ 叶澜.课堂教学过程再认识:功夫重在论外[J].课程·教材·教法,2013,(9):3-13.

与"共振"目标,主动权自然掌握在教师的手中,毕竟寄希望于学生在班集体中随机碰撞、自行组织、自发学习中衍生出对"教"的认可期待,生成"教—学"意义上的课堂活动,纯属一种乌托邦式的幻想,因为从"学"走向"教"的教学活动自然生成路线是难以走通的。相反,在成熟主体——教师的自觉参与下,教学活动可以通过自觉遵循学生学习规律,响应学生学习需求,诱导学生思维倾向,建议科学学习方案,因学生成长之"势"开展导学活动等途径有力地将"教"嵌入到学生"学"的进程与心脏中去,努力走出一条从"教"走向"学"的"教—学"活动自觉生成路线。从这一角度来看,没有"教"的自觉行动,"教"、"学"内在勾连的"教—学"活动形态根本无从产生。可以说,教师主导作用不仅仅是教师参与教学活动的基本方式,更是"教—学"活动生成的源头与生命线。进言之,仅仅满足于"教师引导作用"的教学活动尽管也可以引发课堂中的师生互动活动,但它难以实现课堂中师与生、教与学间的内在化合与一体化生成。

在联合国教科文组织的重要报告《学会生存》中曾经指出:"教师的职责现在已经越来越少地传递知识,而越来越多地激励思考,除了他的正式职责外,他越来越成为一位顾问,一位交换意见的参与者,一位帮助发现矛盾论点而不是拿出现成真理的人"。[①] 这一描述可以说是课堂中"教师引导作用"的经典论述,但这一师生教学关系图景忽略了一个重要问题,那就是:一旦教师的角色退守到纯粹"顾问""意见交换者"的水平,而没有通过有力课堂组织的建立、科学导学方案的设计、学生学习过程的统筹等途径夯实自己对课堂教学的主导力与驾驭力,那么,这种课堂教学很可能迅速沦为"散沙"式教学,沦为学生"漫谈"式教学,最终可能重蹈美国 20 世纪"家庭学校运动"的覆辙,课堂教学最终丧失了存在的理由与资格。正是如此,我们相信,越是充分尊重学生主体性的教学活动,越是强调教师的主导作用,越是重视地下式、内隐式的教师主导作用;教师主导作用与学生主体性是同步增长的,在看似学生高度自由自主的课堂教学背后潜藏着更高水平与艺术的教学主导作用;"主导"与"引导",一字之差对课堂教学的影响却是致命性的,"教师主导作用"在课堂教学中的存在不是"有无必要"的论争,而是"存在形式如何更新"的论争。简言之,在任何形式教学活动之中都有教师主导作用的存在,只不过是表现形式略有差异而已,我们根本找不到完全"去教师

①联合国教科文组织国际教育发展委员会.学会生存 [M]. 上海:华东师范大学比较教育研究所译. 北京:教育科学出版社,1996:108.

主导作用"的教学活动,除非教师真的要放弃课堂教学的责任。

(三)学生主体是教师主导作用的源头

"教师主导"的对象是课堂教学,其实质是在教学活动的发起、统筹、组织、规划、推进、实施中发挥轴心骨作用,借助对"教"的活动的优化以及自身主体性的发挥来达成对学生"学"的活动的激发、提速与深化是这一"作用"的实现方式。相对而言,"学生主体"的指涉对象是"课堂学习"而非"教学活动",它永远不可能成为"教—学"活动的主体,因为在整个"教—学"活动中学生始终是"有待教师去落实的主体地位",是"有待于培育的潜在教学活动主体"。不像教师,在进入课堂领域之前,它就赋予"主导课堂"的使命与责任。其实,学生作为"主体"在课堂中具有三重含义:其一,学生具有人之为人的主体性,即独立性、能动性与创造性,在人与世界交互作用中居于主体地位,学习活动一定是学生主体性参与与释放的过程,否则,学生就很难最终认识、改变世界;其二,学生在课堂学习活动中占据着主体地位,即在学习矛盾——"知与不知""会与不会"的解决中位于主要、主动的一方,学生与知识、客观世界间的矛盾就是学习的矛盾,这一矛盾的解决只能靠学生自己去完成,任何辅助性活动,如教师讲授、导学等活动始终处于次要的一方;其三,学生在课堂教学中处于主人地位,教师必须严格按照学生学习的目的与方式来组织教学,借此实现"教"与"学"的深度联结与化合,力促真正的"教—学"活动形成。基于这一分析,我们不难得出一个结论:教师如若不关注学生的主体性,不落实学生的主体地位,不尊重学生的课堂主人地位,其主导作用就无从谈起,因为教师主导作用的内核就是关照落实学生的"三主"内涵——主体性、主体地位与主人身份,努力超越自我中心式教授活动,实现教、学之间的有机整合与和谐共生。

学生主体之所以是教师主导作用的生发根源与存续命脉,还在于以下三个原因:其一,教师"主导作用"表面上是对课堂教学进程的主导,其实质是对学生学习过程的间接主导,因为学习过程是课堂教学过程的根本构成。显然,教师要直接主导学生学习进程是不可能的,因为学习过程的主体是学生,所有学习活动都是学生的"亲自学习",没有学生的认可接纳与真心参与,教师对学生学习活动的任何建议与改进都难以奏效。相对而言,课堂教学则是师生共学互研、对话协作的公共活动平台,教师天然拥有"学生集体代理人"的身份,他们可以利用课堂学习环境的营造、共同课堂教学方案的设计等手段来间接影响学生的学习活动。可见,教师"主导作用"要最终实现还必须认真考虑学生的课堂学习活动特点与要求,尊重学生主体性成长规律与要求。其二,教师"主导作用"的生效机制与呈现方式都是学生的主体活动。从生效机制上看,教师主导作用必须经由学生主体性的发挥、学习主体地位的落实、课堂主人身份的体现来实现,因为学生学习是课堂教学的万效之"源",教师也只有通过对学生学习活动的深度、有效、灵活地参与才可能体现课堂教学对学生发展的价值与意义;从呈现方式来看,教师主导作用的水平就体现为学生在课堂中的参与度、活泼度、热情度上,充分展示学生的主体性并将之引导到课堂教学的"三维目标"上来,正是教师主导课堂教学的真正意图。其三,学生主体性是课堂教学资源的生发点与供给源,教师主导作用的发挥必须建基于对学生主体性资源的开发上。俗话说,巧妇难为无米之炊,教学资源是教师主导作用发挥的物质保障。在当代课堂教学中,学生主体性不仅体现在它是教师发挥主导作用的依托、对象,还体现在它是教师发挥主导作用的目的、资源。正如有学者所言,"教师不仅要把学生看作'对象''主体',还要看作是教学'资源'的重要构成和生成者";①"'生'就是生成,具体地说是体验、感受、发现、创造,共生就是共同生成教学资源"。② 可以说,评价一堂课质量的关键指标就在于师生在主体性碰撞中共同生成的主体性发展成果。随着学生主体性的发挥与呈现,学生鲜活的生活经验、体验、认识涓涓涌现,课堂教学获得了源源不断地生成性教学资源,教师主导作用的发挥就有了更为坚实的主体性依托。基于这三点考虑,我们相信,对学生主体性及其地位的关注与落实是教师主导作用存续的命脉所在。

(四)"生本师主"是当代师生关系的理想内涵

由上可见,课堂环境是师生共存、交互作用的重要舞台,是教学关系生长发展的沃土,将课堂转变成为师生有机关联、和谐共处的生态系统需要构建一种科学的师生关系格局。我们认为,师生关系的理想形态是"生本师主、融为一体",理想师生教学关系建构的目标是构筑一种师生有机配合、一体一心式的教学共生体。

首先,"生本师主"是当代师生关系的基本定位。所谓"生本",就是"以生为本",就是牢固确立学生的"三主"意识,即主体性、主体地位与主人意识,确立起"从学生出发,通过学生,为了学生发展"的教学理念,真正将学生

---

① 叶澜.略论"新基础教育"研究之路的若干特征[J].基础教育,2011(2).

② 尹继东.共生·共享·共长——"共生型课堂"中师生关系的重新定位[J].中学语文教学参考(高中),2015(11).

的学习、学业、学程放在课堂教学的重要地位上来;所谓"师主",就是"教师主导",就是强调教师在课堂教学中的主导地位、主导意识、主导能力与主导作用,不断提高教师对学生主体性发展的驾驭能力,深化对学生主体地位的意识,强化学生作为课堂主角的观念,落地有声、扎实地彰显教师的课堂主导作用。就二者间的关系而言,"学生为本"对课堂教学活动具有奠基意义,是一切有效课堂教学活动的根本条件,没有"生本"就不可能有教师"主导作用"的存在。生本观对教师主导观而言具有本源意义,"生本"落实地愈到位,"师主"就体现得愈充分;"教师主导"对生本地位落实、课堂教学效能实现具有保障意义,教师主导不了课堂教学活动,就无法深度参与学生学习进程,就无法产生真正意义上的"教—学"活动,即教与学内融互构的一体化教学活动,最终导致教、学脱节,相互游离的庸俗教学活动产生,如"有教无学"的灌输式教学与"有学无教"的散沙式教学,教师主导作用是真正提升"教学活动"品质、特质、内涵的关键要素,尽管这种作用的形成与存续是寄生在学生主体性发挥的链条上的。

其次,教、学在课堂教学中内融互生,迈向教学共生体,是当代师生关系的时代性内涵。在过去,学者之所以始终没能理清师生间的主次、主从关系,是因为其始终站在教师、学生两个立场上,而非站在"师生一体"这一整体立场上去思考,其结果,师生在课堂教学中的地位论争始终难以落地。叶澜指出:"教师与学生是教育活动(包括教学在内)的复合主体","双方及其活动的关系性质,也不是主次,谁依附谁"①的问题,而是作为一个整体存身于课堂教学情境之中的。我们认为,师生共处、共存、共生的课堂组织就是教学共生体,师生在课堂教学中围绕"三维目标"的达成各自充分释放自己的主体性与能动性,在"多向互动、动态生成"②理念下交互催发、交互作用、交互生成中发展学生核心素养,迈向教学成功的过程。如前所言,教学活动的独特性不在于课堂中师生各自的教、学活动,而在于在共同的教学任务、教学组织、教学活动中达成教学共识,生成共同价值,形成教学同盟的过程。要实现这一目标,师与生、教与学就必须实现教与学的内在化合与共生,必须协作共事、协同创造,努力构建教学一体化的共生体,实现师生在教学活动中的一体化,在教学心态上的"一心"化。所谓教学共生体,就是师生在课

① 叶澜.课堂教学过程再认识:功夫重在论外[J].课程·教材·教法,2013,(9):3-13.

② 叶澜.略论"新基础教育"研究之路的若干特征[J].基础教育,2011(2).

堂教学中围绕面临的共同问题各抒己见、各显神通、各尽其能的同时开展"网络式的生生、师生多向互动",推进师生间相互激励、相互激发、协同创造,最终达到对课堂教学问题有效求解的教学组织架构。在这种教学组织中,师生就是"共生、共存、共命运的一个共同体",①就是"上下一心""内外一体"的同盟者,其中师生间的共识与默契不断增加,教与学间的共生带不断延伸,整个教学组织的一体化、协调性、内聚力水平不断提高,师与生的主辅论争不攻自破,一种自然、合理、现实的师生关系由此形成。

三、当代教师主导作用的特殊表现

在当代,师生教学关系论辩再度被热议有其时代原因,这就是在教育终身化、知识网络化、社会变革化的新时代,人类面临着学习方式与内容的历史性转变,自主学习、移动学习、合作学习、创造性学习等开启了学校学习的新时代。与之相应,教师主导课堂教学的方式势必要发生转型。可以推知,这一转型的历史态势就是:由权威型主导走向内生型主导,由显性主导走向隐性主导,由师源型主导走向学源型主导,由知识优势型主导走向主体启蒙型主导。面对这一转型,教师必须在课堂教学中提升自身的专业素养,创新主导的形式,努力实现教与学间的深层整合与和谐。

(一)参与教学共生体,实现内生式主导

叶澜指出:当代学生学习知识的基本方式是"创生性的占有",它"是学生创造能力的开发、生成和积聚,以及对创造性活动的理解和体验过程",这种'占有'不是知识的灌输与简单积累,而是用科学、文化内涵的创造力,去激发、促进学生个体生命创造力的发展过程。"②这一深刻论断表明,当代教育时代是知识创生的时代,课堂教学活动应该归属于知识创新的链环。在创新驱动、学生为本的教育新时代,教师主导作用的获得不再是先天禀赋的,其存续不再是一劳永逸性的,而是教师在参与教学共生体中以其主体性表现及对课堂知识创生的贡献来赢获的。

首先,教师主导作用的获得方式大致有两种:其一是天然获取的方式,即教师以其闻道在先、教有专长、学术专攻、国家赋权的特殊资格而自然获取的,是教师凭借其进入课堂教学之前就拥有的相对学生而言的比较专业

---

① 吴康宁.学生仅仅是"受教育者"吗? ——兼谈师生关系观的转换[J].教育研究,2003(4).

② 叶澜.略论"新基础教育"研究之路的若干特征[J].基础教育,2011(2).

优势获得的,其二是后天获得的方式,即教师凭借其在课堂中高超的教学艺术、师生研讨中的学术贡献以及赢取学生认可钦佩等方式获得的。当代教师课堂主导作用的获取方式主要是后一种,它需要教师在深入钻研学生学情、学习方式的基础上积极适应学生的学习特点与要求,将教师的期待与教育改革的要求润物细无声地嵌入到学习过程中去,实现对学生发展的无声引导。

其次,教师在课堂中主导作用的发挥主要不是通过教程设计、系统预设、严密监控来实现的,而是坚持学习主线、学程为本的原则,自觉将教授活动有机嵌入学习学程中去,巧妙利用教与学间的共生互促活动来推进教学过程,这就是教学活动的内在生成机制,它就是教师发挥主导作用的抓手。由此,教师对课堂教学的主导不再体现为教师的一种"控制意志",而是体现为教师"干预课堂生成的能力",体现为教师在教学共生体中的卓异表现,体现为教师深入课堂生活世界内部掌控教学活动方向的能力。

再次,当代教师主导作用主要体现为教师积极回应学生主体性发展要求、落实学生主体地位的能力,由此,这种主导作用的生命存续不再是恒定的,而是动态的、可变的,学生随时可能游离出教师主导的作用范围,导致教师主导的作用失效。这就要求教师善于用"经营"而非"管理"的态度对待课堂、对待学生,时刻对学生学习活动保持一种关注状态,随之,那种居高临下、自说自话、缺乏应变力的教师主导作用必将退出历史舞台。

在教学共生体中,合作学习、共同研讨、质疑问难、知识创生将成为主题,这就是课堂共生的现实表现。有学者指出,"共生是一切生命体的共同本质","天地万物都是一个共生、共存、共融、共同发展的有机世界。"①在课堂生态中,师生围绕知识发生的人格、认识、精神、价值等的共生活动代表着当代课堂教学的新本质,引领着未来课堂改革的走向。在新知识探究活动中,不仅相关旧知识被"和盘托出",知识传授的任务顺手完成,而且师生对新知识理解的深度、广度、新颖度也会不断增加,知识创生真正成为一种崭新的学习方式与育人方式。在这种新型教学组织中,教师要想主导课堂教学的过程,就必须融入其中、表现其中、发展其中,就必须善于通过教学魅力与才艺的展示提高自己在课堂教学活动中的生存力与贡献力,赢得学生的欢迎与趋近。否则,教师主导作用就难以应对当代学生日趋强烈的主体性

---

① 罗崇敏. 共生社会是人类社会的终极形态 [DE/OL]. http://edu. qq. com/a/20150803/035008. htm,2015 - 8 - 3.

展示要求,难以融入学生的心灵世界,创造出更适合当今时代特点的课堂教学新形态。

（二）在线不在场,实现隐身式主导

从教师主导作用的表现形式看,还可以将之分为两种:其一是显性主导作用,即教师借助有形的语言、预定的教案、明确的要求、可视化的管理行动来直接控制学生学习过程,实现对课堂教学进程的主导,其实质是教师借助自身言行来呈现其主导作用;其二是隐性主导作用,即教师借助无形的暗示、隐蔽的诱导、无声的期待、心灵的感化、文化氛围的营造来引导学生课堂学习活动,实现对课堂教学潜在的主导,其实质是教师身在幕后,借助教学情境的媒介,以其无形的感召力、影响力影响学生学习进程。在前一种主导作用形态中,教师、讲授、管理始终处在课堂教学画面的瞩目位置,学生的课堂表现、学习要求、思维活动等被置于课堂画面的背面,被置于漠视、忽视、抑制的境地,因为一旦让学生的主体性、创造性自由释放,课堂教学的预定线路就可能被冲散,导致整个课堂陷入无序、紊乱、失调的状态,课堂教学目标难以实现;在后一种主导作用形态中,教师巧妙通过自我身份的隐现为学生自主的课堂表现、学习活动腾出了足够的空间,提供强有力的幕后支持,学生学习活动成为课堂教学的主景,整个课堂被学生的热情、活力、灵感所点燃,课堂生成的内容不断扩大,教学活动呈现出自由迸发的场面。相比较而言,第一种教师主导作用是直线式、垂直式、明示式的,故显得较为机械、简单,不利于教与学间的充分对接与深度结合,因为只有在教师的"教"与学生的"学"之间产生勾连、共鸣、互动的地方才可能产生真正有效的教学活动,教与学间的结合点、共鸣点、共生点才是教学质量的诞生地,所以,这种教学活动很容易凌空于学生学习活动之上,导致"老师讲得头头是道,学生听得莫明其妙"[1]的教学效果。在后一种教师主导作用形态中,教师对课堂的主导具有间接性、暗示性,其最大优点是课堂教学不会影响学生想法的呈现。无疑,学生主导、自发的课堂学习活动更有利于落实学生的课堂学习责任,产生更理想的教学效果,但这种教学活动中如果教师主导作用没能得到有效发挥,其教学效果很可能最多停留在"自学"的水平上,毕竟学生在课堂中遇到的问题不可能得到有效解决。

在当代,张扬学生主体性,已成为课堂教学改革势不可挡的潮流,强化教师的隐性主导作用,善于利用"在线不在场"式的教师主导作用显得尤为

---

① 张熊飞.对教师"主导作用"的再批判[J].中国教育学刊,2015(6).

迫切。课堂的实质是"学堂",学生才是课堂的真正主人,教师隐身主导作用对于全面、深入落实学生的课堂主体地位而言具有特殊意义。为了实现这一目标,教师课堂主导作用的主方式一定是暗示式、期待式、心灵感应式的,它是确保课堂教学在活力不减的同时又能充分发挥"教"的优势,达成最优化教学效果的必由之路。换言之,这种隐身式主导真正能够体现教师的课堂教学艺术,它要求教师从三个角度来努力:

其一,教师应该利用学习诱导术。正如有学者所言,"引导的特点乃是含而不露,指而不明,开而不达,引而不发",[1]这就是学习诱导术。在教学对话中,教师要善于围绕课堂核心问题"敲边鼓"、做铺垫、绕弯子、打哑谜,给学生从侧面提供大量问题解决"引线",诱导学生产生原型启发与思维顿悟,形成对课堂问题的新颖思考结论。所以,教师主导作用贵在"循循善诱"[2],这正是一种诱导式课堂主导。

其二,教师应该善于利用教学期待。其实,给予学生积极的教学期待,相信学生能够通过自己与小组的合力应对学习问题,得出有创意、有水准、有个性的答案。这正是教师隐身主导课堂教学的一种有效方式。每一颗心灵都是有感应能力的。教师的期待不仅能够鼓舞学生的学习信心,调动学生的学习热情,凝聚学生的学习内能,更能诱发学生的思维灵感,帮助其顺利攻克学习中遇到的难题。这是一种"无声胜有声"的课堂主导方式,即心灵感应式主导。

其三,教师应该善于利用教学情境。与教学期待一样,教学情境也是教师隐身主导课堂的一种形式,是教师无声主导课堂的得力助手与物质媒介。教学情境是师生共在的时空,是承载着各种学习问题破解线索的集成体,是教师课堂语言的另类表达形式。教师如若能够利用教学情境的创设来向学生传达解决问题的信息,呈现问题求解的线索,暗示思考问题的信息,自然就用不着口舌来主导课堂教学了。情境的最大功能是暗示,故我们称这种教师主导作用类型为暗示式课堂主导。

上述三种课堂主导形态的共通点都是"在线不在场"。所谓"在线",就是要求教师的思维认识始终与学生的思维心灵保持同步状态,师生之间是息息相通的课堂存在关系;所谓"不在场",就是要求教师尽量不要把那些有形、有声、明示性的课堂主导指令带到课堂中来,而主要借助间接诱导、精神期待、情境创设等方式来现身课堂。二者间的有机结合方式正所谓"处无为

---

①② 张熊飞.对教师"主导作用"的再批判[J].中国教育学刊,2015(6).

之事,行不言之教",①它正是当代教师主导作用的最理想状态。借助上述课堂主导途径,教师就可能为学生的"思"与"悟"提供更好的施展空间,充分发挥无形之"教"促进学生课堂学习的独特效力。

(三)接受学生的检阅,实现依附学生式主导

在课堂教学中,教师之所以能够发挥其主导作用,源自两方面因素:其一是教师自身的专业素养,其二是教师对学生主体性发展要求的有效激发与顺应。鉴于此,我们可以把教师主导作用区分为两种形态:一个是师源型主导作用,另一个是生源型主导作用。相对而言,前一主导作用的发挥主要源自教师卓越专业素养中衍生出来的三种教学力量:人格吸引力、学习指导力与课堂管控力;后一主导作用的发挥则主要源自教师对学生主体性发展要求的激发力、引导力与支持力。当然,任何教师主导作用都最终源自教与学间的互联与共振,都来自对学生主体性发展所产生的积极影响,但相对而言,师源型教师主导力的主要发力点在教师,在于其主动的教学管控,而生源型教师主导作用的主要发力点在学生,在于教师对学生主体性内在发展力的自觉驾驭与自然利用。我们相信,当代教师主导作用主要体现为生源型主导作用,学生的确认、承认与公认是这种主导作用存续的生命线,是这种主导作用持续走强的根源。正如有学者所言,"教师是服务成长的,而不是指导成长的;教育是要每个孩子都最大化地成为他自己的,而不是成为教师需要他成为的那种人的。"②可以说,善于利用、发挥、借力学生的主体性发展要求是当代教师主导作用的鲜明特征,教师主导作用就是依附并超越学生主体性发展水平的一种课堂主导艺术。

在生源型教师主导作用中,教师主导作用主要体现在三个方面:其一是赢得学生认可,进入学生的心灵与生活世界。这种"认可"既有师德的认可、才学的认可、专业的认可,更有情感的认可、人格的认可。学生认可是教师走进学生心灵世界的一道门槛,是教师影响学生身心成长的前提。只有学生的认可才能赋予教师影响他们主体性成长的机会,才会使教师成为他们人生道路上的同行者。其二是与学生共同思考,成为学生学习与生活中的重要人物。课堂是师生公共生活空间,是重要的教学互动空间,教师主导作用主要是在课堂空间中师生共事、共学、共研中实现的,讲台不再是教师主导作用呈现的首要舞台,参与学生组建的学习共同体并在其中担当轴心角

---

① 张熊飞.对教师"主导作用"的再批判[J].中国教育学刊,2015(6).
② 梅洪建.理想的师生关系只产生于理想的教育生态[J].人民教育,2016(2).

色成为教师发挥主导作用的常规渠道。其三是满足学生的主体性发展要求,为学生的自我超越铺路搭桥。在生源型主导作用中,教学活动的推进主要依靠的不是教师的讲授,而是学生主体性发展的内在要求,这些要求中最引人瞩目的就是"归属感和存在感"①。其中,满足了学生的归属感,学生就能在融入群体中分享整个共同体研讨中生成的知识成果与育人资源;满足了学生的存在感,学生就会在学习中自我创造、自我表现、自我发现,不断获得认识、思想、智慧上的突破,导引整个课堂学习过程持续前进。可见,在生源型教师主导作用中,教师真正成了学生课堂生活世界中的昵友,成了学生课堂学习活动中的学伴,成了帮助学生撑起梦想世界的使者!

(四)与学生主体性共在共生,实现主体启蒙式主导

从教师主导作用的生成方式来看大致有两种:一种是知识启蒙式主导,另一种是主体启蒙式主导。就前者而言,教师对课堂教学的主导主要是通过向学生的知识传授、信息干预来实现的,因为知识的授受能够改变学生的思维方式、认识角度、生活态度,能够启迪学生的理性与自觉,帮助他们实现"学习改变人生"的目的。在课堂中,这一主导作用的实现主要借助的是教师的知识优势或教学资源优势,因为教师是课堂中知识信息的首要信源,正如有学者所言,"教师是具有主观能动性的人,不仅和课程一样,可以输出信息,更重要的是能够根据反馈信息,主动地、及时地、有的放矢地调控自己所输出的信息"。② 就后者而言,教师主导作用主要是通过对学生主体性,即独立性、自主性与创造性的启蒙来实现的。在课堂上,教师可以给学生提供自主学习的机会,可以唤醒学生独立做人、承担责任的意识,可以引导学生学会批判性思维与创造性思维,可以诱发学生自信、自立、自强的精神与人格,等等。借助这些途径,学生不仅学会了自己成长、自我生存、自我创造,还学会了独立学习、独立思考、独立生活,知识掌握反而成了课堂教学的副题或引题,知识学习仅仅成为启蒙学生主体性的一种素材。显然,当代教师主导作用的历史转向之一就是从知识启蒙式主导走向主体启蒙式主导,教师主导作用越来越内在化,越来越根植于学生的人性层面。

随着教师主导课堂方式的转变,教师的主体性日益成为其实现学生主导作用的根本资源。主体性启蒙需要主体性的示范与主体间的互动来完成。在当代,课堂就是师生共组的学习共同体,其根本特征有三个:"积极学

---

① 梅洪建.理想的师生关系只产生于理想的教育生态[J].人民教育,2016(2).

② 张熊飞.对教师"主导作用"的再批判[J].中国教育学刊,2015(6).

习""生成内容"与"分享专精能力"。① 其中,"积极学习"是基础,"生成内容"是关键,"分享专精能力"是焦点。与其说学习共同体是知识探究的组织与平台,倒不如说是师生、生生间主体性互动的重要舞台,因为只有在其中,师生的主体性在知识探究与生成中才会获得充分的表现机会,师生间主体性的互动与共生由此获得了坚实的组织依托。可以说,在学习共同体中,"积极学习"为学生主体性的展现创造了条件,"生成内容"为师生间的主体性共生提供了机制,"分享专精能力"为师生间主体性的流动、互动与共生打开了通道。其实,基于学习共同体组织的当代课堂教学就是师生间主体性共生、共长、共强的装置,就是一种地地道道的共生型课堂。"如果课堂教学资源没有'共生',教学过程就难以推进;如果教学成果没有'共享',课堂对话就没有较高的质量;如果没有'共长',就很难达到课程教学目标。"在这种课堂中,"师生双方变成了共享关系",②变成了优良主体性品质的催生与共享过程。借助新知识、新资源的创生,师生的主体性一道实现了共创共生——教师掌控课堂的专业主体性得到了发展,学生掌控人生的主体性得到了提升。相对而言,知识只是诱导师生主体性的诱因,知识的生成、生长过程而非结论性知识成果。升格为课堂教学的核心要素,由此,课堂上教师对"知识呈现过程"的主导升格为教师对"知识生成过程"的主导。无疑,缺失了这一"升格",教师主导作用就难以建基于对学生主体性启蒙之上。

第二节　走向教学共生体

高效课堂理念的核心是教、学关系的安置艺术,高效课堂的关键组织依托是合作学习小组的创建环节,我们认为,在教学共生体视野中,高效课堂的理念与组织依托将可能真正得以落实。我们相信,教学共生体理念代表着当代教学关系理论的新生点,在教学共生体中科学定义、定位师生关系,引领课堂学习组织的优化与变革,对于当代高效课堂理念与实践的延伸与变革具有重要意义。

---

① 舒尔曼.实践智慧:论教学、学习与学会教学[M].上海:华东师范大学出版社,2014:356.
② 尹继东.共生·共享·共长——"共生型课堂"中师生关系的重新定位[J].中学语文教学参考(高中),2015(11).

一、教学共生体的内涵与特征

当前,依托教研协作组织,整合教学实践者与教学理论工作者的研究力量,择机开展教学实践问题研摩活动,构建"新基础教育共生体",是华东师范大学叶澜教授团队深入变革当代中国基础教育事业的指导理念。受这一理念启示,我们认为,课堂教学组织也是一个师生携手共建的共生体,从学习共同体、教学共同体走向教学共生体是当代课堂教学变革的重要方向。那么,什么是"教学共生体"? 它与"教学共同体""科学共同体"间的异同何在? 教学共生体中的师生关系构架如何? 这些问题随之成为亟须教学理论研究者去解开的理论难题。

(一)教学共生体是现代课堂教学的关键特征

许多学者认为,现代课堂教学的显著特征是民主与平等,即在课堂上借助教师的参与性引导,学生自由言说自己的观点、立场,最终实现知能建构、学法更新与价值观培育等三重教学目标。这种理解具有典型的政治学色彩,其缺陷尤为明显:课堂教学改革的使命不只是为了让学习者自由言说,不只是为了解放学生的话语权,更要在知识获得与发展意义上实现师生共同成长,故知识论才是课堂教学探究的首要理论基点。其实,师生间真正的"平等"应该是课堂上知识、道德、心灵自由生长意义上的绝对平等,是在"真""善""美"标准面前不设限的"平等",是学生在课堂知识创造、自我人格形成中拥有完全自主权、话语权与行动权意义上的"平等"。相对而言,保障学生的课堂发言权只是学生在课堂上实现知识突破与创生的基本条件而已。任何课堂教学的相关因素,如教师、教材、专家、教学组织、教学预案等,都不能成为课堂中学生认识、道德、心灵自由成长的壁垒与界限,都只能作为诱发新知识、新价值、新人格生成的"先行组织者"或促进者而存身于课堂。一句话,不阻碍学生自由成长、充分发展、个性发育的课堂才是专属于学生的"好课堂"。然而,在师道尊严、教师优先的教育伦理环境中,教师自身的任何缺陷都可能不经意间成为学习者自由发展的绊脚石与上限,"青出于蓝而胜于蓝"的教育理想常常因此而大打折扣。正是如此,当代课堂改革最需要确立的是"共生"价值、"共生"理念,是在共生体框架中尽可能消除课堂环境中无形阻碍学生创造性发展的一切师源性因素。叶澜教授指出,"将'教学'(非教与学两件事的组合)作为一个分析单位,来认识教学过程中师生活动关系的内在不可分割性、相互规定性和交互生成性",①这才是理解师生关系的科学视角。简言之,教与学、师与生在课堂中首先是共体共生关系,即课堂中的同道人、连心人的关系,二者间的共同性、共通性多于矛盾性、对立性,师生实现课堂共契的价值立场正是"一切为了学生的学习"。在此意义上,要真正实现课堂环境中学生的真正解放,师生关系必须超越时空意义上的共在关系、知识消化意义上的指导关系、道德灌输意义上的教化关系、政治意义上的民主关系,走向知识共创、人格共生、心灵共鸣意义上的教学共生关系。这就要求现代课堂教学改革将课堂教学组织作为一个教学共生体来建设,努力使现代课堂教学重放异彩、彰显魅力!

(二)教学共生体是以教学共生为旨归的内生型教学组织

"人类是宇宙生命共生体中的一个种群","共生是一切生命体的共同本质","天地万物都是一个共生、共存、共融、共同发展的有机世界"。② 在这一意义上,在课堂生态系统内,在文化知识传承的名义下,师生共同构成了一个教学共生体,以之作为开展教学活动的基本单元。所谓教学共生体,就是师生在课堂生活中结成的以师生共长、教学共创、知识创生、教学增值为特征的内生型教学组织,是一种类似科学共同体,超越教学共同体的特殊课堂组织形态。当代世界是一个共生的世界,"共生是万事万物生育发展、相互生成的根本和过程,是人类共同的正向价值标准,是人类美好的生存生活方式,是不可逆转的人类发展方向",③好课堂只有在共生指引下才可能实现真正的重生。在共生论视野中,师生间知识、人格、心灵的共融共荣、交互催发、共生共强成为课堂教学的主画面,整个课堂将成为新知识、新观念、新思维、新价值、新精神腾飞的场址,在求新、求创中激发出来的生气活力将彻底改写课堂的面貌与气质,重筑课堂的灵魂与景象,揭开课改的全新篇章,师生关系将在教学共生体中获得全新的定义与内涵。

一方面,教学共生体是一个具有生命性、生长性特征的内生型教学组织。所谓"生命",就是具有自我生长、自我进化、自我维护功能的物质构成,其直观特征之一是能够独立存活、独立活动、独立发展。在传统教育视野中,课堂教学是担负着知识道德传授功能的人造组织,是由教学目标、教师、

---

① 叶澜. 课堂教学过程再认识:功夫重在论外[J]. 课程·教材·教法,2013,(9):3-13.

②③ 罗崇敏. 共生社会是人类社会的终极形态[DE/OL]. http://edu. qq. com/a/20150803/035008. htm,2015-8-3.

学生、教学方法构造而成的知识传递组织,其中,现成知识(即教材)、教师主导、学生学习动机激发等成为确保课堂教学任务完成的三大条件。显然,这种教学组织不具备自我创造、自我进化的功能,因为在此类课堂中师生所干的是一件件按部就班的事情,课堂教学其实只是传递一切教育影响,包括知识、情感与道德的导管而已,整个教学组织就寄生在知识再生产的链条上。在教学共生体中,一幅全新的教育画面随之显现:师生共处课堂时空,共同探讨生活中面临的一个个问题;围绕问题探讨来分享人类已知,激发真知灼见,超越教材知识,生成学习能力;师生协同、创生知识的实践让课堂教学活动持续运转,教学的魅力与生命力尽情绽放,充分彰显。在这种课堂情境中,课堂教学不是被教师、教材"拖着走",而是师生在学习问题、生活问题的带领下"主动向前走",共同对学习问题做出自主反应,一系列新特征,如自组织性、涌现性、进化性等显现,由此,整个课堂教学组织必须因应各种问题情境与形势不断进行自我调适、灵活创造。随之,教学组织中那些不大合理的环节随时会被师生修正,其合理性与生命力由此不断增长。这就是教学共生体的生命属性所在。

另一方面,教学共生体是兼具知识生产(即知识创新)与再生产(即知识传承)功能的特殊教学组织。对教学共生体而言,师生无疑是"共生"功能的实现者,其意义是:师生在共同参与课堂问题研讨、课堂生活实践中实现新知识、新思想、新人格的创造与生成。这一"共生"活动虽然也属于一种创造活动,但有其特殊性,即创新性服务于继承性,"知识生产服从于知识再生产活动"。从宏观意义上看,知识创生在课堂教学中具有伴生性、工具性与有限性,课堂知识创生毕竟不是课堂教学追求的主目的,习得旧知识,即知识再生产才是课堂教学的主目的;前者是课堂知识再生产中的一种伴生现象,知识创新水平及其成果不是课堂教学效能的首要评价指标。进言之,课堂知识创生的主要目的是"引出"课堂问题的相关已知知识,帮助学生实现对人类已有知识的学习与再生产的任务,知识创生在课堂教学任务实现中只是一个手段与工具而已,其主要作用在于增加课堂教学的生气,提高课堂知识学习的深度、广度与效果。

在教学共生体上,知识共生是其重要运转机制,一切其他教学共生现象,如能力、情感、价值、精神的共生都附着在课堂知识共生实践之上。课堂情境中,知识共生的运行方式主要有三种:其一是原生,即"我的观点是我在课堂情境中独立运思、想象推演的结果",师生围绕教学主题,从许多碎片化的知识、经验、故事、感悟中捕捉到了一个全新的思想观点或行动智慧。这就是课堂中的"原创知识",即赋予教材知识以新理解、新角度、新内涵的观念,在该观念孕育中整个教学场景、教学共生体构成了新知识生发的背景与条件,师生独立自主的思考、实验与探究构成了新知识的生产场,师生在协同创生新知识中实现了教学间的共生,推动教学环节的递次推进。其二是着生,即"我的观点是着生在你的观点之上的",师生间知识、人格与价值的发展是通过师生、生生间互为基础、相互催生、连锁式生成来实现的,每一个新观点的提出都成了另一个新创意的"生长元"。① 在课堂中,师生双方中一方的观念是在另一方的诱发下形成的,被诱生出来的新观念就着生、嫁接在前一观念之上,二者之间构成了相互营养、相互支撑的关系。其三是衍生,即"我的观点是从你的观点中延伸出来的",其中师生间知识、观念、价值创生的一般方式是"大观念引发小观念""母观点再生出若干子观点"。在这一方式中,师生中的一个大创意、大观念、大创举迅速转变成为全体师生开展理论推演、观念推导、思想衍生的群体创生行动,每一个课堂参与者的创造性能量都在此得到了充分释放,课堂教学变成了"灵光闪烁、创意叠加、思想集成"的动感课堂。在三种共生方式的助推下,师生关系的探讨方式将发生由"分体"(即作为两大独立主体来探讨)向"共体"(即把师生放在一起,作为一个整体来探讨)的历史性转变。

(三)教学共生体与教学共同体、科学共同体间的异同

与教学共生体最为相似的两种实践组织是教学共同体与科学共同体,对其间差异与联系的分析有助于我们更为精准地把握教学共生体的架构与内涵。

首先,教学共同体更加强调教学共识、共益目标的达成,即所谓"异中求同"。应该说,教学共生体与教学共同体之间存在渊源关系,但其差异明显,主要体现在三个方面:其一,在学习目标上,教学共同体求"同",即追求共同的教学目标、教学任务的完成,利益、目标上的交合点是教学共同体存在、发展的物质基础;而教学共生体求"新",即追求学习者对既有知识、人格、道德问题产生的更新、更合理的理解与行动,知识、道德、人格创新的动机与实践把所有共生体成员紧紧团结在一起。其二,在学习方式上,教学共同体重视的是"异途同归",即围绕某一问题开展多角度的分析与合作,努力形成对该问题的最佳结论与共同答案,其特征是封闭性,即保留个人歧见,多样化的认识方式服从统一的认识结果;而教学共生体重视"协同创生",即从某一问

---

① 叶澜.略论"新基础教育"研究之路的若干特征[J].基础教育,2011(2).

题、某一认识、某一经验出发，建构出更具多样性、合理性的新答案、新认识、新做法，其特征是开放性，即已知的认识与结论都只是下一个新认识、新结论形成的起点。其三，在学习主体上，教学共同体中全体师生之间结成了牢固的利益同盟，它是确保问题有效解决的组织依托；而在教学共生体中，师生之间是相对松散的学习型组织，在问题探究中师生之间是"分分合合、可分可合、分合交替"的关系——在焦点问题探讨上，师生之间既可以形成协同探究与共同分享关系，而在具体问题探讨上师生之间又可以形成各领风骚的意见竞争与智慧比拼关系。可见，教学共同体只是教学共生体的初级形态，它只适合课堂上开展难点问题攻关，不一定适合卓越课堂建构的独特需要。

换个角度看，就教学共同体而言，在知识传授、素养形成上，师生之间具有目标、利益上的高度一致性，师生间的教学共同体关系是在知识授受意义上形成的，在共同教学利益实现中教师处于主导地位，因为教师是知识的先学者、道德的先行者、生活的先行介入者，在知识、道德、人格互动的流向上主要是教师向学生的流动，它构成了教学共同体产生的物质基础；就教学共生体而言，在知识创造、人格创生、心灵共鸣中，师生之间是绝对平等的关系，教学互动的物质流向是不定向的，"谁在课堂创新中领先一步，谁就是课堂前进方向的引领者"，课堂教学中没有恒定的权威，没有绝对的知识，没有固定的楷范，师生间的"师""生"身份具有了动态性、可变性与模糊性，"亦师亦生""非师非生""交以为师""随时更换"成为师生关系的新内容，师生角色与身份的定位取决于各自对课堂知识创生与人格实践创造中的贡献大小。这种教学实践中形成的师生关系正是一种"动态性的共生互学的师生关系"，其特殊要求是："教师不仅应认识到自己的专业发展与人的成长离不开与学生的互动过程，而且应认识到今天的学生确实在许多方面都要强于自己，自己必须向学生学习，必须'以生为师'"。①

其次，科学共同体更强调新认识、新技术的原始创造，即所谓"求创至上"。教学共生体也不同于"科学共同体"，尽管二者的交集是知识创新、成员协同活动。这些差异主要体现在以下几个方面：其一，在科学共同体中，人与人间的组织分工较为明晰，每个共同体成员都被定位在科学探究的各个环节上，各自承担特定的创造责任与专业分工；而在教学创生体中，师生

① 吴康宁. 学生仅仅是"受教育者"吗？——兼谈师生关系观的转换[J]. 教育研究，2003(4).

在教材知识创读创生中处于绝对平等地位,都面对的是同一个知识创生任务,彼此间不存在具体分工,这是因为在课堂上每个学生都是创新发展的主体,让每一个学生完整亲历知识创生历程是教学活动实施的目的所在。其二,在科学共同体中,知识创造是真正意义上的创新活动,面对的是社会生产生活中遭遇的真实问题,其目的是追求科技人文创新活动对人类社会生产生活的切实改进;而在教学创生体中,学生围绕书本知识开展的创读、探讨与实验活动顶多只能算是一次仿真意义上的创造活动,其实质是借用真正创造的方式与流程去探究一个他人已经熟知的知识,进行极为有限的知识创新活动,其主要目的是为了实现学习者对书本知识的全面深入掌握。在这一意义上,我们可以说,课堂中的知识创新更重形式而非结果,更重手段而非目的,教学共生体其实就是一个"准科学共同体",更多是形式意义上的科学共同体。

　　总之,"教学共生体"的本性不仅在于课堂中师生间知识、人格与价值的共生现象,更在于其归属于"教学"活动的本性。教学共生体的独特属性之一在于伴随着每一次知识、人格、价值创生过程的是教学共同体内的分享、互学与共学活动,所有知识、人格、价值共生活动都服务于教学活动的推进与深化,每一点知识创生结果都可能迅速扩展为所有师生共享的认识与观念。所谓"共享",是指"师生作为独立的自我相遇,并且共同在教育中摄取双方创造的经验和智慧。"①正如有学者所言,一个科学学习组织"允许知识在成员之间传递和分享",其特殊职能是"负担在其成员之间分享专精能力的责任"②。正是这一属性将教学共生体与科学共同体区分开来。简言之,一切课堂创生活动都是以助学促教为根本目的的,知识人格共生的直接任务是提高学生课堂学习的深度与品质,而非科学知识、学术理论的原始创造。实践表明,共生是"人类和谐共生的能力和智慧"③,教学共生是高效学习、深度学习、增值性学习的根本手段,它充分保证了课堂教学活动的社会性、创造性与建构性。在教学共生体这一全新生态系统中,真正原生态意义上的学习活动才可能出现,课堂教学也才可能在创造性学习与接受性学习

---

　　① 马丁·布贝尔,著. 陈维钢,译. 我与你[M]. 上海:三联书店,1986:25.

　　② 舒尔曼. 实践智慧:论教学、学习与学会教学[M]. 上海:华东师范大学出版社,2014:372,163.

　　③ 罗崇敏. 共生社会是人类社会的终极形态[DE/OL]. http://edu. qq. com/a/20150803/035008. htm,2015,8(3).

的混合与联动中迈向真正的优质教学。

二、教学共生体境遇中的师生关系新内涵

在传统教育视域中,师生关系是传输知识、人格与价值观的导管与媒介;在现代教育视域中,师生关系则是促进学习者知识技能掌握、人格价值建构的润滑剂。在当代,互联网打破了知识分子对知识的霸权,知识传承不再是学校的特权与主业,心智、身体与环境融为一体的"具身学习"①倍受重视,知识创新成为人类实现生存的常规手段……在这种形势下,教学的主功能——知识再生产功能日渐式微,课堂必须在参与知识创生中获得持续延续的资格与条件。可以说,没有创造活动的参与,不能发展学习者创造性品格的课堂教学活动是迟早要退出历史舞台的。其实,人类生活的领域是相对稳定的,而对于这些领域的认识、经验却是不断发展的,真正有生命力的教学不可能将历史上积累的现成认识、固定经验照搬到新生一代的头脑中,而必须引导他们去"创生性占有"这些旧认识、旧经验,让课堂成为知识经验获得新生、新意的重要契机。"创生性占有"不同于"知识消化"之处就在于:在课堂知识学习中伴随着"学生创造能力的开发、生成和积聚,以及对创造性活动的理解和体验过程",②其直接体现就是:"每一个学生都是以一个特别的、个人的方式学习,每一个孩子对他或她的知识或理解事物的方式加以个人的塑造。"③因此,真正的教学都是学生创造性占有人类文化知识经验积累的环节,都必须经历"教学创生"这一环节的配合才能实现。不仅如此,教学活动中教师也必须对课堂知识进行二度创生,这是因为在知识教授过程中"教师不仅仅是向学生传授知识,他实际上是以一种个人的方式体现了他所教授的知识。从某种意义上说,老师就是他所教授的知识"④,其意即课堂上教师对课堂知识进行的个性化解读、表达与呈现,其实也是课堂知识被个体化、教师化的过程。所以,教学组织不是"知识传输带",而是师生共筑而成的教学共生体;只有立足于"教学共生"这一理念之上,我们才可能真正把握师生关系的真谛。在教学世界中,师生不是纯粹意义上的独立个体,不

---

① 李森,崔友兴.从离身到具身:数字化时代教师学习方式的现代转型[J].教师教育学报,2016(6).

② 叶澜.略论"新基础教育"研究之路的若干特征[J].基础教育,2011(2).

③④ [加]范梅南.教学机智——教育智慧的意蕴[M].北京:教育科学出版社,2001:104.

是知识传递活动的御用对象或傀儡主体,而是具有意义关联、共生功能与共同旨趣的共生体构成。在教学共生体中,师生被置于全新的话语场域与体制环境中,师生间的关系内涵与关联方式随之发生了质的飞跃。

(一)边界飘移:师生关系的新特质

在教学共生体中,共生共创成为师生交往的主题,问题探究成为师生关系存身的主场,教育创客成为师生扮演的主要角色。由此,稳定、清晰、对立的传统师生关系不存在了,取而代之的是一种互变互生的新型师生关系,这就是教学共生体中的师生关系,一系列新属性——界限模糊性、边缘互生性与动态飘移性纷纷登场:其一,师生间的分界线由"实线"变成了"虚线",无论是谁都不可能在课堂中一手遮天,拥有绝对的课堂话语霸权,因为师生间的"'边缘'是文化种种对立二元之间相互对话和交流、不断生发出新气象的地带,也是一个开放的和多元共存的地带"①;其二,师生在课堂中相互学习、互生共长、和合共生,在双向互化活动,如"教师学生化、学生教师化","教学学习化、学习教学化(如小组中的互教互学活动)"中发生着"边缘互生""边界飘移"现象,它为新知识、新观念的显现扫清了路障,提供了坦途;其三,师生身份不是经由校长的任命、传统的权威授予的,而是由双方在具体教学情境与课堂问题探讨中的贡献率或所拥有的课程资源优势来决定的,师生身份不仅是可变换的,还是可形成中的。在教学共生体中,整个师生关系将走向开放化与情境化,师生关系重构的新时代随之来临!

(二)一体同心:共谋"课堂知识自由生成"计划

与传统课堂架构一样,教学创生体的三大基本构成要素依然是教师、学生、知识,其中,"知识"既包括课堂创生的素材——书本知识,又包括创生的结果——被师生个体化、主体化解读后形成的新知识。在"共促课堂知识自由生成"这一意图的统领下,一种全新的师生关系形态应运而生:师生都是知识创生、教学创造的主体,二者在共同探究知识、理解知识中结成了坚不可摧的教学创造同盟——教学共生体,共同迎接课堂学习中涌现出来的一个个问题;师生关系存在的意义在于完成知识再生产与二度创生的目标,让课堂教学成为新旧知识转换的一个节点;每一次教学共创共生活动都带动了教学活动的展开,都考验着师生关系的品质与合理性。在这一新型关系形态中,师生参与教学活动的方式是一样的,即课堂知识创生,二者间的差异仅仅在于教师闻道在先、经验丰富、学有专长,他的参与能够迅速提高学

---

① 滕守尧.文化的边缘[M].北京:作家出版社,1997:368.

生知识创生的起点,节约原始探索的成本,服务学生学习是教师教学创生的旨归。所以,教学创生活动的实质是以知识创生为载体的教学共生现象,为课堂知识自由生成保驾护航正是教学共生体担负的本然使命。

在教学共生体中,师生关系被置于全新的教学环境与体制氛围中,必将承担起全新的使命与职能。教学共生体是师生共同构筑的一种以共生的教学环境为依托,以共生的教学制度为保障,以共生的认识成果为目标的新型教学组织,它关注的不再是教学关系中"以谁为主"的主体认定难题,不再是教学中"师生如何互动"的实施技术问题,而是试图酝酿一项教学变革的"大计划"——"课堂知识自由生成计划",即从根子上超越课堂这一"人造组织"的固有缺陷,让知识学习活动突破教材、教师、课堂等因素人为设定的上限与障碍,实现新知识在课堂中的自由生成、自然生长。任何教学活动都具有两面性:合理合身的教学构架能够无限促进学生的发展,反之,脱离学生学情、与学生学习方式不匹配的教学,随时可能抑制学生的自由充分发展。正是如此,给学生以最大限度的学习自由,把"教师"的身份隐匿起来,是学生实现深度学习、创生式学习的现实要求。在洛阳圣陶学校,主办者为什么要倡导"无师课堂",其深层考虑之一一定是:过于强大的教师权威、过度的教师指导很可能导致课堂教学对学生学习潜能的无形遮蔽,教师以"在线不在场"(即教师以普通学生的身份参与学生课堂讨论)的方式存身于课堂有其科学性,其最大优势就在于能将其对学生学习活动的人为干扰降到最小化水平。

其实,知识原初的生产、再生产是与社会生产生活实践融为一体的,所有知识的生成环节都是毫无障碍的,但后来,由于人类知识储量的增加与知识生产、再生产方式的专业化(即通过课堂教学来进行),其结果是学校、课堂成为人造的知识再生产机构,科研机构、高校成为人为的知识生产机构,知识的生产与再生产过程被迫分离,由此导致知识生产过程中的新问题出现:课堂中知识的传承尽管提速了,但整个过程脱离了实践场景与教学生态,更多受制于课堂空间、教师水平、教材表述等因素的限制,知识在课堂中的再生产被片面化、技术化、形式化了,知识的丰富情境性内涵与自然生长倾向被扼杀了……这些缺陷集中体现在传统课堂教学的三大缺陷上,即知识教学脱离生活,脱离经验,脱离儿童。教学共生体的引入正是矫治这"三大缺陷"的一把利器,堪称"传统课堂教学的终结者"。在其中,师生借助知识创生环节来将课堂知识活化,尽可能还原知识与实践融合生长中的生气,实现对课堂知识多维度的呈现,达到对书本知识全面、深刻、精准的掌握。

在此,我们将这种课堂知识学习方式称为"创生式学习",师生关系的重建将立基这一学习方式之上实现。进言之,在教学共生体中,师生关系服从于"课堂知识生成计划"的实现,师生间是共创课堂知识的同行者关系,师生关系将实现由"分离式"向"一体式"的历史飞跃,"共在、同心、一体、共创"将成为言说师生关系的主题词。

(三)场内共生:构筑师生关系新常态

在教学共生体中,教学关注的焦点转变为书本知识的活化与超越问题,转变成为课堂中知识共生点的激活问题,课堂教学的主场势必发生微妙转变,创生共生成为课堂教学的新常态。其实,任何教学活动都由三个基本要素构成,即教师、学生、教学内容,三者间纷繁芜杂的关联方式构成了教学活动赖以着生的一系列关系场址:学生与教学内容之间构成了知识共生场,其关节点是课堂知识的形成,解决的核心问题是课堂知识的创生性占有问题;师生之间是主体间关系或"同心一体"关系,彼此间构成了人际共生场,其关节点是师生间的交往方式与角色定位问题;教师与"学生—教学内容(即二者共同构成的学生学习活动)"之间是指导、辅助或相长关系,二者构成了教学共生场,其关节点是教与学之间的组织、配合与协同问题。在过去,课堂教学的主场(或工作重心)依次是书本知识消化、课堂知识授受与教学活动控制,而在教学共生体中,场域内共生将成为师生关系生发的物质依托,三大师生共生场域,即知识共生场、人际共生场、教学共生场随之成为师生间实现课堂共创共生的日常渠道与新主场。布迪厄认为,"场域,是由社会成员按照特定的逻辑要求共同建设的,是社会个体参与社会活动的主要场所,是集中的符号竞争和个人策略的场所"。① 可见,场域的根本特征是组织要素间策略性的交互作用,它是描述教学共生体内各教学要素间复杂关联图式的理想概念。所谓场域内共生,其意即课堂教学中任何两个要素间的关联方式都不是教学信息、教育影响的定向传输渠道,而是交互作用、相互催发、不断增值、持续新生的特殊场域。进言之,在教学共生体中,师生关系的秘密是在"场域内"的交互作用与融合新生,而不非师生间外在的物质、信息、情感、精神的机械交换。在场域化理解中,所有上述关系由此都具有了协同性、创生性与共生性等新特性(见图6-1):

① [法]布迪厄,华康德,著.李猛等,译.实践与反思——反思社会学导引[J].北京:中央编译出版,1998:17.

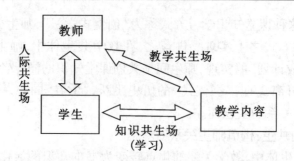

图6-1　教学共生体中师生关系"场内共生"图示

在当代教学的三个场域中,三种共生现象缠结在一起,共同构成了课堂教学这一共生体:在知识共生场中,学生与教学内容之间发生着互生互化活动,即在学习活动中学生将知识技能转化成为个体化知识与经验,知识获得了情境化、个体化的内涵,转变成为学习者主体性的一部分,这一过程的两个子过程——知识个体化与个体知识化同时发生,知识与个体由此都获得了崭新的面貌与内涵;在人际共生场中,借助课堂交往、课堂对话、知识创生等活动,教师与学生间的角色关系不断发生转换,在学生表现出色的学习活动中教师以普通学生的身份参与教学活动,在学生需要引导帮扶的学习活动中教师以指导者、领导者的身份参与教学活动,在教学相长的教学活动中师生间建立起了"亦师亦生"的关系,大量"学生式老师"(如学生展示,即学生在课堂上教授自己对教学内容的理解与感悟)与"教师式学生"(如教师向学生学习他们的思维方式、表达方式、价值观念)在课堂上出现,师生成了"教育活动(包括教学在内)的复合主体"[①],教师学生化与学生教师化成为师生间人际互生互转的直接体现;在教学共生场中,当代教学中随着学生间、师生间互教互学现象的日益频繁,学生学习知识的方式与特点成为教师教学活动适应的对象与改进的方向,而教师教学知识的方式又成为小组长学习的对象,因为在小组内他们要学会按照教师的教学方式来教组内其他学生,其结果,教学互生现象——教授活动学习化(如生本式教学)、学习活动讲习化(如展示型课堂)涌入课堂,导致了一种"似教似学"的新型教学形态出现,教与学在课堂中呈现出杂交、杂生、互嵌、交融、复合的复杂景观,叶澜教授所言的"主客体多重复合性"正是此意。

无疑,在教学共生体中,课堂教学追求的是知识增值效应,凭借的是师生间的"共生智慧",即师生间相互催发、相互融入、相互学习的智慧。有学

---

① 叶澜.课堂教学过程再认识:功夫重在论外[J].课程·教材·教法,2013(9):3-13.

者指出,"共生智慧主要包括生命共振智慧、财富共创智慧和人类共和智慧","共振使两种以上的生物个体之间产生任何形式的共同生活和发展"。① 在教学中,教学共生智慧的关节点就是师生两个生命体间的共振智慧。在课堂上,师生在知识、经验、态度、情感、价值等方面产生的共振、共鸣与共创现象正是课堂教学活动富有神韵、魅力、灵光的实质所在。师生共生现象发生在课堂教学活动的各个环节与层面上,由此,师生关系由垂直性授受关系转变为平行性知识共研关系,师生关系走向多极化、多元化、动态化,适应了教学共生体创建的内在要求。

随着教学共生体理念的引入,传统师生关系面临着解构、重建、再构的迫切要求。"当教学被当作一种简单的知识传递时,它便不能引发学习,甚至还会阻碍学习"②,真正的课堂学习活动必须一定程度上回归知识自由、自然、自在生成的原生场面。要确保课堂知识的自由生成,师生关系培育的必须由着"知识的性子"而非"教师的意志"来展开;必须按照"知识自由生成的场面"来设计,而非按照"师道尊严的指令"来设计;必须按照"教学互生的机制"来构建,而非按照"垂直指导的思维"来构建。

首先,在知识共生场中,师生关系优化的目的是确保课堂知识探究走在一条确保知识自然生长的道路上来。在创生为本型课堂上,学生承担着创读教材文本、延伸课堂知识的任务,坚持真理性、至善性的标准,促使课堂知识在课堂探讨中自由生成,不让学生的喜好、教师的强权阻碍知识的自然发展,这正是师生关系建构中应当考虑的关键问题之一。在课堂知识创生中,许多时候无须教师亲身参与,尤其是在那些教师熟知的知识学习中,教师"身体不在场"行为并不代表教师的"心灵不在场",因为"在线不在场"是教师幕后参与学生知识学习活动的有效方式,它有助于学生对知识的探讨始终走在一条"道而弗牵,强而弗抑,开而弗达"的自然生长道路上。即是说,在课堂知识创生中,师生都是课堂知识生产过程的亲历者、见证者,二者是知识探究旅途中的同伴关系。

其次,在人际共生场中,师生应该按照"知识创生的场面"来筹划人际关系。知识创生所需要的场面是:师生平等、民主、开放、冷静地参与课堂问题探究,尽情表达自己对课堂问题的灼见,科学可行的创意能够得到在场听众

---

① 罗崇敏. 共生社会是人类社会的终极形态[DE/OL]. http://edu.qq.com/a/20150803/035008.htm,2015 – 8 – 3.

② 安德烈·焦尔,著. 杭零,译. 学习的本质[M]. 上海:华东师范大学出版社,2015:16,8.

的积极回应与肯定支持,理性的论断与求真的意志决定着问题探讨的走向,任何非理性因素,如权威、正统、定见等都难以对知识创生过程产生决定性影响。在这种"场面"中,师生间是知识、道德、人格上的相互启蒙关系,教师是课堂知识的"阐释者"、道德的"实践者"而非天生的"立法者",学生是知识意义的炼制者与人格德性的建构者,师生共同在知识探究、情感体验、道德领悟中展露自己的主体性。在这种研学式课堂情境中,判断师生角色的方法是:看谁对问题解决的智慧贡献较大。简言之,在教学共生体中,课堂中的任何参与者都可能成为研讨活动中的"首席""专家"与"教师",教师不再是课堂中被特定人"独霸"的一个角色与位置。

最后,在教学共生场中,教与学之间是共生、共长、共强的关系。在这一场域中,师生都是教学方式的构成者、探索者与创造者,彼此间是相依相生的关系:教师的"教"离不开学生的"学",教师"教的方式"催生着学生"学的方式",学生"学的方式"变革倒逼着教师"教的方式"创新,无论是哪一端的变化都将带动课堂教学方式的整体变革。在这一意义上,师生关系在教学方式中融为一体、不可分割,成为教学方式的有机构成,彼此之间不是主次关系,而是情同手足的同胞关系。

三、教学共生体视野下的教学关系重构

在共生体视野中,教学共生体的培育、运作与维护成为师生共同肩负的又一重任,这一重任的履行直接决定着课堂教学效能目标的顺利达成。显然,教学共生体良性运转的关键链环正是全新师生角色的确立,是相应师生关系的建构,重构一种利于教学共生体发生、发育、发展的师生关系是其内在要求。为此,当代课堂教学改革应致力于推进师生关系发生"三重转变",即由教材意义的"诠释接受"关系、教法的"师定生随"关系、课堂知识的"垂直传播"关系转变为文本意义练就的同道者关系、独特学法的共创关系与课堂问题研摩中的同盟关系,随之,师生在教学共生体中获得了全新的角色关系。

(一)文本意义练就的同道者

当代学习理论认为,教材知识不可能被直接习得,而是必须经过学习者亲自创造、亲身建构、意义发现的过程。在课堂上,"学习者不是单纯的学习'参与者',而是他所学的东西的'创造者',别人永远不可能替代他去学",

这是因为"只有学习者才能炼制出与自身相容的特有意义"。[①] 可见,学习的本质是文本知识意义的炼制与创生,是在新的学习情境与个体经验系统中赋予课堂知识以情境性、个体化的具体意义的过程。在知识共生场中,学生对知识的创生属于"一级创生"或基础性创生,而教学活动的创生、教师素质的创生属于"二级创生"或延伸性创生,后者服务于前者,并从对前者的促进中获得价值与意义。在这一意义上,教师就是学生练就知识意义的同伴、参谋,二者之间是同行者、同道者关系,师生之间是在知识真理探究过程中志同道合的同行者。在课堂创生与探究中,每个人对课堂知识的理解与见解都是自身练就知识意义的成果,都可能成为其他学习者建构知识意义的诱因与起点,都对知识新意义的获得具有参考、启迪与促进意义。相对而言,教师毕竟不是学生的普通学伴,其对整个知识创生的过程与品质承担着更大责任,这是由教师在教学过程展示出来的特殊优势决定的:其一,教师能够引导学生在迅速扫描、浏览、把握已有认识成果的基础上,并站在书本知识的前沿上参与课堂探讨,他们承担着知识探究过程的导航者角色,把整个探讨引向科学而又有价值的方向是师者的担当;其二,教师能够引导学生形成科学的课堂知识创生的组织、制度、规则,确保课堂知识探究的效率效果;其三,教师能够给学生课堂知识意义炼制活动提供各种各样的合理化建议,借此适度超越教材文本的"定见",提升课堂知识创生的质量。当然,一旦学生课堂知识创生的方向是正确的,组织是有力的,教师就无须更多插手学生知识创生活动,最好以"在线不在场"的状态参与学生的整个学习过程,为新知识的自由涌现创造外围条件。在这一意义上看,师生间的"同道者关系"与学者热议的"民主平等关系"之间有质的差异,前者更为关注师生在求真、求善、求能中的价值共契、协同互助关系,而后者强调的仅仅是师生在课堂交往中的话语权平等关系,其内涵显然狭隘得多。

(二)共创学法的创客伙伴

在知识共生场中,文本意义创生是关键环节;而在教学共生场中,学法创生是关键链环。显然,教学共生的实质是教师的教法与学生的学法间的反复磨合、交互生成,其结果是教法学法化(即用教师的教法引导学生学法的形成)与学法教法化(即按照学生的学法去设计教法),不断迈向一种对师生、对学科而言量身定做、科学高效的新学法。在这一双向互生中,处于根本地位的是学法,共创学法是师生课堂教学活动的主题,是师生共生智慧的

---

① 安德烈·焦尔,著.杭零,译.学习的本质[M].上海:华东师范大学出版社,2015:16,8.

关节点。其实,课堂共生实践的产物有两个:其一是知识新意义的获得,其二是知识学法的创新。相对而言,后者对课堂教学效率的持续改进具有更大意义,毕竟每一种新学法的创造都可能给课堂知识学习活动带来新的改观与变革,学法对课堂教学的创新毕竟是全局性、根本性的。其实,有效学法的形成是教法、学法在学习者身上磨合、融合、生成的过程,是一种最适合学习者自身、学习内容与学习条件的个性化学法创生过程。诚如国外学者所言,"教师对教学的思考就如同裁制一套衣服;适应就是缝制一套能够挂在衣架上的特定样式、颜色和尺码的衣服。而要把这套衣服出售给特定的顾客,仍然需要对衣服做出进一步的修整使它更合身。"①这是一个自觉性与自然性相统一的过程:教师自觉引进新的教法来带动学生学法的转变,而学生在课堂情境中自生的新学法又会反过来影响教师的教法,师生沿着学习效果反馈信息不断相互调适,共创一种更有效、更适宜的学法正是教学共生的目标。因此,在教学共生体中,师生间是更理想学法创造的创客伙伴关系,是学法创制的亲密同事。所谓"创客",就是"具有创新理念,进行自主创业的人",赋予师生以"创客"的新称谓意味着课堂实践不再是单纯的知识授受空间,而是伴随着学法创制的知识生产实践,是以超越知识、学法创造为旨趣的特殊教学实践。知识创生的途径是多样化的,譬如,换一个角度去审视旧知识,审视生产生活实践,开展知识批判,改变知识探究的路线,等等,都可能导致一种新知识的涌现。这些知识生产途径一般分解为两个环节:其一是学习探究的过程与方式,其二是学习探究的新成果。前一环节其实就是广义上的"学法",它是课堂知识创生的根源与手段。在教学共生体中,教师的参与、学生的自主、情境的创设都是诱导学习者学法创新活动的策略,共创新学法是师生在教学中深度融合共生的具体体现,师生关系随之变成了创客伙伴关系,变成了新学法的协同创新关系。

(三)共迎问题的同盟者

在课堂教学中,知识创生不仅仅体现为教材知识在课堂情境中发生的个体化、情境化转变,还体现为课堂知识问题化。知识授受过程中产生的认知矛盾与失调现象构成了课堂问题,如何应对这些问题自然成为课堂上知识创生的焦点,成为师生关系创生的结点。可以说,正是在共迎课堂问题中,师生人际互动活动才变得频繁、亲密,人际共生现象,即"学生教师"(即

---

① 舒尔曼.实践智慧:论教学、学习与学会教学[M].上海:华东师范大学出版社,2014:372,163.

学生成为课堂中的小先生)与"教师学生"(即教师成为俯身向学生学习的人)的出现才显得合情合理。如果说教学共生是课堂中师生共同面对问题、解读问题、应对问题中呈现出来的一种智慧涌现与心灵交融现象,那么,这一"交融"就体现在师生双方共同思考、解决、探究问题中迸发出来的智慧灵光上,体现在师生在该过程中发生的经验交汇、思维贯通与精神通灵中。在这一意义上,任何教学共生现象都始于问题、源自问题,都伴生在课堂问题生成与解决的过程中:问题是引发教师专业智慧、学生认知转变的源头与凭借,在共同迎战课堂问题中师生间结成了共同发展、并肩同行的盟友关系。换个角度来看,如果说教学"不是知识的灌输与简单积累,而是用科学、文化内涵的创造力,去激发、促进学生个体生命创造力的发展过程"①,那么,教学活动首先要唤醒学习者的主动参与意识与知识创造热情,引导学生亲自去解读、体验、品鉴、探究课堂知识中蕴藏的文化创造力,使之成为诱导个体生命、生活创造力的因素,其次才是知识的学习与吸收活动,这与"教育"的本意是高度契合的。"教"一词的"Induce"正是"引出",其原意是"引导智慧与生命",与之相应,教学活动的真意就是以文化本有的创造力来诱生学习者的个体创造力,这一任务的完成必须诉诸课堂教学情境中生发出来的诸多问题。问题是实现知识文化与个体智慧转化生成的特殊装置,它就好似一个吊钩(hook),其独有功能是利用课堂知识中的文化创造元素来激活学习者个体创造力。当然,"课堂问题"不同于社会生产生活中的"真实问题",二者间的差异集中体现在两个方面:其一,二者的可控性程度不同,课堂问题的生成过程总体上是可调控的,教师参与课堂活动的任务之一正是借助情境创设、个人意见表达、专业权威影响等方式来干预课堂问题生成的方向与结果,尽可能让课堂问题的讨论聚焦在核心知识上,而真实问题的生成过程几乎完全不受研究者意志的控制,研究者的专业兴趣与认知尽管可以部分改变问题研究的方向与重点,但总体上,真实问题生成过程是不可控的;其二,二者的着生母体不同,课堂问题着生已知知识再生产的链条上,课堂问题的探讨尽管也会导致知识新意义的创生,但这种"创生"大部分是在已知知识总体内进行的,产出原创性学术性成果的可能性不大,进言之,这种创生活动顶多只能改变课堂知识的先学后学关系,即在本课知识探究中提前引出下一课时或下一学期要学习的知识内容,难以实现完全原创意义上的知识创造,而真实问题的着生母体是新知识生产环节,产出原创性、学

---

① 叶澜.略论"新基础教育"研究之路的若干特征[J].基础教育,2011(2).

术性知识成果正是研究者应对现实问题、真实问题的主要目标。由此,在应对课堂问题中,教师使用何种方式向学生呈现人类认识成果,这是最考验教师教学艺术的一个话题。一位有智慧的教师不仅善于利用情境创设,慎选角度地展示问题,他还精于引导学习者对问题的分析、探讨,最终取得"聚焦问题、超越教材、师生共赢"的教学效果。所以,强调师生在教学共生体中的盟友关系,就是期待师生在课堂问题探究与分析中准确定位自己的角色,构建应对课堂问题的协同创新体,切实提高课堂知识掌握的深度与水平。

四、走向教学共生体的实践路径

既然课堂中师生都是活的"人"的存在,既然教学效能取决于两个主体性的发挥,那么,课堂教学就是师生双主体构成的一个有机体,是师生主体间展开的一场对话、互动、共生的实践,是"师生共同体生成一种主体间性的教育结构"。① 只有确立了这一"主体间"教育结构,教学关系论才可能真正实现三重超越:一是超越主客体地位论争,走向课堂学习共同体;二是超越知识授受中心,走向学习者全人发展;三是超越教材知识,走向课堂知识创生。正如叶澜教授所言,教学过程的基本形态是"开放、交互反馈与集聚生成",故应该"将'教学'(非教与学两件事的组合)作为一个分析单位,来认识教学过程中师生活动关系的内在不可分割性、相互规定性和交互生成性"。② 进言之,现代教学的根本特征不是传递性,而是共生性;它指向的不单是学生知识存量的量增,更是知识质的新生。故此,现代课堂教学共同体的最佳表述是"教学共生体",其关注的焦点是师与生、教与学、主导与主体间的内在整合与深度融合问题,关注的是师生协同中"涌现"出来的共生价值与增值效应问题,关注的是以师生"一体"、教学"同心"、相辅相生为显著特征的教学共生元建设问题。所谓共生,就是"共生单元相互作用的方式或相互结合的形式",它是以"共生界面"为媒介发生的共生单元之间的"物质、信息和能量传导"活动,决定事物共生活动水平的是"共生能量",即"共生单元在共生过程中给共生系统带来的净能量"。③ 在课堂生态中,课堂互动是"共生活动",生与生、面对面的教学活动是其"共生界面",师生围绕学习问题研讨交流中生成的新认识、新思想、新智慧是其"共生能量"。在这一

① 任欢欢.主体间性:师生共同体发展的内在逻辑[J].中国教育学刊,2016(12).
② 叶澜.课堂教学过程再认识:功夫重在论外[J].课程·教材·教法,2013,(9):3-13.
③ 尹伟中.共生效应[J].时尚北京,2003(24).

意义上,教学就是一个共生体! 有学者指出,"人类共生社会是价值趋同、智慧涌流、规则守护的社会"。① 课堂也是一个"小社会",也应按照"共生社区"的理念与机制来组建,也应从课堂共生价值、共生智慧、共生制度三个层面来维系其高效运转。

(一)从主体共存走向价值共生的精神聚合体

无论是主张"教师主导"还是"学生主体",论者都回避不了一个问题:教学应该以谁为主? 这一发问方式内隐着将师生关系刻板化的倾向,而没有考虑课堂教学中师生都是人,都有影响教学方向与进程的主动权。其实,"师生共同体不是群体利益博弈的场所,而是建立在共同价值追求之上的有机系统"。② 在这一共同价值面前,师生间是形式意义上的主体共存关系,谁对教学目标实现的贡献大,谁就暂时位居优势课堂主体的位置;随着教学任务的转变,师生间的主体位置关系可能发生转换。但无论课堂主体如何变换,它都必须恪守一个原则——践行共同价值,增进教学组织内部的协同性与凝聚力,否则,共同价值迷失或缺失,教学共生体随时都面临被解体的风险。"人类共生价值构建的一个显著的特性是价值集成,形成共生价值系统。比如,构建自由与民主价值时,必须同时构建公平与规则价值,构建竞争价值必须同时构建合作价值"。③ 与之相应,课堂教学也必须构建有助于教学共生体形成的核心价值系统,以期加速教学共生体的形成,努力实现"主体性共和"(罗崇敏),将课堂早日建设成为一个师生齐心、上下一心的精神聚合体。

一方面,师生必须树立"和而不同"的共生理念。教学共生体的存续需要两大支撑:一个是公认的价值系统,另一个是共同的行为规则。相对而言,前者无形而有力、深刻而持久,它是将师生的"教学心"聚拢起来的精神扭结,后者则有形可见、易于操控,是统一师生行为方式方向的制度指令。课堂"聚心"工程的关键是培育重"和"、求"合"的价值观,即用"和睦相处""求同存异""凝聚合力"的主流价值观把师生的教学正能量在课堂舞台上汇聚起来,让共存、共生、共强的价值观成为课堂教学的一种时尚,让所有师生能在"教学效能最优化"的大原则下统一认识、应对分歧、强强联合、优势叠加,致力开创"心系一处""力使一处"的课堂格局。

---

①③ 罗崇敏. 共生社会是人类社会的终极形态[DE/OL]. http://edu. qq. com/a/20150803/035008. htm,2015 - 8 - 3.

② 任欢欢. 主体间性:师生共同体发展的内在逻辑[J]. 中国教育学刊,2016(12).

另一方面,师生必须树立民主、自由、开放的课堂价值观。"和"是教学共生体生命存续的价值基点,"放"则是教学共生体持续走强的价值高点。在课堂上,教师只有放手学生、放开手腕、放纵想象,学生的创意、灵光、顿悟才可能在课堂中闪现,课堂教学才可能迎来一个又一个的增生点或增长点,才会产出一个个创造性研讨成果。没有"放",就没有学生思维、想象的自由驰骋,就没有精彩、奇异的课堂亮点出现,师生各自的生成、彼此间的催生与合作中的共生就会化为乌有。

教学的最高境界是"顺学而教""顺势而导""顺天至性",而非强勉灌输、囚禁心灵,束缚学生心性的自然发育。在教学共生体中,无论是"和"还是"放",这些价值观都不应是教师的强加,而是师生互动中自然耦合的结果。复杂理论告诉我们,"有序"与"无序"是相倚相生的,事物总是"在有序↔无序↔组织的两重性逻辑的游戏中自我组织。"①一旦师生的主体性都得到释放,活跃的课堂景象出现,师生对共生共长的价值共识或重叠价值就会产生,价值共鸣、价值趋同、价值求和现象随之显现,一系列相似课堂价值观会日渐主宰课堂。在这种形势下,教师只要善于捕捉、凸显这些价值公共点,加速师生对共同价值观的体认,一种高凝聚力的精神聚合体就能够在课堂中成形!

(二)从知识共享走向智慧共生的智慧创新体

在过去,无论是教师发挥"主导作用"还是"媒体作用",学生被置于学习主体地位还是施教对象地位,教学活动都服务于"教材知识掌握与分享"这一目的,都作为学生学习人类已知的工具而存在,而在信息化迅猛发展的当代,人类最缺乏的生存能力不是知识的理解力与消化力,而是"批判质疑""勇于探究""乐学善学"这些"发展核心素养",而是"发现知识""发明知识""创生知识"这些超级学习能力;在过去,课堂学习的目的是储存丰富知识,以备后续生活的需要,即"积累许多符号式的知识",在当前,学习的目的是在现实情境中发明知识、应对问题,即"求知识的真正目的,不在知识本身,而在学得制造知识以应需求的方法。"②这就是以"知识共享"为内核的学校学习观。在这一观念体系中,课堂中没有师生共谋、共建、共创的教学创新体,课堂教学的"内爆"效应难以实现,这不能不说是传统课堂的功能阈

---

① 莫兰.复杂性理论与教育[M].北京:北京大学出版社,2004:66.
② 杜威,著.赵祥麟,王承绪编,译.杜威教育名篇[M].北京:教育科学出版社,2006:108.

限所致。

　　进言之,如果说课堂中的教学互动有三个层次,即信息沟通、知识共享与智慧碰撞,每个层次追求的互动目标是不一样的:信息沟通层次追求的是师生"共知",知识共享层次追求的是双方"理解",智慧碰撞层次追求的是智慧"创生",那么,当代课堂必须实现从"共享"向"共创"的超越,彻底解放师生的课堂知识创造权。在前两种互动层次上,师生交流活动强调的是双边性(即师生是独立平等的主体)、双向性(即师生间知识、情感、人格的双向互动)、求同性(即追求认识、情感、精神上的共识与同感),更高层级的教学互动——高增值性教学互动难以实现。其实,深度、充分、民主的教学互动往往具有生成性,它不仅可能超越师生双方认识储备的总和,而且还可能超越师生的共同最近发展区,所以,在知识共享视野下根本难以构筑起高增值性教学形态。

　　不仅如此,高增值性教学还面临着一道传统课堂文化壁垒或教学"前见"——学生学习活动是不可能超越,甚至引领教学活动走向的,因为无论学生在课堂中有多大程度的自由空间,这些空间都是在教师掌控中的,是难以超越教师的认识阈限与人格高度的。简言之,学生不可能戳破课堂中教师撑起的"天",不可能真正突破教师的认识苍穹与精神宇宙。可以想象,一旦教师真的被视为一个课堂中承担着更多公共服务职能的普通学习者,教师对课堂教学的功能设限被解除,课堂中的师生关系必定会发生脱胎换骨、翻天覆地的改观,课堂学习的新概念将会显现——所谓学习,是"以'模仿'为基础展开的'创造'的实践,即通过同他者的交往,生成所建构的意义的'交谈',实现自己同世界的'创造'"。① 在新教育时代,师生间共享知识的教学思维终将被超越,而把知识融入问题情境,激活师生主体性能量,让课堂成为智慧迸发与共生的灵动装置,必将成为课改的全新目标。

　　因之,按照教学共生体的架构来创造新课堂,让课堂不再是旧知识装载、转运、吞吐的货场,就必须把课堂建设成为知识的熔炼厂、思想的创生场与智慧的创新体。应该说,共生的价值观只是为新课堂搭建提供了软环境或价值场,赋予课堂以知识、思想、智慧创生的机制与功能才是新课堂构建的实质环节。其实,课堂学习是学习者对人类知识、文化的"创生性占有",这既是一个"学生创造能力的开发、生成和积聚,以及对创造性活动的理解

---

　　① 佐藤学,著. 钟启泉,译. 学习的快乐———走向对话[M]. 北京:教育科学出版社,2003:46.

和体验过程",也是一个教师"用科学、文化内涵的创造力,去激发、促进学生个体生命创造力的发展过程。"①在新课堂中,知识只是被把玩、被驾驭、被重组的质料,真正在课堂中运转的是问题的显现与求解,是智慧的涌现与创生,将这种课堂称为智慧创新体是最恰当不过了。

所谓创新体,就是以新知识、新思想、新产品研发为目标,在统整各相关要素、主体、环节基础上组建而成的特殊功能性实体。对课堂创新体而言,师生是创新主体,问题是创新驱动者,新智慧、新思想、新认识是产品,课堂沟通与互动是创新过程,其实质是利用"合作与共享重构了师生共同发展的关系与活动,创造了整体大于个体之和的教育效应。"②课堂创新体不同于学生个体的知识创生活动,而是师生主体间发生的一种智慧共生现象,其智慧创生的方式与水平也非单主体或学生群体的创生活动所能比。在课堂问题探究中,师生大脑都处于敞开与不设限状态,新问题"生长元"(叶澜,2011)不断向前延伸,刺激着师生的思维神经元,形形色色的新思维、新策略、新方法赫然而现!在彼此间的交汇碰撞中,连锁反应现象、头脑风暴现象、主体协同效应等次第呈现,师生智慧在拼接、互生、汇流、聚合中形成,课堂知识的裂变、质变、剧变现象次第发生,一种更科学、更合理、更有力的问题应对策略悄然生成,课堂走向一个个巅峰与高潮……这就是师生间的智慧共生现象!在这里,品评课堂品质的主要指标不再是教师的主导力、引导力,不是学生的理解力、思维力,而是师生的关系力与协同力。在课堂创生体中,师生最为关注的是能否为新知识的自由生长铺平道路,能否在智慧生成中释放出自己的智能与主体性能量,主客体论争悄然退居次要位置。应该说,课堂越是逼近智慧共生体,师生间的身份界限越模糊,教师主导与学生主体间的互倚性、内联性、融合性越强,教与学之间日益迈向无缝连接、高度默契的水平!

(三)从制度管理走向权力共生的民主联合体

在教学共生体中,"和""生""创"是关键词,价值和合、同心共创、智慧创生是其理念精髓。为了达到这一目标,课堂教学制度必须发生相应转变,以期有力配合课堂组织新生的需要。在教学中,教师主导、学生主体只能共存、互联、共生式存在,而不能"单打独斗""同床异梦""各自为政",实质、深度、内核层次上的融合才是延续课堂组织生命的关键之举。在这一意义上,

① 叶澜.略论"新基础教育"研究之路的若干特征[J].基础教育,2011(2).
② 任欢欢.主体间性:师生共同体发展的内在逻辑[J].中国教育学刊,2016(12).

课堂管理制度的理解不再停留在技术意义上的人、事、物、时间、空间的最优化组合方式,或信息、资源、权力、人员的科学配置方式,或课堂流程、结构的理想编排方式,而是指课堂中知识权力的建构方式。在传统课堂中,制度管理决定一切,教师的主功能是通过各种教学常规、课堂行为规则、教学组织制度等的制定来设计师生课堂互动的方式与内容,防止学生在课堂知识理解中误入"歧途",为正统知识顺利到达学生铺设"管道"。在这种体制环境中,教师主导、课堂组织重于一切,甚至与课堂生命同在,学生的思维、活动、人格等都是教学规划的对象。而在教学共生的新课堂环境中,课堂制度的内涵与主题将被刷新:如何围绕课堂知识的新生而共享知识生产权,构建课堂共生元,为课堂生产力、师生变现力的释放创造更好的生态圈,就成为课堂共生制度建设中关注的首要问题。有学者指出,"共生制度的价值在于鼓励共生因素的增长,遏制和消除非共生因素的产生,使人类社会在共生有序的道路上前行。"①据此可以推知,课堂共生制度建设的主要目的有两个:其一是扩大课堂教学共生体的产能;其二是遏制消极课堂共生现象的出现。其实,这一制度正是以知识权力共享为内核的课堂民主制度,当代课堂教学制度建设的方向是建立师生民主共治联合体,推进课堂教学实现从控制型制度管理向内生型民主管理的转变。

1. 以课堂共生元建设为核心,构建知识权力共享的民主教学制度

共生元,即"共生单元",它是指直接参与共生组织的相对独立的个体或单位。在课堂共生体中,孤立的师生个体都不是共生元,只有师生间的一次完整互动循环或佐藤学所说的一个"问题环"即"师问—生答—师应"过程,才有可能称之为一个共生元。一旦每一次教学互动都有新能量、新知识、新意义的产出,这一教学互动就构成了一个共生元。课堂共生元的根本功能是创生、涌现,它是新课堂独有的功能单元组成,自组织是其根本运转机制。研究发现,之所以一个共生元会生产出新异成果或额外能量,主要是因为三方面的"突破",即突破个体局限、增强资源整合力、刺激创新精神。② 在课堂中,共生元建设的实质是对传统课堂组织进行解构与重构,努力实现课堂组织的上述"突破"。为此,课堂制度建设必须打破各种不合理的权力格局,促进课堂知识的自由生长、自由重组、自由涌现,让权力配置成为催生知识、激

---

① 罗崇敏. 共生社会是人类社会的终极形态［DE/OL］. http://edu. qq. com/a/20150803/035008. htm,2015－8－3.

② 尹伟中. 共生效应［J］. 时尚北京,2003(24).

发能量、人格升华的助推器。与之相应,当代课改的直接行动就是构建师生共享知识权力的民主课堂制度,即善于借助知识权力的下放、下移、扩散来最大化地激发教学互动的潜能与内能,让学生真正成为课堂知识的发现者、拓展者与生产者,让教师成为课堂知识生长中的平等参与者与保驾护航者。

2. 以教学常态重建为基点,构建和而不乱的教学运行机制

课改崇尚自然,是为了不阻碍科学知识生长的态势;课改崇尚自由,是为了激活教学双主体的能量;课改崇尚共生,是为了突破单教、独学的效能上限,回归"教学"的本意就是:在教与学的互助、互构、互生中创造教与学"一体""同心""内融"意义上的"教—学"活动。可以预测,未来教学活动的新常态一定是既倡导个性、创意、风格的尽情呈现,又追求师生间的和气、合谋、和谐,努力创建一种"自由有度""自主有规""自然有序"的新课堂。在新一轮课改中,师生必须遵循两大基本教学制度,即以欣赏原创、崇尚真理、坚守学术底线为核心的思想活动原则和以自治、共治、互治为核心的课堂行为规则体系。要完成这两大制度建设,课堂教学必须积极推进两大改革行动:一方面,落实学生及其群体在课堂管理中的自治主体地位,使之成为课堂教学制度建构与执行的主体。相对于教师管理而言,学生作为自治主体的最大优势是,学生自己既是学习能量的生发者,又是学习活动自控者,他们能够自由掌控自己学习能量的释放与使用方向。另一方面,把课堂建设成为师生共治的空间,即双方共同主导的民主场域。为此,师生要共同制定一系列具体行为规则,如课堂议事规则、问题研讨流程、课堂质疑规程等,确保课堂知识的生成始终在目标导向、高效有序的轨道上展开,不至于让课堂沦落为拙劣、随意、空虚、无聊的漫谈空间。

第三节 走向"Repack"

在教学过程设计上,高效课堂要真正落实教师双主体共生的理念,就必须真正关注教学过程的合理化问题。在这一问题上,我们倡导将关注过程、关注经验、关注情境的教学理念融入课改实践中去,真正把知识授受过程转变成知识理解与新知生发的过程。显然,教学过程的永恒主题是知识,书本知识学习是教学过程论的一个死结。在杜威经验论的视野中,教材书本只是知识打包的载体,教学语言只是知识的"唤醒物"、经验的"衔接点"而已;书本教材能够"打包"知识代号与文字,却难以"打包"知识本身与意义。因此,教学过程不可能通过简单的解读、传递、文本解读过程来实现,而必须借

助知识学习过程来打碎书本对知识的"包装""定型"与"固化",将之从抽象的语言符号体系中解放出来,打回到其原始状态——依托人的生活情境而存在的经验状态,然后将之交由学习者个体去自由"重新打包"或"改装组装"(Repack),帮助学习者建立起个人的全新经验结构。杜威指出,教学的前提条件是"把各门学科的教材或知识各部分恢复到原来的经验"①,教学的核心环节是让学生"经验情境"、面临"真实问题"与开展思维活动。这是一个以环境为依托,以经验为单元,以生活为中心的教学过程形态,它与库伯的"学习圈"理论不谋而合。他指出,教学活动是"从具体经验,通过反思观察和抽象概念化,到主动实验,然后回到一种新的具体经验"的过程。② 重构知识所指示的生活情境,让学习者与这一生活情境互动中产生问题与思维,最终在个体的经验世界里对这些新经验自然进行重构或"打包",显然是一种较为科学的教学过程观。这也就是我们所倡导的"Repack"教学过程观。所谓"Repack",是指这一教学过程观中的六大环节,即"R"(即 Role,意指师生角色展演)、"E"(即 Environment,意指环境塑造)、"P"(即 Problem,意指问题提出)、"A"(即 Activity,意指活动卷入)、"C"(即 Construction,意指经验建构)、"K"(即 Knowledge,意指知识生成)等过程。整个教学过程大致包括三个关键环节,即情境还原、经验重组与知识生成。生活经验的回归、重现与重组是该过程的实质,故称之为"知识再打包"过程,即"Repack"。

一、角色展演(Role playing)

人的知识经验始于经历生活情境。以知识教学意图为中心,模拟再现这一生活情境的过程需要师生的共同合作与扮演。教学情境与普通生活情境间的最大差异在于其主角是教师与学生,而非真实的生活主体,让师生扮演生活情境中的经验主体的目的在于帮助他们穿越时空,尽可能走进历史上的生活经验,寻觅知识所禀赋的原意,借此习得知识的全部所指,而非仅仅停留在语言符号的表层。在这一意义上,教学过程首先是一场表演、展演与导演,是尽可能重现知识生发的经验场景的一次尝试。整个展演的目的只有一个,即尽可能逼真地再现知识生成的原初情境。杜威指出,"从成人的观点看,课程的轴心乃是文化的发展;而从受教育者的观点看,这个轴心

---

① 杜威.民主主义与教育[M].北京:人民教育出版社,2001:75.

② 克努兹·伊列雷斯.孙玫璐,译.我们如何学习[M].北京:教育科学出版社,2010:56.

乃是他们自己戏剧性地和富有想象力地扮演的生活和思想的运动"。① 教学活动只有在表演情境中才可能为知识的再现与生成创造条件。在教学活动中,师生表演的逼真程度,决定着教学过程的效果与质量,表演好教学情境是教学过程生效的首要条件。换个角度来看,教学活动的基础是学生的学习,而学习不仅仅是指知识的习得过程,更是融"意义建构""身份建构""共同体建设"与"实践参与"②为一体的复杂过程,身份建构本身就是教学活动的有机组成部分。如若师生在教学情境中建构起来的是一种平等互助的身份关系,那么,师生各自的知识经验就更容易被兼容、组织到课堂情境中来,知识的解构与"打包"会更加容易;否则,如若师生之间建构起来的是"独白——听众"关系,师生在教学情境中要顺利"打开"书本知识则相对困难。故此,师生身份建构与角色扮演也是构筑教学场域,是强化教学情境学习属性,打通知识流通渠道的前提条件。

在教学过程中,师生首先要扮演的角色是知识的教授者与接受者的角色,这是模拟好原生知识情境的要求。尤其是在课堂教学的初始环节,借助这一扮演,师生之间具有了某种权力差异,面向知识的情境扮演活动因而由教师来导演,教师对整个课堂剧情的发展具备了某种可控性,进而为教学活动的正向发展提供了一种力量保证。其实,"教师"与"学生"本来就是为人类知识再生产实践而创造的一种社会角色,赋予"师""生"角色的人必须具备崇拜真知的情怀与敬畏知识力量的意识。如果说教学活动由两大系统构成,即象征系统与知识交流系统构成,那么,师生角色扮演属于前者,其目的就在于要构筑一种师生间的知识权力差异系统与知识学习中的共谋关系。即是说,在课堂上,教师必须行使自身的角色职能——教给学生人间真知,学生必须履行自己的角色职责——全身心地去学习人间真知。可以想象,如果不借助"师"与"生"这一文化差异系统,知识习得难以成为教学活动的主题,知识情境的展演活动也就无法展开,教学活动本然失去其存在的根基。进言之,只有师生投入到教学表演活动中去,知识嵌入其中的教学情境才可能在课堂上逼近重现,知识所承载的生活经验才可能被清晰、全面地呈现出来。

在教学过程中,师生还要扮演好实践共同体成员的角色。师生不仅生活在教学情境中,还生活在诸种实践共同体中,例如学习共同体,它是众多

---

① 杜威.民主主义与教育[M].北京:人民教育出版社,2001:229.

② 克努兹·伊列雷斯.孙玫璐,译.我们如何学习[M].北京:教育科学出版社,2010:39.

学生主体交流、共享生活经验的场域。随着教学活动的深入,学习问题日渐聚焦,师生以共同体成员的身份参与问题解决的行动会显得更加迫切。在实践共同体中,每一个学习者都是课程资源的提供者与建构者,学习者个体生活经验的集成一般都能满足新知识建构的需要。如果说教学共同体主要是由师生共筑的实践共同体,那么,师生能否熟练表演好共同体成员角色,决定着他们能否组织成为一个有利于知识经验互通共享的学习型组织,保证教学活动的顺利展开。"作为实践社群的成员,其身份必定会促使他们从不同层面去参与社群活动。"①教师无疑是教学共同体的核心成员,他必须扮演好组织者、激励者与导引者的角色;学生是教学共同体的主要成员,他们必须扮演好学习者、沟通者与参与者的角色。"学习的社会维度关系到共同体与实践,并且创造了意义和身份,由此,学习包含了行动和参与,并将他们转变为经验和发展"。② 应该说,师生对自身角色的成功扮演意味着其已经进入了教学实践社群及其文化的圈层,教学知识期待的环境重构与情境再现活动便有了可能。

所以,教学过程始于角色表演,成功的师生表演为知识情境的再现与模拟准备好了条件。教学活动既是一个信息传达系统,又是一个身份象征系统。教学活动的象征原形是神甫布道的礼仪,师生的角色扮演活动意味着教学活动超出了普通的"人—人"交互系统,而是一种独特的职业实践,获得了某种神圣性与严肃性。在教学共同体中,教师表演得更"像"教师,学生表演得更"像"学生,教学系统才能具备创造情境、唤醒经验、诱生知识的功能。

二、环境塑造(Environment shaping)

在课堂上,教学知识如何生成主要取决于两个因素:知识附着的母体环境构造与人经历知识的方式。知识藏身于环境,并从环境中被衍生、拖带出来,塑造并改进知识生成环境是教学活动传递知识的着手点。克努兹认为,学习是"身体与环境间的连接,这种连接使得有机体能够对变化着的环境做出适当的反应"③;杜威也认为,学校是"一种典型的环境,设置这样的环境以

---

① Jenny Leach 等,编.学习者与教学[M].香港:香港公开大学出版社,2003:39.

② 克努兹·伊列雷斯.孙玫璐,译.我们如何学习[M].北京:教育科学出版社,2010:120.

③ 克努兹·伊列雷斯.孙玫璐,译.我们如何学习[M].北京:教育科学出版社,2010:14.

影响成员的智力的和道德的倾向"①是教学活动的意图。相对于社会环境、家庭环境而言,教学环境是以课程知识为中心的环境,是具有最大程度的可塑性、建构性与人为性的环境,将教学内容、课程内容转化为教学环境是教学过程生效的主要手段,把社会环境、家庭环境引入到课堂是教学过程的辅助手段。应该说,教学环境是一切影响着学习者知识形成的"大环境"与"小环境"的总体,其中,"大环境"囊括了校外环境、课外环境,而"小环境"则主要是指课堂教学情境,它是教学过程赖以形成的直接场景与环境(habitat)。课堂教学本质的理解"不需要我们去除课堂教学的情境性,而是让我们更紧密地结合课堂教学的情境,把自己的思想和生活都融入课堂教学情境之中,从而去感受课堂教学的本质。"②

实际上,直接与学生思维、头脑、心灵、感官相关联的就是环境而非知识符号,环境及其蕴含的问题能够把教学过程活动的影响扩展到学习者的身体与心灵,而知识符号的影响力则望尘莫及。知识是学习环境中最璀璨、最耀眼的一个光斑,它以信息的形态、借助环境的搭载通达人的感官与心灵,与人的全身心发生着通信、通感、通灵,促成着学生的认知发展。所以,有学者指出,认知的发展正是"构筑起种种情境所固有的知识索引"③。一旦失去了环境的溶解与陪衬,知识不仅无法呈现自己,更无法与人的心灵与头脑发生感应与互通。正如有学者所言,"'学习'总是浸润于社会的历史情境之中,而这种情境形塑着思维内容与思维形式"④,"学习",可以被视为"学习者同其所处的社会环境之间出现的活动所产生的变化的一连串沟通过程。"⑤因此,创设环境,利用环境,塑造、建构环境是教学过程的第二环节,师生在课堂中扮演好自身的职业角色,能够提高知识环境再造的逼真度与仿真水平,提高学习者对知识的"吸收力";师生实践共同体在课堂中回忆、复述、分享、交流知识经验的直接目的就是追索知识生发的环境,探究、领悟知识在原生环境中的本意,借此为学习者经历环境、生成经验、建构知识提供舞台。"人类的知识、经验与文化结构正是身体与世界交互作用的结果,身体在反映和接触外界事物过程中生成知识、意识与意义。"④可以说,没有学

① 杜威.民主主义与教育[M].北京:人民教育出版社,2001:120.
② 周彬.课堂现象学论纲[J].教育研究,2012(5).
③④⑤ 钟启泉.为每一个学生的成长而教——基于"学的课程"的教学设计探析[J].北京大学教育评论,2009(3).
④ 唐松林.身体:教学世界蕴藏其中[M].教育研究,2012(4).

习者的身体与环境之间的接触,根本不可能产生学习、建立意义、生成理解,那种试图"绕开情境、直达头脑、直插心灵"的教学思维肯定是难以科学解释人类学习过程的。换个角度来看,学习者作为生命体的成长是一个自我发力、自我成长、自我实现的过程,每个学习者都有一颗成长的"种子"与一份生命的潜能,教学活动的使命是"让儿童生命中具有的潜能释放出来,让种子中孕育的生命能够自由地成长",因此,教师承担的主要教学任务就是创设教育环境,"为学习者提供适宜的生长环境"①,为其生活经验、价值倾向的自在自由生发提供条件。更进一步讲,教学的首要艺术不是知识信息的组织、设计与传输,而是教学环境的创设艺术。

　　当代教学理论证明,学习者参与教学实践的"全过程",是"一种作为'完整的人'(whole person)对于实践共同体的参与"②。经历了"全身心"参与的学习过程之后,学习者才可能获得真正意义上的"全人""全面"的教育。这就需要当代教学过程转变思维,将"情境塑造、知识串联、学生亲历"视为教学育人、培养学生智慧的根本思路。可以说,高品质教学活动创造要考虑的核心问题是"如何把教学内容转化为教学情境",是如何在教学中让学生"掌握一连串的情境知识和言说方式"④。在教学过程中,情境塑造的实质是科学设计各种"人—事""人—物""物—物"关系,使之构成一个有利于知识渗透、主体摄取的情境与场域,以此为知识的顺利传导提供"管道"。有学者指出,知识学习环境的设计"不只是单纯的'学习场'的设计,也是'对话场'或'关系场'的设计"⑤。设计学习环境的意图是要让学习者直接感受知识生成情境,与知识环境发生互动与对话,在"人—环境"之间的对话中促使学习者经验结构发生质变,加速学习者对知识的掌握与理解。当然,从绝对意义上讲,我们根本无法复制或重构知识的原生情境。在教学中,我们只能借助平面的语言、师生的想象、教具的"搭建"、媒体手段的"仿真模拟"来构造一种知识生成的近似原生环境,但这无妨我们对知识学习的深入。这是因为任何知识都不可能与一种教学环境之间建立起一一对应关系,二者之间应该是"多向复杂对应"关系。有时,我们可以从一种教学环境

---

① 郭思乐.静待花开的智慧:教育是效果之道还是结果之道——关于有效教学的讨论[J].教育研究,2011(2).

②④ 钟启泉.为每一个学生的成长而教——基于"学的课程"的教学设计探析[J].北京大学教育评论,2009(3).

⑤ 钟启泉."知识教学"辨[J].新课程(综合版),2007(2).

中反思、领悟、推演出无穷知识，一种知识也可以从无限教学情境中归结、提炼出来，因此，我们只需重构一个有助于知识再现的关键环境单元即可，其他环境因素或组成完全可以借助师生的想象与生活经验来补充。"学习活动既不是取决于个体的内在特性，也不是取决于外部环境的影响，而是取决于两者在实践中相交的场域。"①对学习者而言，那些真正与其主体性发生互构关联的教学环境才是最需要、最重要的教学环境，知识也只有在融入环境中才能形成学习者生活的智慧与实践应变力。

三、问题提出（Problem posing）

情境塑造与再现是教学过程展开的基础，是促使知识建构的物质依托，在环境情境中生成问题才是教学活动"活"起来的关键因素。教学过程是一群鲜活生命体间的对话与交流，"培养个体主动发展的能力被'新基础教育'定为基础教育开发人的生命潜能的最本质的任务"。② 激活他们的生命能量，唤醒他们生命的潜能，激发他们的生命活力，是教学之所以能够真正被称之为"活动"的根源所在。所以，如何让学习者与教学环境发生心灵与思维层面的互动、对话与交流，如何引导学习者去经历情境、生成经验至关重要。正如叶澜教授所言，教学"必须让学生的内在能量释放出来，让他们在课堂上'活'起来，从原有的静听模式中走出来"③，这就需要问题的驱动。问题是教学活动变'死'为'活'的枢纽链环。问题生成是链接学习者与环境之间的一条纽带，是诱导学习者去经历环境、探索环境、反思环境、改变环境的根本动因，基于教学环境或知识情境的问题生成机制是教学过程被启动并深入推进的核心机理。问题不是空穴来风，问题不是教师的刻意编造，问题不是学习者的随意遐想，而是学习者对教学环境中的种种"不和谐""不对称""相矛盾"因素的察觉与发现。让学习者发现教学环境中的"意外"、"奇异"与"问题"是教师引导学生利用教学环境情境的目的。

当然，在常态教学环境中，学习者不容易感到其中的问题所在。具有敏锐问题意识是优良学习者的天资所在。在一般情况下，教师应该从两个方面来诱导学生去察觉教学环境中隐藏的种种问题。一方面，教师要引导学

① 钟启泉.为每一个学生的成长而教——基于"学的课程"的教学设计探析[J].北京大学教育评论,2009(3).
② 叶澜.重建课堂教学价值观[J].教育研究,2002(5).
③ 叶澜.重建课堂教学过程观[J].教育研究,2002(10).

习者对教学环境感兴趣,只有在感兴趣的状态中学习者才更容易发现问题。让教学环境丰富多彩,突出教学活动中的认知冲突,加大教学环境与学生生活经验间的反差,凸显教学环境的新颖性,按照"召唤性结构"来组织环境,等等,都是教学环境引发学习者兴趣的途径。"兴趣是生长中的能力的信号和象征"。① 有了对教学情境的兴趣,就会引发师生的探究活动,情境催生学习者成长的潜能在课堂中就被激活,学习者遭遇问题是迟早的事情。另一方面,教师要利用情境来引发学习者的挑战意识,促使学习者在教学环境中生成挑战性问题,以此激发学生反思、思维活动的展开。一旦学习者了解了知识环境及其中的冲突,就会产生改变环境的要求,一系列"问题""难题"自然会随后生成。在亲历知识情境中,"如果这种经验是挑战性的,并未能被战胜,那么就会导向一种'觉醒'的动机形式"②,问题对整个教学活动的驱动功能就体现出来。问题是学生进入教学环境、产生困惑体验、引发解决要求的诱因与线索,对学习者构成挑战性的问题更是教学活动整合情境、驱动情境的抓手。杜威指出,学习者融身情境、反思情境的结果是问题,反思就是学习者"在直面实践情境的经验之中产生的犹豫、困惑、疑问之中成长,探讨解决这种困惑、疑问的思维。"③

　　问题生成是教学情境与学习者相互作用的产物。好问题的生成不仅能够聚焦师生课堂讨论的内容,凝聚教学活动的主题,还能够引发师生的参与与实践,把师与生、教与学凝成一体,促成经验建构与教学活动的持续展开。"只有亲身考虑问题的种种条件,寻求解决问题的方法,才算真正地思维。"④进言之,只有在情境性学习问题驱动下的教学活动才可能成为真正的教学活动,问题是教与学的连通器与化合者,是"思维型教学"的缔造者。从表面上看,问题的生成具有偶然性,但就实质而言,生成什么问题、从什么方向解决问题,具有一定的内在可控性。问题的生成其实是一个"框定"的过程,即学习者基于自己的生活经验与认识视角,带着自己的解释框架,去框定、解读教学情境中的困惑与矛盾,以此促成具体学习问题的形成。不同学习者,其生活经验不同,对教学情境认知、观察、思考的角度也就不同,在他们"眼中"看到的问题也就不同。教师灵活控制课堂情境的创设,控制情境呈现的

---

① 杜威.民主主义与教育[M].北京:人民教育出版社,2001:9.

② 克努兹·伊列雷斯.孙玫璐,译.我们如何学习[M].北京:教育科学出版社,2010:97.

③ 钟启泉.教学实践与教师专业发展[M].全球教育展望,2007(10).

④ 杜威.民主主义与教育[M].北京:人民教育出版社,2001:150.

重点,用自己的理解去引导学习者的解读方向等,都是教师引导学习问题生成的良策。概言之,教学情境是无形的,师生的眼光却是"有形"的,故教学活动中生成的问题也自然具有一定的相对确定性。

四、活动卷入(Activity involving)

教学环境是教学活动的背景与资源,是知识发生的素材与媒介,让学习者经历教学环境是教学过程的实质目的。学习者经历教学环境的进程实际上是分阶段展开的:初次经历教学情境时,学习者会产生好奇、兴趣与困惑,进而产生学习、探究、行动的内驱力;在问题的导航下再次经历教学情境,师生进而被"卷入"教学情境之中,这才是师生经历教学情境的主体形态——教学活动。正是如此,教学情境在课堂中一般具有两种形态:一种是静态的教学环境,学习者融身其中就能够受到熏陶、化育与启示,他们能够从教学活动中有意无意地受到一种教育,因为人天生就有一种"无意识智能","无意识信息导入要比有意识的信息导入迅速和广泛得多"①;另一种是动态的教学环境,即学习者在探索、尝试、亲历教学环境的活动中受到自觉主动的教益,因为人的每一个探索性行动都在随时随地地改变着教学环境。从这一角度看,教学活动是教学环境的展开与延伸。"在互动维度上,环境是框架,行动是个体与该环境相联系的事务"②,学习者针对环境的行动就是学习活动过程本身。也只有在这种活动中,学习者的整个身心才可能被"卷入"进来,进而获得一种整全的生活经验与实践知识。可以说,知识从来都不可能作为一种学习、符号而直达学习者的头脑与心灵,脱离知识环境的关涉、承载与辅助,脱离人对环境的主动经历、试误,教学过程随时都可能被异化为一种生搬硬套式的"灌输"。这正是现代教学论极力克服的对象。让学习者尝试性地去探索教学环境,解开教学环境背后隐藏的"秘密",从他与环境的互动中生成经验,转变自身的经验结构,顺便收获知识的"红利",这才是课堂教学活动的重要使命。

其实,学习者亲历教学环境,参与教学活动的过程就是一个教学事件。在这场事件中,其主角是师生,其主题是经验的获取,其主线是知识的形成,其目的是拓展学习者改变、干预外界环境的能力。每一个事件都是"一个具体的行为,而素质、能力指的是行为方式,即在某种条件下以某种方式行

---

① 克努兹·伊列雷斯.孙玫璐,译.我们如何学习[M].北京:教育科学出版社,2010:19.
② 克努兹·伊列雷斯.孙玫璐,译.我们如何学习[M].北京:教育科学出版社,2010:102.

动或反应的能力、倾向、可能性或趋向性,它不是可以观察到的具体的行为、个别的事件。"①教学事件的表面是师生开展教学活动的"场面"与"景象",而在其背后却是学习者新素质、新能力、新经验的生成。学习者经历教学情境的形式是将自己"卷入"这场教学事件中,促使教学事件朝着有利于其身心发展的方向迈进。"'发展'作为一种开放的生成性的动态过程,不是外铄的,也不是内发的,人的发展只有在人的各种关系与活动的交互作用中才能实现。"②在教学活动中,学生发展的具体形式是在具体教学事件中与各种教学相关的人、事、物打交道,与其融为一体,最终实现自我发展与外部环境变化间的相一致与同步发展。

可见,教学活动中学习者与教学环境间的互动是一场事件。任何事件都是鲜活具体的,情节波澜、场景直观、人物具体、临场发挥是事件的要素与特征,事件发生的结果总具有一定的不可预定性,事件发生的过程总是充满各种变数。教学事件也是如此。课堂教学过程由一连串的教学事件合成,学习者正是借助教学事件来将其与教学环境关联起来的。在其中,学习者在参与环境的同时也推动着教学环境的发展与变动,开创着新的学习境遇与机遇,丰富着学习活动的内涵,实现着课堂学习的功能。教学活动其实就是朝向教学目标的一连串教学事件的串联与耦合,是学习者与教学环境之间多回合的相遇与交互过程。教学事件是刺激学习者个体经验的酵素。人只要被卷入教学事件,其人生经历中的几乎全部相关生活经验就可能被唤醒,迫使他在既有经验的基础上面对事件做出更为恰切、更加有力的反应与改变,最终导致新经验的形成与主体经验容量的扩充。从这一意义上看,教学活动的根本机理是"学习者""情境"与"经验"间的三体互动,整个过程都可以用教学事件来描述,都是以教学活动的形态来呈现的。进言之,学习者经历教学事件的收获是生活经验的改组与刷新,知识仅仅是这一"改组"结果的符号化呈现而已。

五、经验建构(Experience construction)

活动是学习者与知识环境交互作用的一种方式,是学习者亲历知识情境的行动,这一经历过程的直接结果便是经验、体验、亲验。其实,知识本身是"人类从经验中汲取意义或建构意义的结果",学科知识"唯有通过学生基

---

① 吉尔伯特·赖尔.心的概念[M].北京:商务印书馆,2005.140,151.
② 叶澜.重建课堂教学价值观[J].教育研究,2002(5).

于个体经验的解释,才能获得存在的意义"①。教学过程中,学习者要建构的生活经验主要包括三个方面,即认识经验、行动经验与精神经验(即体验),每一种生活经验的形成都能够影响学习者的后续经验过程,增加这些经验的内涵与意义,甚至干预学习者的学习方式。"学习的目的和报酬,是继续不断生长的能力"②,故"学会学习""学会认知"是学习者经验建构的根本目的之一。在教学环境中,学习者不仅收获认识经验,还要收获行动经验与精神经验。其中,行动经验能影响学习者应对知识情境的策略与方式,生活经验建构具有行动研究的性质,它能增强学习者对生活情境的掌控能力,而精神体验则是学习者主观生活世界必需的元素,精神生活经验是学习者情感、信念、理想生活发生转变的物质条件。三种经验的全面建构才是教学活动的本义所在。

在杜威的眼中,经验既是动词意义上的"经历",又是名词意义上的"经历";前者相对于"活动",后者则相对于"生活经验"。"经验包含一个主动的因素和一个被动的因素,这两个因素以特有的形式结合着。……主动的方面,经验就是尝试……在被动方面,经验就是经受结果"。③ 学习者经历知识环境的过程就是建构生活经验的过程,这才是学习过程的本真内涵,"人类透过经验直接学习的效果最好"④正源于此。在教学活动中,学习者经验的建构总是在教学环境与学习共同体中进行的:没有教学环境就没有学习者经历的对象,所谓"巧妇难为无米之炊";没有教师与学习同伴的参与,学习者生活经验品质的提升就变得很艰难,所谓"孤掌难鸣"。可以说,作为一种特殊的学习形态,课堂中的学习就在于它能够让学习者社群在问题情境与经验汇合中实现自我的解构、重构与生长。

学习中,人的经验的形成既是一种自然地发生与生成,又是一种自觉的转变与创造。一方面,学习者经历知识环境的过程带有一定的随机性,其生活经验的生成方向同样具有一定的偶然性。不同学习者哪怕是经历同一种知识环境,其所形成的兴奋点与兴趣点也可能是不一样的,集中体现在他们从同一知识情境中看到的问题是不一样的,由此导致他们身心上形成的生活经验迥异。"儿童与成年人一样,都在建构这个世界的'模型',以协助解

---

① 钟启泉."知识教学"辨[J].新课程(综合版),2007(2).
② 杜威.民主主义与教育[M].北京:人民教育出版社,2001:135.
③ 杜威.民主主义与教育[M].北京:人民教育出版社,2001:140.
④ 彼得·圣吉.第五项修炼[M].北京:东方出版社,2010:361.

释自己的经历"①,故经验生成总是一个个体化的过程。当然,由于个人经验结构不同,学习者在知识环境中形成的兴奋点不同,其对学习者个人发展的价值与意义是不同的,为此,教师的任务是要引导学习者把学习问题向更有意义的方向聚焦。另一方面,学习者在经历环境中也在创造着新的知识环境,进而推动着他们生活经验的自觉建构。学习者不仅可以根据自己的兴趣、价值与解释模型来筛选知识环境,还可以用自己的生活经验来扩充知识环境,甚至可以动手参与知识环境的创造,知识环境始终处于增生状态,故此,学习者从知识环境中获得的生活经验始终处于自主建构中。

在教学中,学习者经验建构的目的有三个:其一是实现自我与课堂环境之间的平衡。借助新经验的建构,学习者有效化解了教学情境中的种种"冲突"与"问题",要么获得了一种合理的解释,要么找到了应对这些冲突的策略。其二是实现了自我内部环境之间的平衡。随着新异知识环境的出现,学习者内部生活经验的平衡态被打破,迫使学习者重新调适自己的既有经验的结构与关系,使之处在一种更为合理的配置状态,努力创造一种新平衡态。其三是实现自我与外部环境之间的平衡。这一"平衡"体现在两个方面:一是学习者的生活经验总体足以解释外界环境中存在的"怪异"现象,最终达到"习以为常"的水平;二是学习者在教学中形成的新经验结构足以应对外部世界向他提出的种种实践要求,学习者在外部世界中能够达到"游刃有余"的水平。所以,教学活动的直接目的是促使学习者"经验的改造或改组",这一经验重组的最终目的就是实现学习者经验结构与各种环境之间的平衡。

六、知识生成(Knowledge generation)

在真正的学习中,知识只是教学活动的附属品,掌握承载知识的环境与经验至关重要,"为知识而知识"的做法与理念是教学过程异化的表现。正如杜威所言,"学校中求知识的真正目的,不在知识本身,而在学得制造知识以应需求的方法"。② 显然,相对知识习得结果而言,习得知识的过程与经验更重要,它才是学习活动的根本与关键。即便如此,现代教学也离不开知识生成的环节,只不过是知识教学活动的侧重点应该发生转变。放弃那种"知识中心""硬背强记""符号堆砌"式的知识教学方式是时代的要求,因为"如

---

① enny Leach 等,编.学习者与教学[M].香港:香港公开大学出版社,2003:20.
② 杜威.民主主义与教育[M].北京:人民教育出版社,2001:108.

果所传达的知识,不能组织到学生已有的经验中去,这种知识就变成纯粹言词,即纯粹感觉刺激,没有什么意义"。① 也正是如此,教学活动中知识应经历一个学习者亲验的"再生成",而非单纯的基于符号逻辑运转的"人为堆砌"过程。对教学过程而言,如果"效果关注"逾越了"结果(动词意义)关注",那么,教学活动极有可能异化为抽象的文字符号组织游戏,而不可能成为人间真知的全传递活动。"'效果'是依据客体标准对主体发展状态的描述,而'结果'是主体本身发展的终结状态"。如果我们"承认生命的成长走向结果,而不是一个外界承认的效果"②,就只能以"成长—结果"这一自然发展模式来解释教学情境中的学生发展过程,解释教学活动中知识存在的功能与地位,而不能以"评价—效果"的应试型知识教学模式来理解它,故教学过程的本体是学习者生活经验的持续与链接,书本知识只是其中的一个"结点"而已。在科学的教学过程中,知识只能是基于"环境传载、经验建构、行动实践"这一学习过程的伴生物;我们只能借助情境塑造、经验改组的渠道来影响知识生成的进程与方向,而不能直接舞弄知识、不问实践。知识生成绝非教学过程的终点,而是要提升学习者后续生活经验的品质,为他们经验的持续优化与改进搭建脚手架与立交桥。在教学环境中学习者生成的知识无疑是抬升学习者整个经验过程与经验结果质量的关键因素。所以,杜威更愿意把教学过程理解为"经验的改组与重组",这一"改组"的现实意义就在于"既能增加经验的意义,又能提高后来经验进程的能力"③。因此,我们也只有将教学活动中的知识生成回归到学习者生活经验的链环与世界中去才有谈论的意义与价值。

知识生成是学习者自觉反思的结果,人们认知世界的两种基本方式中,其一是外向式的,即"个体与周围世界的关系和实践性活动";其二是内向式的,即"个体与自我的关系和反思、重建性活动"。④ 学习者在直接经历知识环境时,建构的是直接生活经验;学习者在反思教学经历时会生成理性生活经验,即知识。对学习者发展而言,后者是派生性的、非根本性的,前者才是学习的直接目的,借助知识生成来改变学习者经验生活情境的方式与品质

① 杜威.民主主义与教育[M].北京:人民教育出版社,2001:158.
② 郭思乐.静待花开的智慧:教育是效果之道还是结果之道——关于有效教学的讨论[J].教育研究,2011(2).
③ 杜威.民主主义与教育[M].北京:人民教育出版社,2001:127.
④ 叶澜.重建课堂教学价值观[J].教育研究,2002(5).

体现着人类生活的反思性与进化性实质。当然,并非每个人在经历知识环境中都能够生成知识,都能把那些精华知识从环境中"剥离"出来,只有部分知识工作者,如教师与学者等则能够在语言符号的帮助下实现这一"剥离"工程,故教师的指导是教学情境生成知识的必需媒介。显然,教师引导学习者在反思中生成知识的目的不是要让他们熟记知识去应试,而是为了加深他们对生活经验的理解,为复杂多变的生活经验提供一条新线索与新视角,构筑学习者生活经验的网络,打通经验世界的深层关联。在学习活动中,知识的习得只起到一种"中转"作用,正如杜威所言,"知识的记录,本是探索的结果和进一步探索的资源,他们不顾知识记录所处的这种地位,把它看作就是知识。"[1]知识的价值从来都不是供实践者去直接使用的,它必须回归到情境,结合个体经历,重现为经验时才可能发挥其应有的价值。

进言之,知识是学习者反思的结果,绝非从外界直接向学习者头脑灌输的结果,因此,基于情境经验的"知识生成论"与基于概念抽象的"知识构造论"是直接对立的。我们需要知识,但这种知识一定是从环境中自然而然地衍生出来的理性知识,而非对生活经验进行"过度反思""过度解释"情况下产生的"知识符号"。生活经验一旦被抽象过度,其对生活智慧、鲜活体验与行动图式的承载力就可能下降,导致一种"纯粹知识"的产生。这类知识与其说是知识的"精华",倒不如说是一种毫无实践结合力的"知识废品。""知识是借助学习主体与环境的交互作用来建构的"[2],任何去环境、去经验性、去个体的知识生产实践都可能是在"发明"知识,而非"生成"知识。知识的形成是学习者既定的认知图式与多变的经验情境间的复合过程,它的形成不可能完全跟随人的意志而波动。在研究中,把握好反思的程度与角度,是现代知识分子创造知识的一种智慧;在教学中,坚持知识生成的艺术,维护知识的生成本性与生活属性,是现代教师教学艺术性所在。作为教学过程的最后一个环节,知识生成是链接学习者的情境、经验与认知的重要环节,是把教学活动推向高潮的关键一步!

---

① 杜威.民主主义与教育[M].北京:人民教育出版社,2001:157.

② 钟启泉.为每一个学生的成长而教——基于"学的课程"的教学设计探析[J].北京大学教育评论,2009(3).

系列博文精选:我的高效课堂研究足迹
(http://blog.sina.com.cn/u/3115812775)

NO. 1

时间:2013 - 07 - 21   感源:咸阳市秦都区专题报告

1. 学生是高效课堂的主人,学习是高效课堂的"效源",教师是高效课堂的关键!

2. 瞄准"十环"(即核心知识)开始打靶的教师才有可能品尝到"高效"的硕果,否则,你只会制造教学的垃圾,制造作业的负担。

3. 哪怕是您在非核心知识教学上多花了 1 秒钟,您也会相应在核心知识教学上减少 1 秒钟的教学效果。

4. 效率比效果更重要,效率才能体现优秀教师的真功夫!

5. 对学生学习而言,想学比会学重要,会学比学会更重要!

6. 对教师教学而言,您的教学魅力与教学实力同等重要,抓住学生的兴趣点是教学生效的首要条件。

7. 结论取向的教学把小学生的学习搞臭了,把学生的学习兴趣泯灭完了,不随意给学生学习的结论,哪怕是学生的正确答案快到嘴边了,教师也不能随便说出答案,因为只有让学生收获"结论"的硕果才能让学生收获更多的学习快感,分享学习的成就感与幸福感。

8. 教师,你以为自己了不起吗,实际上,就你我的智商,与学生相比,我们都自惭形秽,因为学生的学习力太强大了,我们成人没有办法与他们比拼。相信学生的学习潜能吧,把知识直接交给孩子,让知识直接与孩子会面,让我们甘愿担当起小学生的学习助手或小秘书吧。

9. 学生的最好隐喻是智慧与潜能的"爆破筒",而非灌输知识的"容器"!

10. 老师们,别忘了,如果学生不想学习知识,你教给他的知识会从他们的大脑中挤出来的。

11. 学生不会随意需要"教师"这个知识的"媒婆",只有在他消化不了新知识的时候才呼唤教师"媒婆"的介入,切记:要让教学产生高效的原则是教师绝不随意打断学生的学习活动,不随意扼杀学生的学习机会,不随意插足学生的学习活动。

12. 真正的精讲多练是什么? 就是在学生围绕新问题做了充分的准备与预热,并且抓住了新问题的实质、百思不得其解的时候,此时教师才可能有精讲的可能与机会。学生没有围绕知识兜够圈子,教师的精讲不可能达到"火候"!

13. 教学的实质不是"教学",不是"教师把学生教着学",而是"学教",即在"学生学习达到了一定温度基础上进行精辟点破"。

14. 教,并非学生学习的必需品,而是一个添加剂,教的介入能够大大提升学习的效能与水平。

15. 学生的大脑注定只有一个固定的内存,记住了次要知识,核心知识在脑中就没有自己的贮存空间了。

16. 高效课堂没有固定的样子,想用"自主学习、合作学习、导学案、课堂展示、即时评价、教学模式"给"高效课堂"画像、定型的人是最卑劣的教学改革者!

17. 真正的教学改革需要自己给自己量身定做一套属于自己的衣冠与鞋子,否则,你就可能成了邯郸学步,得不偿失。

18. 即便是再好的教学模式,那也只是你初学阶段的桥梁,绝不可能成为你一成不变、坚守一生的模式。模式在变通、重组、修改中方显活力,持续存在!

19. 高效课堂就是能够又快又好地达到预定教学目标的一节课,就是学生学习量最大化、最优化的一节课,就是教师尽可能让学生自己去主动学习知识、应对问题挑战、领略学习快感的一节课。

NO.2

时间:2013 - 07 - 28   感源:咸阳市秦都区专题报告

1. 学生的学习就像你吃饭一样无法代劳,老师对学生学习该干些什么呢? 无非是助学、激励与辅助而已。

2. 不要相信孩子的知识都是从老师那里来的,实则都是他们自己建构的,是他们在自己的学习环境与学习经验中建构起来的,教师只有参与到他们的学习环境与学习经验形成过程中才可能影响、促进、加速孩子们的学习。

3. 什么是效果？效果不仅仅是指成绩，更是指孩子持续学习的热情与动力，指学生想独立承担起学习责任的欲望，这才是最重要的教学效果。"近视"的老师把成绩当作"效果"，"远视"的老师把想学当作"效果"，"中视"的老师把学生学习成功当作"效果"，看的远近不一样，追求不一样，对学生学习产生的效果也就不一样。

4. 高效课堂是学生的"学堂"，是学生的"讲堂"，而非教师的"教堂"，更非扼杀学生创造力、学习力与成长力的"地狱"！

5. 你想让你的课堂高效吗？没有其他秘诀，就是让孩子们在课堂上多一点思考的机会，多一点练习的机会，多一点自主的机会，多一点探索的机会！没有学生的身心"在场"与大脑"体操"，何谈教学的效果！

6. 学习，是学生与知识相遇的机缘，如果老师要强插一脚，学生能够直接与知识会面吗？学生不与原生态的知识会面，不对之展开探索与发现，如何培养学生的知识消化能力与学习新知的"胃口"！

7. 能力，是从哪里来的呢？不是在知识"指令"下自然生成的，而是在问题探索中自觉形成的。作为智慧的教师，它一定会给学生创造许多需要学生自己去"啃"知识的机会，而不会千方百计地用现成知识去"喂"学生。能力是学生"啃"出来的，不是教师"喂"出来的。经过学生自己胃口的知识会伴生着能力，直接进入学生胃里的知识不会有真正能力的产生。

NO.3
时间：2013 - 07 - 28　　感源：铜川市印台区专题报告

1. 讲得细，不一定会取得好的教学效果，因为教师低估了学生的学习能力；讲得全，不一定会取得好的教学效果，因为教师剥夺了学生的学习机会。教师的教学艺术在"讲"与"不讲"之间得到最大程度的体现。

2. 高效课堂的真谛在于为教学的"实效"而奋斗，而改进，其他一切都是无关紧要的，因为高效课堂改革从没有经典、权威、法定的形式。

3. 都说高效课堂的关键关节是多了一道"教学效能检测"环节，但问题是：短效可以检测，长效、隐效根本无法检测到。追求教学的长效与高效才是高效之"效"的全部内容。

4. 高效课堂改革的最可怕之处是许多学校试图用"高效课堂参观"方式来谋取利益，这种做法只会把全校师生拉上"高效课堂改革"的战车，师生终将疲惫不堪!

5. 既然高效课堂改革没有经典样式与权威模板,那么,每个教师都有创造属于自己风格的高效课堂样式的权利与自由,谁说高效课堂改革必须要有模式呢?

6. 高效课堂改革的主角是学生,主题是学习,主导是教师。别忘了,教师始终是高效课堂的配角与导演,它永远不可能代替学生的学习活动。

7. 在高效课堂改革中,学生不是受众、观众、听众,而是个性化的学习者,只有将教学的触角延伸到每一个学生的最近发展区与心田中去,教学的真正高效才可能出现!

8. 教师既没有三头六臂,也不懂"分身术",要提高教学的效果,教师就必须借力学习小组组长,借力学生助理,经由他们来放大自己的教育影响力,实现课堂中的"分身"。

9. 高效课堂改革不仅仅是教师的事情,课堂上的事情,实际上,政策环境、同事建议、校长支持才是真正制约教师高效课堂改革步伐的因素。

10. 高效课堂改革的两条评价标准:一是学生是否真正体验、亲历到了学习过程;二是教师是否真正做到了彻底清除"不该讲"之"讲"!

11. 高效课堂改革最需要的东西是什么? 是学生的学习欲,是学生打开的心灵与大脑,这才是真正值得教师去思考的事情。

12. 高效课堂改革的诸种流行"范本"是制约教师创建个性化高效课堂的主要屏障,哪个教师能够跨越这道屏障,高效课堂改革的春天才会到来!

NO.4

时间:2013 - 09 - 01　感源:新疆国培班专题报告

1. 课堂生本化、教学低重心、学习最大化是高效课堂改革的精神实质。

2. 教师的课改创意非常关键,校长应该是课改创意的收集者与整合者。

3. 校长的执着、坚守、信念是高效课堂改革成败的关键。

4. 好校长是高效课堂改革的擎天柱与顶梁柱,好学校、好课堂是校长精心、悉心经营出来的。

5. 高效课堂改革的关节点是提高教学效率,创造促进学生"三学"意义上的教学效果。

NO.5

时间:2013 - 10 - 19　　感源:安康平利专题报告

1. 学员的支持决定着报告的效果,可谓"教师上好课,学生自己有责",好课是师生的共同创造,学生的鼓励、支持、呵护尤其重要。

2. 高效课堂是"高效率课堂"的简称,教师授课艺术体现在增大学生有效学习量这个分子,减少"无关消耗"这个分母,高效课堂改革是四道加减法算术题。

3. 高效课堂改革不仅仅是教师课内的课堂结构改革问题,更是学校教学文化、领导文化、社会文化的系统化参与变革过程,单单依靠教师自己的力量来改革,改革的力度太脆弱了!

4. 教学名师的课堂教学示范一定是建立在授课教师自身的批判性接受基础上的,否则,以"名"压人,以"势"压人,以"权"压人,都只会抑制课改的活力与生气。

NO.6

时间:2013 - 10 - 24　　感源:新疆国培班专题报告

1. 高效课堂改革的科学思路应该是:"自学—问题—讨论—展示—点拨—小结",这一教学思路符合学习规律。

2. 高效课堂改革必须遵循三大学科智慧:伦理学规律、心理学规律与组织学规律。伦理学强调:为学生学习注入一股正能量,让学生"越学越想学";心理学强调:让学习活动顺利地发生,让知识、技能在经过学生感官与大脑时被"留"下来;组织学强调:教学活动必须建基于科学的组织形式之上,形成学生间的竞争态势与互动路径,构建信息、情感网络式回路。

3. 高效课堂的核心特征是效率,而效率的产生源自教师坚持一条教学思路:"把最好的教学成本——时间、精力、智慧投放在最关键的教学环节,最重要的教学内容上。"高效课堂改革是一次知识重点与教学消耗之间的匹配艺术。

4. 闷着头教书的老师,不会走捷径、抄近路、找轻便的老师,不是一个智慧教师、聪明教师!

NO.7

时间:2013 - 12 - 08　　感源:大荔同州中学专题报告

1. 基于核心知识的高效课堂改革应该关注两个问题:核心知识的整合与分流问题。前者的任务是打通核心知识的脉络,后者的任务是推进非核心知识与核心知识间的分流,共同目的是提高课堂的效能。

2. 高效课堂应该是以学为本的课堂,教师、知识对学生的吸引力至关重要,好教师是"吸引"着学生奔向学习活动的诱饵。

3. 高效课堂追求的"效"是绿色之"效",是可以持续、持久的"效",而非短期之"效"。长期之"效"、全面之"效"只有在原生态的"学习"中去实现,而非教师看管下的"被学习"去实现。

4. 自主学习是合作学习的打底过程,自主学习不到"聚焦核心知识的问题"水平,千万不能随意转向合作学习,否则,只会导致形式化的合作学习。

5. 合作学习的关键路径是小组内部的文化、制度与关系建设,这是一个漫长的过程,理想的高效课堂改革必须逐步推进、稳扎稳打,而不能一下子全面铺开,运动式展开。国人当前太热衷运动式的高效课堂改革了……

6. 当代高效课堂的关键是:教与学的整合与配方!

NO.8
时间:2013 - 11 - 03　　感源:城固县专题报告

1. 课改理论讲座必须配合同课异构的实践才能达到教师课改理念吸收、转轨的预期目的,课改案例是吸收新课改理念的必需溶剂,高效课堂改革的理念在实践中扎根需要课例的现场点评与配合。

2. 校长的课改理念至关重要,校长的理论修养、专业精神与课改支持力度对于学校发展而言意义重大,诚如有学者所言,一个好校长,就是一所好学校。

3. 两点深刻体会:教师"知道该教什么"比"该怎样教更重要";学生"想学"比"学会"更重要。

4. 让教学与学生思维同步是教学效能提高的关键;实现四个"对接"是教师教学效能产生的根源,即"教学与学生知识基础对接""核心知识教学与学生心理兴奋点对接""教学与学生生活世界对接""教学节奏与学生思维节奏对接"。

5. 评价一节好课的三大标准:教与学、讲与练之间的比重;教学是否做到"形散而神聚",即"围绕核心知识问题来旋转";学生思维的深度与突破。

6. 好课不能只来"干货",即纯粹知识、技能,而要来点调味品,如故事、例子等,它们是溶解知识点的重要溶剂,不经历这些"溶剂"溶解的知识,学生既难以消化,又不愿意消化。

7. 学生学习有两种形态,即"显学"与"潜学",即便学生身体不动,它的心、神只要动了,整个学习活动也在进行,有时让学生"安安静静"地上一节课,学生的思维旋转可能更为高速。

8. 数学教学的四大元素——思想、思维、练习、问题,离开了这四大元素,数学课堂教学就难以达到一定深度。实际上,数学思想才是解决数学问题的"秘密武器",但这个武器必须融渗在数学例子当中。

9. 好教学应该达到"四度",即练习的密度、知识的浓度、情感的强度、核心知识的准度。

10. 最有效、最高效的学习是"研学合一"或"演学合一"。

11. "翻转课堂"理念异常高明,我希望各位老师要深究,这一课堂理念很有可能刮起中国基础教育课堂改革的"第二轮旋风"。

12. 模式化、套路化的教学改革理念是绝对不可行的,新老师可能需要一个起点模式,但更需要的是一套科学的理念,尤其是最有效、最科学的理念。

13. 幻想教学评价,如"三维评价"可以脱离知识教学的过程与结果,那简直是痴心妄想,毕竟任何方法、情感、价值观的评价都只是知识教学过程与结果的隐性承载物。

14. 让学生直面原生问题是实现"立体学习"的唯一出路,这样才可能让学生既收获知识和方法,又收获态度和学习意义。

NO. 9

时间:2013 - 11 - 23　　感源:中国教育学会第 26 届年会分论坛报告

(一)如何对待高效课堂改革中的"模式"

1. 每种教学模式都是有生命周期的;

2. 每周模式都只有固定的潜能与内能,用完之后就要"耗散""衰竭";

3. 教学模式有大小之分,接近理论的属于"大模式",接近实践的属于"小模式";

4. 教学模式的显示度是有限的,不能过于形式化;

5. 教学模式只能在有限条件下适用;

6. 教学模式是有弹性范围的;

7. 教学模式不能被过度使用;

8. "没有教学模式"比"有教学模式"更可怕;

9. 模式都需要及时补偿与回馈;

10. 只存在起点模式,不存在终结模式;

11. 模式是好理念的化身与引子,是好案例的胚胎与基点。

因此,每一种教学模式是有形与无形、定形与变形的统一,是形成、建构、探索中的模式,是一种需要坚守与批判的模式,是具有时效、空效(特定空间内有效)、人效(对特定人群有效)的模式。

(二)如何继续执行高效课堂改革

1. 敢于坐"冷板凳","死守课堂",要耐得住寂寞;

2. 要有长期蹲基层的精神,不要在改革还没有成熟时就急于收割;

3. 要形成系列化的高效课堂改革成果,让一线教师与学校看到课改的"显效"与甜头;

4. 改革失利时不要首先责怪校长不行、体制不行,这些都是自欺欺人的表现。

(三)高效课堂改革理念改进的方向与思考

1. 要做出成功的课改案例。

2. 要突破改革的困境:要相信,没有多少校长会轻易相信一位副教授的"驾驭课改的能力",即便他已经做了许多;要明白,一般教师不会轻易被别人的改革理念所说服,因为他们对自己非常自信,即便知道了自己过于自信的缺陷;要清楚,教师向专家开口要的是"怎么做",而非"为什么",而非"你自己的改革美景"。因此,改革的成功必须首先"说服教师",其次才是"抛出好理念",最后才是"合谋找方法"。

3. 要找到课改与课例之间的结点,让教师在课例中悄然接受新理念的浸染。

NO.10

时间:2014 - 03 - 12　　感源:西安 31 中专题报告

1. 高效课堂改革的难题:如何看待模式、展示、群学、因材施教、学习动力、导学案等问题。

2. 高效课堂中,教师主抓的是课堂教学的知识点、技能点与素质点。

3. 高效课堂借鉴成功的秘诀:把握好外来模式与自身的适切度与自身对该模式的创新度,二者兼顾才可能保证好改革讨论的顺利迁移。

4. 课堂教学改革的限度:无法逾越人的自然成长规律,无法改变人的天赋。

5. 高效课堂的能量库是学生的德育。

6. 高效课堂的具体任务可以归结为一句话:帮助学生落实学习的任务!

NO.11

时间:2014 - 06 - 20   感源:陇县调研与专题报告

1. 要么做第一,要么当唯一。这是高效课堂改革者应有的实践意识。

2. 高效课堂的三阶段推进思路:实效课堂—高效课堂—特效课堂。与之相应,高效课堂模式的探索也必须经历"三步走",即"入模—建模—出模"。

3. 高效课堂何以成了"注水肉"? 其实,当代国内高效课堂最为失败的是:重视了课堂结构探索却忽略了教学内容的发掘与精细处理,核心知识剖析理应是当代高效课堂改革的新切入点。

4. 高效课堂的核心难题是展示,展示的多样化是后续探讨的方向之一,即分层展示、轮流展示、递进展示、促优展示、激励展示等才是展示研究的考虑思路。

5. 预习、展示、合作、评价、主导、(教师)"减负"是高效课堂改革中面临的真正瓶颈。

6. 按照教学进程来看,设计好"三案",即"预学案、导学案、训练案"是全程配合高效课堂改革的学案改进思路。

7. 从学生反馈的信息看,高效课堂改革势在必行,课堂教学已经难以回到从前了,因为学生不答应!

8. 传统课堂的隐形复辟,高效课堂创新模式的迅速失效,教师负担的增加,应该是高效课堂改革面临的大问题。

9. 高效课堂模式的普及与学科特色消失、学科味的消弭,是高效课堂模式化改革必须思考的问题,教师必须对此有充分准备。

10. 基于经验,一线高效课堂改革的大致方向是:教学目标可测化、教学内容核心化、教案设计线条化、教学模式学科化(大模式 + 小模式 + 创新点)、课堂操作细节化、教学环节灵活化(可增删、可强弱、可变形、可扩张),以此找到高效课堂改革的具体行动切入点。

11. 高效课堂的大致教学设计思路之一可能是:"情境创设—生成问题—学生尝试—合作研讨—教师点拨"。

12. 怎样点拨才省时间呢? 这是高效课堂改革者都会面临的问题。我们的回答是:预热到位时,学生深陷问题情境时,点拨才可能一步到位、省言少语。

NO. 12

时间:2014 - 07 - 02   感源:陇东学院与庆阳一中专题报告

1. 教学效果的关键是看学生的"三应",即身体的反应、心灵的感应与学习后的长期发展效应。

2. 在教学"效果"界定上,一定要分清两种效果——"育人"还是"育分","素质"还是"知识","可检测之效果"与"不可检测之效果"。

3. 高效课堂改革的稳步推进大致可以按照:"合作学习习惯培养"—"尝试课堂展示"—"全班逐步介入"与"成功高效课堂改革实验班打造——一个年级或学科高效课堂改革模板打造—全校各学科课堂改革收获硕果"这一逐步推进思路展开。

4. 高效课堂改革中需要模式,但模式的选择取决于一系列变量,如学段、教师、学生、学科等变量,模式选择的公式是 f(模式) = kx(学段、教师、学生、学科……)

5. 高效课堂抑制了教师主导功能的发挥,抑制了教师教学风格的形成,的确值得关注,但只要学生能够学懂、会学,教师牺牲一点风格值得!

6. 在课改中,或许应该重新定位展示与合作的功能,"展示出精品、合作求平衡""展示突破难点重点""合作促进成果交流",应该是一种解决思路。

7. 让学生获得自主学习的权利、机会与责任,为他们提供优质的学习服务,是高效课堂改革的重要关注点之一。这一点可能是准确定位师生关系、教学关系的认识支点。

8. 二中张老师的数学课教案设计应该说具有一定的典范意义:其一,每个环节都有一个有趣的活动标题,有助于稀释数学课的抽象性;其二,对教学重点进行了预设,其实是预设了学情,教学能够指哪打哪;其三,合作探究与自主探究按照"学法导引—探究问题—学习札记"来设计,很有科学性;其四,把自学教材列入学案内容,很能体现我所倡导的"啃生"理念;其五,学案中的"自学 + 提问""对学 + 解问""群学 + 展示"很有原创性。

NO. 13

时间:2015 - 06 - 15   感源:美国访学感悟

学生之"教",能否成为一种教学的手段

近期,一篇学生博文颇令人震惊:学生怒斥一位大学教师的授课中近一半是学生自己讲(presentation),而老师仅仅给予点评,随之给出一个推论:

这种课堂不值得他去上！读后感触颇深，学生"讲"的课难道就不值得学生去听吗？似乎，在我国大学师生之间、教学之间还存在着诸多误区与隔阂，其中，学生之"教"能否成为教学活动的一种手段，无疑成了大学教学中令人纠结的一个环节，成为该争议中的一个焦点。愚以为，大学生对大学课堂的抨击根源于自身对教学理解的滞后，根源于对"教课"之强大"促学"效能的漠视，"生教"入"教"（大学教学）是现代大学教学进化的现代化成果，其合理性自不待言。

首先，"教学相长"之古训由来已久，其中蕴含的教育哲理颇为深刻，从中我们可以演绎出三条学生的日常学习之"道"：做中学（learn by doing）、听中学（learn by listening）与教中学（learn from teaching）。进言之，做、听、自己去教是学生学习、教师学习的三条基本途径，尤其是在国外大力倡导 PBL（problem – based – learning）学习（基于间式"句"）、AL（action leaning）学习行动学习与 PL（participatory learning）学习（参与式"句"）的背景下，融"生教"于学，融"生教"于教，以"生教"促学促教似乎已经成为当代教学不可逆转的态势。在国外，"生教"的典型形态就是学生做 presentation；在国内，"生教"的典型形态就是学生登台授课，即 student – lecturing。进言之，既然"教学"可以"相长"，那么，其必然隐藏着四重含义：教师的"教"可以促进学生的"学"，学生的"学"也可以促进教师的"教"，教师的"学"可以促进学生的"学"，学生的"教"也可以促进学生的"学"。可能，利用学生的"教"来促进学生的"学"是教学相长的固有含义之一。古人云："学，然后知不足；教，然后知困。知不足，然后能自反也；知困，然后能自强也。"此教学原理既适合教师，也适合学生，让学生在"教"中感受到"教授"之难，感受到"知识"之难，无疑有助于引发学生的两方面学习行为：其一，更加理解教师的教学工作之"苦"，之"复杂"，进而更加珍惜听课的机会，更加尊重教师的教育劳动成果，更加佩服教师学艺与教艺的高明，岂不美哉？其二，更加理解知识的深乎其深，毕竟"要给学生一碗水，教师要有一桶水"，要准备一节课是对教者知识极限的一次挑战，是对其知识高度与深度的一次自我拓展、自我挖掘。显然，一次 presentation 能够让学生体验到探究性学习的全程，体验到一次知识拓展的有趣旅程。这种收获，比"坐着听"，比"只带耳朵进课堂"无疑要更来劲，更有趣 1000 倍！

其次，学生的"教中学"是一次真正意义上的主动学习、积极学习、探究学习与自我导向的学习，此类学习要比静听式学习获得更多、更大的学习收益。在这个学生主体意识剧增的教育时代，在这个学生评判意识飙升的教育时代,教师有时无法轻易遏制学生探究、辩论的"倔劲",更不忍心轻易打击学生的部分"歪门邪道"的"创意",或许,让学生去讲一次"课",去迎接一次其他同学的口舌之战,他可能才会真正明白一个道理:科学的创造、划时代的创意、石破天惊的创造都是在科学规则的轨道上前进的,只有入轨、入流、入时的创举、创意与创劲才是开启人类高科技之"门"的一把钥匙,任何无端的猜想与思虑都只能进动画片、科幻片,始终无法改变脚踏实地的现代科学足迹。每一次创造、创举都是对人类所有知识边沿的一次梳理与触摸,不站在这个边缘上的一切 ideas 都可能成为无稽之谈或天方夜谭。只有让学生去"讲"一次,他们才可能知道真正的知识是天外有天、天高地厚,才可能真正明白知识探究"上不封顶"的真理,才可能真正叹服自己知识库存的肤浅与思维的简陋。或许,只有这种途径才可能教会学生一个道理:只有认真地学习才是通往科学顶峰的唯一坚实路径,只有不断地进行课外拓展才可能减少自己知识结构中的"黑洞"!这些学习与收益恐怕只有诉诸"生教"才可能完成,因为学生早已经不相信教师口中抛出的治学、笃学的"大道理",大学生最相信的是自己,是自己在与知识相会、相遇中体验到的知识对其本人智能、思维、认知的"发难"与"挑战"。

　　知识的神秘不在于学生没有学习它,而在于隐藏在其背后的强大知识网络与智慧链接,在于沉睡在人类一丁点知识发现中凝聚的诸多科学精英血汗的结晶体。让人类真正骄傲的正是这些闪烁着人类灵光的智慧精华,学生不去深究,不去发掘,又怎能知道人类知识中的真正骄人之处呢?不知者自大,探究者知愚!或许,要让学生全面接触科学知识背后的动人故事,我们只有让学生亲自去"讲",亲自去备课,亲自去检索知识的来龙去脉才可能实现。其实,作为大学生,这些事情完全可以胜任,或许,在大学教学中,这些"备课"之类的前期工作是最有价值的一种深度学习,它理应交给学生自己去完成。在中小学,教师给学生"喂"知识;在大学,学生要自己去"淘"知识。这正是大学之"教"与中小学之"教"的根本差异吧!进言之,大学之"教"的主体是学生之"教",教师只是学生之"教"的点评者与掌控者而已。大学的本意是"学园"(academy),即师生共同的研讨,师生相互之"教",为什么学生就没有向其他同学"授课"的义务呢?

　　最后,当代的大学教育学不应该是大学教师"独享"的教育学,它必须被公之于众,让学生清楚自己教学设计的科学性与合理性。从博文作者,作为一名大学生的口中,我们足以看到大学生对当代先进教学理念认知的粗浅,看到大学生与现代教学改革要求间的距离,可能,他们的这种大学教学观还停留在"原始教育学"的水平上。在他们眼中,只有教师滔滔不绝的讲授才是大学课堂的正宗版本,其他大学课堂版本都是末流,都是旁门左道,都是教师的一种"应付教育学"。其实,真正迂腐的大学教师才不会去如此认真地组织学生去做 presentation(展示),因为他只能照本宣科,其大学教育学理念还没有达到放手让学生去做 presentation 的境界,他的整个教育思维已经被传统教育学所禁锢。试问,这种大学课堂大学生能忍受,能买账吗? 照样不能。最优质的大学课堂在于它为学生才能、才华、才艺的展示提供了足够开阔的舞台,在于它为学生塑造课堂提供了无限的空间,在于它给大学生提供了更充足的"发声"机会。想想,让学生在课堂上去演讲,让他们去扮演一次"主讲"的角色,难道不是对学生学习权利的一次最大化尊重吗? 那种大学教授一言堂的时代,那种规矩规整的大学课堂,早已经不适应"创造力主导"的新时代,早已成为大学生诟病的对象,如若让大学课堂重回古希腊、古罗马时代,让高等教育重走"复古"的轨道,那么,可能高等教育的改革业绩真的会走向清零。优秀的大学生不仅要有"学养",更需要一种"教养",一种对理想教学形态追索探寻的"教育素养",可以想象,没有这种"教养"的同步提升,大学课堂教学改革可能遭遇最大的瓶颈——学生不认可的瓶颈。作为大学教师,不仅要让学生知道最好的学问是什么。最好的能力是什么,更要让学生知道最好的教学是什么? 学生的教育素养决定着大学教学改革的底线,一切生效的教学改革只能在对学生"教养"的最近发展区内徘徊,只有对学生"教养"的迈进,才可能帮助大学教学改革真正解围、解套,真正打破大学改革的"瓶盖效应"!

在知识民主化的时代,为什么不能有更多的大学生走上讲台,向全班学生一展他的个人风采、学识修养与学习水平呢? 学生的每一次上台展示的不只是他个人的知识水平、专研能力,更是他全面个人修养的立体展示,是系统评价大学生的自我推销能力、全面教育素养、演讲辩论水平的一次实践、一次检阅,每一次登台亮相给大学生带来的是综合素养的大发展、大收获! 如果我们封杀了大学生上台展示的机会,大学可能真正会成为阻滞大学生迈向卓越之道的绊脚石。人的成功是对人的各种素养、能力与变量的一次综合组配,仅仅靠学识,靠能力是远远不够的,而面对面的沟通能力更可能是大学生在职场出奇制胜的法宝。显然这种沟通能力培育的最好舞台正是一次次大学课堂中的展示与授课!

总之,"生教"能否融入大学课堂是对一所大学师生"教养"的一次考验与测试,是对大学生学习之"道"的一次挑战与评估,是对大学作为"学园"

本质的一次重提与强化！可能，"生教"入"教"（大学教学）看似是对大学教育责任的一次放弃，对人间教育常理的一次违背，对大学教学常道的一次颠覆，但从教理、学理角度看，这无疑是彻底改变中国传统大学景象的一个契机，是重塑大学教学景观的一种行动！

NO.14

时间：2016－09－08　　　感源：偶生感悟

1．"教学"是一个事物，即"教—学"，是一个事物的两个方面，其存在的生命是教与学、师与生之间的关系、关联与化合、共生，单单"教""学"分离、分立的活动不能称之为教学，教学活动的收益在学生最近发展区内实现，即在学生发展可能性内让"教"的活动释放其内能与潜能。

2．教学活动的意义与价值在于：在课堂上激活学生的灵光闪现，捕捉住学生的每一点灵光，将之放大、扩展、强化，成为在学习共同体内可分享的生成性课程资源，此所谓共生。

3．课堂上，教师的功能在"激"，即激活大脑、激励情感、激发创意、激动人心，让每一个有创意的心灵联网，让每一点创意得以呈现，让每一点灵感找到释放平台，这就是教师的职能。

4．现代课堂上，教师的职能主要不是知识技能的传授，而在于其能否成为学生的"学习者表率"，而不仅仅是人格的楷模。

5．教学活动中，"教"存在的意义是给予学生以各方面的援助，如信息援助、课程援助、热情援助、精神援助、方法援助等。

NO.15

时间：2016－09－25　　　感源：省人才交流中心专题报告

1．最有效的学习方式是：合作学习、PBL 学习（基于问题的学习）与基于错误的学习。

2．高效课堂改革必须分三步走：其一，基于学习活动发生的有效课堂；其二，基于科学模式借鉴的高效课堂；其三，基于实践创新的特色课堂。

3．高效课堂改革的关键是"精准教学"，即精准对准学生学习遭遇的问题；精准对准课堂中的核心知识；精准对准学生的学习兴奋点。

4．高效课堂的理想境界是打造量身定做的个性化课堂，其中，"个性的课堂"就好似给人裁剪一套合身合体的衣装。

5．最合身的学习方式是学生自己学习中建构出来的学习方式，教师的引导很可能使学生偏离了自身的合适学习方式,这就需要教师在教学指导中做到两点:其一是"尊重",即尊重学生的主体性,尊重学生的兴趣,尊重学生的学习方式等;其二是"顺势",即顺着学生的性子、学习势头、成长态势来开展教学活动。

6. 什么是"教学"? 其实是"教在学中",是"边教边学""有教有学""教、学共在",倘若理解不透"教学"这个词汇,课堂教学的奥秘就无法解开,教学改革的方向也就无从得知。

NO.16

时间:2016 - 09 - 28   感源:内蒙古课博会

1. 高效课堂做课的三重境界:一是仿形,二是真做,三是创造。在仿形阶段,只见表演而不见实质,只见形式而不见真形,其标志之一是"学生在课堂上念叨着'言不由衷'的话"。在真做阶段,学生学的是干货,教师做的是真导,问题的生成、效果的呈现真实、自然,课堂中一点假象都没有,毕竟观课者的眼睛是雪亮的,真课与假课逃不过观课者的"火眼金睛"。在创造阶段,学生能迅速进入课堂情境,教学迅速进入实质内容,学生学习活动很快进入创造性编题解题(如数学课)与创造表达写作(如语文课)阶段,课堂上在学生创新环节上顺带帮助教师实现了教学方式创新。你上完一节数学课后学生敢自主编题考大家吗? 学完一篇课文后学生能够自己吟诗作赋吗? 如果能够,标志着你的教学进入了创造的境界。在课堂上,学生能够创造性地学习,教师的教学必然进入了"教学自由""艺术创作"阶段。

2. 课堂中如何处理好自学、群学与展示的关系,我的观点是:自学是学生百分之百的学习,是学习获得率最高的教学活动,是孕育学习问题的温床,但容易偏离教学的目标;群学是学生学习深刻度最高的教学活动,是最能突破学习问题瓶颈的学习活动,但只能在自学问题产生后进行,只能在核心知识问题探究中使用;展示是学生学习活动含量最少的学习活动,因为它只是学生学习效果的反馈校正工具,只是学生学习动力的强化手段,如若"展示 > 自学 + 群学",这堂课一定是失败的。因为,在学生没有充分学习与讨论之前就匆匆开始展示,进入"结果"(动词)、"收获"阶段,教学活动要去展示什么学习结果呢?

3. 教学的实质是"导学",但高效课堂中导学的主要手段是"评价",如何实现"评中导",实现对学生学习的精准评价,让评价成为学生学习方向的导航者,成为学生学习动机的刺激者,成为学生学习活动的促进者,的确是一个真正需要研究的问题。高效课堂应该以"评"代"导",实现评导结合、评导互促,努力构建"评"多于"导"的课堂,这才是高效课堂改革的枢纽行动环节。

4. 高效课堂的三大攻坚环节:一是"强力",即增强学生"学"的动力,增强教师"改"的动力;二是"实学",即让学生学得实在而有效果,不至沦为课堂展示的附庸;三是"善展",即让展示成为提高学习深度,肯定学生人性,反馈学习结果的亮点环节。我相信:这是高效课堂改革的深水区。

5. 关于展示,初级阶段高效课堂的关注点是按照课堂常规进行展示;中级阶段高效课堂改革的关注点是:展示有形,展示有声,展示有情,展示有物,展示出彩,甚至包括展示出错,展示离谱等,利用错误资源来提升课堂研究的热情与水平;高级阶段高效课堂改革的关注点是展示出奇、展示尽情,课堂展示成为学习者由衷、自然、自由、创意的表达方式。可以想象,一旦展示中有了学生自己的声音,有了学生想象的空间,有了学生自己的经验与想法,这种高效课堂自然有"神"了!

6. 今天,我有一个观点,教师只有达到"悟道"的水平,达到品评"课道"的水平,才可能真正超越模式,超越经验,超越凡俗,超越常规,实现智慧、艺术、自由的教学境界。否则,一味固守现成经验与方法,停留在复制粘贴的水平,高效课堂改革可能了无生机,走向沉沦。课道,是教学模式的润滑剂,是教学创新的高营养品,反思经验、揣摩课道是高效课堂改革创造名师的必由之路,特请各位教师三思!

NO. 17

时间:2016 - 10 - 05　　感源:偶发感悟

1. 课改创新与应试成绩间的关系是当代课改必须面对的一道难题,合格教师善于找到二者间的共赢点、兼容点;好教师则善于找到二者间的结合点与共生点,激活其内在的爆破力与联合的内生力。如果教师课改仅仅停留在平衡与弥合矛盾的水平上,那么,这种课改行动仅仅是为了应付学者的责难,而非为了实现教学活动质的突破。进言之,真正的课改不会按照专家的授意去进行,而是按照教学活动的走势去推进。

2. 为何展示与合作会成为课改的难点,究其原因,不是因为其做起来太难,而是因为将其实质化太难。在高效课堂实践中,我们在展示与合作中见到的表演太多太多,以至于鱼目混珠地将教学中的展示与合作简单化、表象化、程序化、操作化。有魂、有实、有神的展示与合作是什么? 我们认为,学生自发、自创、自导、自然的展示才是最精彩、最实在的展示;学生真情、真心、真意参与的合作才是有真效、落实处的合作。进言之,课改的精粹首先在于激发学生的参学动机,点燃学生创造学习组织与形式的创造力,而非首先要煽动教师的课改热情。即是说,教师的课改热情只有转变为学生的课改热情后才可能成功,否则,课改永远难以实现从教师向学生层面的沉降。

NO.18

时间:2016 - 10 - 16　　感源:宁夏固原专题报告

1. 当前高效课堂改革最需要的:其一是受呵护的课改环境;其二是良好的课改生态;其三是愿做"纯教育"事业的教育行政长官。这是第一层级的需求。第二层级的才是:有胆识、愿担当、能坚守的课改校长,有创意、有主见、常琢磨、想立业的课改教育家。

2. 高效课堂改革的实质内容大概有三:其一是激活学生学习的状态;其二是创设良好的课改氛围;其三是推进学校课改文化建设。

3. 当前课改面临的最大"灾难"是一批教师、校长一听到高效课堂改革就习惯于从"高效课堂"的概念开涮:别说"高效",先做到"有效"就不错了。"高效课堂"甚至因此被奚落为"搞笑课堂"。课改的名字真的那么重要吗?"高效课堂"只是一种课改实践的代号罢了,凭什么在还没有进入课改之门半步的时候就开始了对"高效课堂"的批驳?试问,没有真正进入高效课堂内部的批评者,你有资格对高效课堂改革进行评头论足吗?

4. 高效课堂的内在追求是"三高",即学生学习的"高动机""高能力"与"高成绩"。

5. 高效课堂改革需要三股力量的联手与推动:行政的推力、学术的张力与实践的创造力。

6. 高效课堂改革持续推进的生命力在于:有勇气、有新招、有实力、有坚守、有远景、有胸怀。

7. 高效课堂改革最谨慎的四个漩涡是:"重流程,去学科""重学生,去老师""重展示,去倾听""重问题,去结论"。其实,高效课堂只有紧密结合学科,善于利用教师,学生主动倾听,及时总结结论的时候才可能真正结出课改硕果。高效课堂改革绝非简单的师生地位翻转,更是对教师角色、学科特色、人类知识的另一种形式重视,这种重视的方式是:"隐藏"到课堂背后去发挥更重要的作用。

8. 在高效课堂改革中,知识的呈现方式尤其值得关注,这就是:课堂知识结构化(借助思维导图更佳)、问题化(借助 PBL 学习实现)、情境化、生活化和多变化。

9. 高效课堂改革的确需要"居高临下""眼高手低""上接天气,下接地气"。目前,课改参与者日益认识到理念反思对课改内力激活与积累的重要性,日益认识到不搞研究,课改只会走上一条不归路!

10. 一场真正的课改一定是问题不断涌现的课改,是课改人挫败感与日俱增的课改,是课改敌人成批露面的课改。面临这些困境,课改人只会越挫越勇(回民中学慕校长语)! 在这个意义上,课改是制造问题,课改是自讨苦吃,课改是自作自受,课改是自寻短见。但回过头来看,只有有这种念头的人,才是课改的勇者,才是课改的拓宽者与收获者。

11. 课堂模式只有在"解套"、在"去模式"中才可能获得持续生长、蜕变重生的机遇,这种"瓦解"模式,重塑课堂形貌的力量来自三个方面:其一是课改视野的扩展;其二是课改理念的体悟;其三是课改新招的寻觅。

NO.19
时间:2016 - 10 - 30　　感源:参加芳草地学校校长论坛

1. 大凡有两种课改:爬行式课改与爬山式课改。以人为喻。前者中课改人手脚着地,没有梦想,没有脑子,进行着一场复制粘贴式课改,这种课改永远停留在取形、借模、抄袭、搬弄的阶段,属于一种地地道道的原底翻版式课改;后者中,课改人脚踏大地,仰望天空,一边扎根教育实践沃土,一边心怀课改梦想,属于一种始终向前冲、向上升的"借鉴+创造"型课改。两种课改的根本区别在于:有无课改理念、课改头脑的参与。真正有生命力的课改是"教育头脑"参与的课改,是课改人的思维、反思、揣摩相伴的课改,因为有了反思的介入,课改不在原地爬行,而是向上攀升,沿着课改理念的方向升腾,否则,一头扎地,埋没于日常重复性实践,课改只会成为"无头苍蝇",成为"无脑儿",这种课改最终只会走向平庸,走向平素,导致一种"空脑"课改,毫无腾飞、创模、新生的可能。

2. 高效课堂的三个基本理念是:以学为本,这是"少教多学"的理由所在,因为教学效果与学生的学习呈正相关,而非与教师的工作量呈正相关,毕竟"教了不等于学了,学了不等于学会";问题驱动,这是"先学后教"的理由所在,因为只有这样设计学程,学生才会产生学习问题,由此驱动学生学习过程;精准教学,这是"教、学协同"的理由所在,因为只有教师教的内容正中学生下怀时才会产生真正意义上的有效教学,否则,"教>学"或"教<

学"：对前者而言，课堂上会出现大量的教学垃圾，因为这些教学活动学生并不真正需要；对后者而言，课堂上会出现学生引导不够的情况，其结果，学生没有得到有效、充分的指导。

3. 高效课堂需要三个支架——导学案、教学模式与小组，它们是提高课堂教学效能的加速器：导学案是学生自主学习的铺路石，是引导学生走上自主学习的轨道，其功能是把学生"扶上"自主学习的路子上来；教学模式是新教师进入高效课堂的快行道，甚至，教师成长就是不断"创模、守模、去模……"交替循环的过程，绝对反对固化模式或否定模式，倡导所谓的"教无定法"，只会把课改带入"虚无缥缈"的境地，进言之，教学模式就是固化、汇集一切先进教改经验、智慧的抓手与平台，去掉模式无异于让这些好经验、好模式付诸东流、稍纵即逝；小组是"后进生"变为"普通生"的支架，是"普通生"变为"优秀生"的支架，小组是一个神秘的教学装置，利用好了它，学生群体内在的教育力会被盘活，教师就不再去"孤军奋战"了。在高效课堂改革中，不是要不要导学案、要不要模式、要不要小组的问题，而是如何将之使用得恰到好处、灵活自如的问题，是如何将之"支架"功能充分发挥出来的问题，有无导学案，有无教学模式，绝非教学水平阶段划分的标志性依据。

4. 高效课堂的三个关节点是：课本、课堂、课道。读透课本，教师才能做出一份完美的教学设计；课堂成熟，教师才可能将完美的设计付诸实践，将之实在化、具体化，毕竟教学设计是预期的设想而已；体悟课道，是教师反思课改道理，生发课改创意，走出平庸课改，提升课堂品位的关节点。

5. 高效课堂的"三部曲"：自学，让学生找到自由、解放、自主的感觉，自我感是学生学习发生的第一要义；展示，让学生找到课堂上的存在感，课堂上学生既能找到自我，又能体验存在，无疑是崔其升教育哲学的内核；反馈，让学生找到收获感，感到学有所获，感到自己在成长，而非在课堂上空走一遭，是学生继续学习的直接诱因。总之，自我感、存在感与收获感是推进学生可持续学习行为生成的三大感觉条件。

6. 拙劣课改也可以将之分为两种：井底课改与空中课改。就前者而言，课改人坐井观天，只停留在自己的小圈子中，这种课改只是从经验到经验，做不出课改的大创举；就后者而言，课改人只是空中画瓢，永远难以在实践中沉降、扎根，课改最终会沦落为空道理或花架子。真正的课改，必须实现好理念与好实践的完美结合与扎根生长。

7. 课改是打假防伪，因为那些在领导被迫下搞课改花架子的人只是在进行着一种伪装式课改,这种课改害人害己,耗费课改资财,浪费学生时光,倒还不如不改;其实,真正发自教师真心的课改,基于学生真实学习状态的课改,真正开展实践探索的课改,都将在课堂"效果"上开花结果,取得好收成;反之,虚情假意、应付差事的课改,其结果必然是搞了课改说无效,最终坏了课改的名声。总之,在课改的路上,人各有志,不可强求,否则,你只会逼出课改的"敌人",反而增加了课改的阻力与困难。

8. 在课改的路上,遇到了问题,才说明你在思考;遇到了困境,才说明你在行动;遇到了敌人,才说明你的课改已经让不课改的人坐不住了。总之,没有遇到问题、困境与对手的课改,说明你根本就没有进行课改,或者,你已经向课改的阻碍因素妥协了,你课改的步伐已经停止了。

NO.20

时间:2016 – 11 – 30　　感源:偶发感悟

课堂改革,靠什么前行

1. 模式。没有模式这一轴心的支持,课改不仅无法存在,更甭谈什么改进,因为模式是课改中一切课堂改动的依托、基石与打底工程,一切课改的"建筑"是在这一基础上来开始"施工"的。然而,在实践中商人会利用模式,学者会批判模式,教师会依靠模式……有形的课堂模式会让商人从课改中找到甜头,因为"模式营销"是教育的商机所在;学者会批判模式,因为对模式现形的批驳能展示出学者的才华;教师很容易去定型模式,因为模式能让无形课堂艺术找到一个固定模板,教学的实施会变得轻车熟路。其实,教师不仅应该借鉴模式、改进模式、适时解构模式,更应该保养模式、修复模式,让模式始终处在被发展、被改型的路上。这样,模式就可能回避两种危机:固化模式,让课堂的生命死去;远离模式,让课堂走向迷途。

2. 创造。课堂对学生的吸引力来自哪里? 其一是教学内容的新奇;其二是学生对自我存在感的体验。这两点都可以通过课堂教学创生来实现。让学生在教材知识基础上去研讨,去创造,去生成,那些涌现出来的不可预期的新知识不仅能够引发学生对知识的好奇感,更重要的,这些新知识的生成常常还被学生视为自己创造性的作品与成果,其中折射着学生自我创造的灵光与智慧,它能无形中强化学生在课堂上的自我存在感。因此,在课堂中学生哪怕是生成一点点创造性成果,也会对其学习内力的激发产生无限功能。换个角度来看,哪个学生愿意在课堂上做教材知识的"储存器"呢?我相信,用创造新知的魅力可以激活课堂,用新生知识的新奇可以刺激学生思维的神经。

3. 问题。课堂改革源自实践中产生的问题,尤其是事关课改命运的关节性问题。如若破解了一系列核心问题,课堂能够步入良性循环,构筑起课改的新生态;如若解决不了这些问题或者没有发现问题,课改就没了入手点与工作间。好课改一定是产生问题,捕捉问题,探究问题,解决问题的旅程,问题才是真正触动课改者神经的诱因,顺着问题拾级而上,课改必将迎来更为辉煌的未来。

NO.21

时间:2016 - 12 - 06   感源:参加合阳县义务教育课改大视导活动

1. 课堂教学的最高境界是什么? 就是自动、自如、自然。从学生学习角度看,应该追求自动,让学生借助自己的生命能量、求知热情、成就欲望(即自能)来驱动课堂,实现课堂教学的自启动、自运转、自组织,教学活似一台自动机;从教师教学角度来看,应该追求自如,实现了对课堂的顺学而导,因势而进,灵活驾驭,达到行云流水般的水平;从课堂教学的效果来看,应该追求自然,没有教师对学生学习的牵强引导,没有做作式的课堂表演,没有生搬硬套的模式套用,整个课堂教学浑然一体,流畅通达,教与学之间实现了最恰切的匹配、统整与融合,教学活动中实现了人、事、物之间的融会贯通。

2. 课改需要最优秀的教师,这种教师是天性、个性与悟性的合而为一:最优秀的教师首先源自其优异的人格与性情,教师一生的学习都难以改变;个性是优秀教师的风格所在,卓越是个性在教师职场中的全面呈现;悟性是优秀教师的跨越式成长之道,没有悟性的教师的职场最多在熟练教师的层次上收场。

3. 在语文课堂教学中,"读"是课改的玄机所在:多读,是教学效果的保证;层次设计、螺旋上升,是科学阅读教学设计的内在思维;用读的方式来表达学生对所读内容的理解与体验,是无痕阅读教学的高妙所在;读中感、读中思、读中想(象)、读中悟,是阅读教学的内线、暗线。

4. 学生的理解如何在课堂上发生? 这就是:抽象的知识符号在学生的心境、课堂的情境与生活的背景中找到了"抛锚点",其指涉的对象变得越来越具体、越来越清晰!

5. 课堂是一门慢节奏的艺术,这种"慢",就意味着等待,意味着留给学生思考的时间、回旋的空间、想象的机会,或者,一旦课堂为学生留足了这个"空间",课堂便成为真真正正的学生课堂,因为学生正是通过这些"空间"融入课堂中来的,通过这些"空间"跨越师生间的经验、人格、思维、认知的鸿沟的(在此意义上,我真的信奉"基于核心知识的高效课堂",信奉减肥瘦身式的课堂)。

6. 当代课堂改革的三个秘诀:以学定教,是对有效教学的起点要求,即严格按照学生的认知起点、最近发展区来设计教学、开始教学;顺学而教,是对有效教学的过程要求,即按照学生的要求、可能与课堂的形式开展教学指导活动;教学相长,是对有效教学的结果要求,即实现课堂教学后的师生双赢发展,让教与学、教师专业与学生发展同时从中受益,甚至产生共生性成果。

7. 再好的音频比不上教师自己的声音,再好的短片比不上教师亲身的示范,再好的字幕比不上教师自己的板书! 简言之,板书、讲授、示范是注入教师情感与灵魂的教学诗篇,电子媒体的表现力始终无法与教师亲为的人格力相匹敌。

8. "教"的最高境界是:学生的"学习欲"被激发,变得一发而不可收,教师的"感觉"被发现了,从此他意识到自己手中掌控的不是一个饭碗,而是终身可以皈依的一份事业! "为感觉而教"但愿成为教师工作的另一种追求与信念。

9. 对语文课而言,教师要想上好需要关注三个重要方面:其一,学生在多读中生成的语感;其二,教师在辅助学生剖析课文中生成的意义;其三,学生在探究课文中获得的发现。因此,立体语文学习应该是:学生的阅读、理解与探究。

10. 学生阅读课文大致有五个层次:读出声音—读出感觉—读出新奇—读出滋味—读出心声。

11. 在诗歌教学中必须关注两大因素:其一是诗歌的因素,即关注诗歌自身的规律与特点;其二是学习的因素,即关注学生学习的特点与规律。诗歌的实质是什么? 是"情感 + 意境",情感需要基于心理场的体验;意境,需要尽情地想象;链接二者的媒介正是人物形象与现实情境。据此,诗歌教学就是创设情境,追寻意境与走进人物心灵世界,复活诗歌中的人物形象。学习的实质是什么? 是"主动 + 内容",学习的实质是学习动机与学习内容间的一次相遇与结合,用内容的新意呈现与次级组织来诱导学生学习动机,把学生学习动力向学习内容来引导,这是教师课堂存在的意义!

NO. 22

时间:2016 - 12 - 06　　　感源:参加东城一小课改会

1. 课改必须做好三项打底工程才有可能成功:其一,学生课堂教学常规,如学习(自学群学对学)常规、展示常规、评价常规等训练到位,成为一种学习习惯;其二,学生对课改的积极心态培育,如让学生喜欢上课改至关重要;其三,教师对课改的认同与接受,起码让老师觉得课改不是"洪水猛兽"。

2. 传统教学是最简单、最省事的一种教学形态,因此,教师,尤其是在教育行道中"泡"过一段时间的教师,人人喜欢,但这种教学形态是最容易脱离学情、学道、学势的,因为这一教学世界的中心是教师,学生只是其"假想物",其教学自然难以实现与学生学情、需求、学路间的完全吻合,也是最容易偏离学生学习走势,游离出学生学习活动半径的教学形态。与其说最懂学生的是教师,倒不如说最懂学生及其学习的是自己,因此,让学生自主去学习,教师只是顺学而导,自然是最容易与学生学情、学势、学习要求相吻合的一种教学选择!

3. 教学,说白了,最终还是一个教、学间的关系问题:教,因学而存在,因学而精彩,因学而强大;在专业化的过程中,教师、教学、教育日渐淡出了学生的世界,形成了铁板一块的教学世界,导致教师世界与学生世界、生活世界间的对立与两隔,故此,回归本真的教学世界就是让教学回归学生真实的生活世界、生活体验、生活经验,甚至回归学生的七情六欲,让学生的种种欲望、臆想、体验都在课堂中找到释放的空间。只有这样,教育世界才可能成为学生生命自由挥洒的世界。

4. 好教学的实质是一种状态,即学生激情澎湃、脑洞大开、生命绽放、灵动激越、经验涌流、思维联网的状态,在东城一小,我们的确寻觅到了这样一种状态!

5. 在高效课堂中,学生思维可视化的两大途径是:课堂展示与知识导图。二者间的差异是:前者能够展示学生丰富的表现与素养,而后者只能展示知识架构。无疑,知识永远是课堂的主题,利用知识导图抓取教材中的核心知识,在知识教学中顺带达成三维目标,是不错的一个教学策略。从这一意义上看,思维/知识导图的确能够助力高效课堂的实现。

6. 知识导图是学生思维的导航图,它是直观思维、整体思维、分析思维的三位一体,是构建学科知识基本结构的重要辅助,是实现"教知识"向"教思维"转变的有力媒介。

7. 在课堂教学中,教师必须当好"隐士",让学生当好"主演",最好是让教师"归隐"到"学生窝"里面去,这样学生才会有充足的表现空间与舞台。在教师归隐中,其幕后引导作用必须始终保持在场状态,而实现这种幕后引导的基本手段正是:点(拨)、评(价)、问(题)。

8. 让课堂出彩,让学生在课堂中保持盎然生命状态的关键入手点是什么?是善于捕捉学生课堂中涌现出来的闪光点或优异点,及时利用评价将之放大、留存,让学生从中体验到"自己的优异",借此催生他们的成就感、成功感与成长感,不断为后续学习活动增力、充能!

9. 好课堂必须强调两个"牢牢",即牢牢抓住核心知识,牢牢抓住学生思维主线,这样才能保持整个课堂"形散神聚""放而不乱",确保学生学习的主道不偏离!

10. 在语文课堂中,处理好研读与品读间的关系尤为重要,因为研读只能帮助学生理清教材文本意义,却不能培育出学生的文学素养与文艺品位,而品读却能帮助学生悟出教材本文的意蕴,积淀学生的文学素养。因此,仅仅教会学生分析教材文本意义的语文教学始终没有超越语文知识技能教学的范畴,要让学生真正获得语文素养,还必须补上学生品读课文这一课!甚至可以说,后者才能代表语文教学的本真性内涵。

NO.23

时间:2016 – 12 – 16   感源:略阳荣成二中专题报告

1. 校长如何支持课改?大致有三点:精神支持、机制支持、培训支持。在精神上,校长是学校课改的灵魂人物,因为校长对课改的态度、信心与理念直接决定着学校课改能否动起来,能否改出成效,能否坚持下来。校长对课改的坚守与信心是鼓舞课改团队精神与斗志的关键,是营造学校课改氛围的关键。在机制上,校长必须让课改人尝到甜头,让课改智慧得以涌现,让课改经验得到扩散,让课改苗苗得以露头,为此,校长必须建立课改激励机制、课改智慧集成机制、课改人物的发现机制、课改生态的维护机制。在培训上,校长要给课改人的出外学习、参训、交流创造条件与机会,要为校内"课改课"的研摩搭建平台,要大力推进研训一体化的校本研修活动、课本研修(即"以课为本")活动。

2. 实践证明,改革与开放不仅是中国社会发展的成功经验,而且也是学校教学成功的重要经验。课改是一次弯道超速活动,只有打破课堂教学中的种种常态、常规、常例,课堂教学才可能迎来全新的发展机遇,一旦课改的潜能得以释放,学校教学工作将会出现全局性、深刻性、质变性的突破。应该说,课改才是课堂教学的永恒常态。课改要成功,单靠校内宣传是不够的,教师最喜欢实在的东西,没有课改的真实体验与成功案例,他们不会轻易涉水课改。其实,一旦学校的课改交流活动打开,让学校课改生态向外开放,让教师在出外体验培训中真正感受到课改的魅力与形势,教师的深层课改冲动就可能被激发。一句话,对外交流,把本校课改融入全国课改洪流中去,教师的课改欲终究会被激活。其实,校长一开始就应该假定:每一位老师都希望改变自我的教学面貌,面对课改期待,他们不是不想改,而是在等待切入课改的最佳时机。

3. 一切"伪课改"的根源在于教师真的不信课改,没有看透课改的内在道理,没有看到课改的未来,没有被课改的道理所折服。教师是讲道理的,给他们讲清了课改的真道理,触动他们灵魂深处的课改"成见",教师自然就会对课改动真格! 在未吃透课改道理之前,课改中会出现种种伪装,其中典型之一就是:始终认为课改是"做样子给人看",课改是"模式翻版",老师的骨子里没有发生观念转型,他们的课改观没有被伤筋动骨。其实,老师心目中的课改观不改,他们永远不会对课改"以身相许"!

4. 课改必须追求艺术,运动式课改、强求式课改会把老师逼成课改的敌人。当前高效课堂改革正处于关键期,一批课改的不同声音站上台面,尤其值得警惕。课改成功的路径是让课改课与常态课进行自然较量中取胜,而不是强求、强制、强迫、强令教师去按照自己的课改思路行动。强扭的瓜不甜,强迫的课改不长久、不深入。课改中既要讲民主,讲节奏,又要讲火候,讲团结。

5. 做课改,关键是重建教师的"课改心"。当然,课改需要的不是"速效救心丸",而是"课改定心丸",一旦教师的课改意志被触动,课改情怀被激活,课改心肠被撼动,课改离成功就不远了。

6. 我们坚信,课改是教师自己的事情,课改的教师中心地位不容改变,任何其他人,如局长、校长、教研组长等,他们都只是课改生态的营造者与课改舞台的搭建者,课改舞台的中央永远是教师。没有教师的"行",没有教师的"悟",没有教师的"创",没有教师的"变",课改终究好梦难成!

7. 以团队形式切入课改是最佳选择。学校最好把有课改热情的教师或学科编组搭班,为其课改活动搭建平台,如定期开展课改研讨会,定期发布其课改成果,定期派出开展课改交流,定期吸纳课改新成员,或许,这是让课改得到地毯式推进的最佳策略。

8. 在课堂上,教师的主要任务是点拨、评价、拓展,学生的主要任务是学习、讨论、展示,明确这一分工,新课堂的基本框架就已具备。

9. 在课堂中,学生求知欲是展示欲的根本,真正让课堂活起来的因素是学生对知识的渴求而非课堂展示自我的欲求。应该说,让学生对学习有好感是新课堂搭建的起点,让学生领会到知识的魅力是新课堂长寿的内核,让学生感受到课堂主人感是新课堂富有活力的根源。